民营银行申办与经营

张伟/主编

电子工业出版社
Publishing House of Electronics Industry
北京·BEIJING

内 容 简 介

本书围绕民营银行的申办与经营，探讨以下几个问题：第一，发起设立民营银行的背景及政策演进；第二，境内发起设立民营银行对主发起企业的资质要求，申请、筹建、开业准备各个阶段的时间安排和需要准备的相关材料；第三，民营银行如何进行特色化经营；第四，民营银行如何进行有效监管；第五，分析首批试点 5 家民营银行的经营特色与情况；第六，系统地梳理了相关法律、法规、部门规章及国家政策等。

基于上述问题，本书在介绍民营银行设立的背景与意义、梳理相关法律法规和政策的基础上，侧重论述了民营银行申办、筹建与开业的程序，以及需要准备的相关文件、注意事项，同时集中分析了首批5家试点民营银行的经营情况。本书试图通过对申办和经营民营银行进行系统论述，为民营银行相关领域的实践者、研究者提供参考。

未经许可，不得以任何方式复制或抄袭本书之部分或全部内容。
版权所有，侵权必究。

图书在版编目（CIP）数据

民营银行申办与经营/张伟主编. —北京：电子工业出版社，2017.1
ISBN 978-7-121-30201-5

Ⅰ.①民… Ⅱ.①张… Ⅲ.①私营经济－银行经营－研究－中国 Ⅳ.①F832.39

中国版本图书馆 CIP 数据核字（2016）第 258868 号

策划编辑：李 冰
责任编辑：李 冰
特约编辑：田学清 赵树刚等
印　　刷：北京天宇星印刷厂
装　　订：北京捷迅佳彩印刷有限公司
出版发行：电子工业出版社
　　　　　北京市海淀区万寿路 173 信箱　　邮编：100036
开　　本：720×1000　1/16　印张：22.5　字数：360 千字
版　　次：2017 年 1 月第 1 版
印　　次：2017 年 1 月第 1 次印刷
印　　数：3000 册　定价：98.00 元

凡所购买电子工业出版社图书有缺损问题，请向购买书店调换。若书店售缺，请与本社发行部联系，联系及邮购电话：（010）88254888，88258888。
质量投诉请发邮件至 zlts@phei.com.cn，盗版侵权举报请发邮件至 dbqq@phei.com.cn。
本书咨询联系方式：libing@phei.com.cn。

编委会名单

主　编：张　伟

编　委：（按拼音排序）

　　　　李逸婧　马晟宇　田　园

　　　　王直朴　张英凯

前　言

2016年5月18日，据重庆市金融办消息，中国银监会已经批复同意在重庆市筹建重庆富民银行，银行类别为民营银行。作为进入论证阶段的12家民营银行中首家获批的民营银行，重庆富民银行的获批也意味着第二批民营银行正式开闸。民营银行试点作为近年来金融改革的重要事项，其工作进展一直受到各方的高度关注。而事实上，国家已经相继推出一系列政策法规，积极推动民间资本进入金融领域。

2013年6月，国务院常务会议首次提出"探索设立民营银行"；2013年7月，国务院办公厅正式下发《关于金融支持经济结构调整和转型升级的指导意见》，明确提出"尝试由民间资本发起设立自担风险的民营银行、金融租赁公司和消费金融公司等金融机构"；2014年3月，中国银监会正式启动民营银行试点工作，首批5家银行——深圳前海微众银行、上海华瑞银行、温州民商银行、天津金城银行及浙江网商银行获准筹建，并在2015年相继开业；2015年6月，中国银监会颁布《关于促进民营银行发展的指导意见》，标志着民营银行试点改革已步入常态化发展；2015年8月，中国银监会推出市场准入实施细则，其中规定了商业银行的一系列设立标准，成为民营银行申请及审批的重要政策参考文件。

在政策推动下，首批5家试点民营银行获批，并于2015年相继开始运营。第二批12家民营银行也通过论证环节，银监会推行限时审批制度，受理时长从6个月缩减至4个月，且将审批权限下放至地方银监局，秉承"成熟一家设立一家"的原则，或将陆续公布。

从 2014 年开始试点的 5 家民营银行的情况来看，这 5 家民营银行的运行总体是平稳的，为传统市场带来了一些新的活力。由于民营银行数量比较少，规模也比较小，所以影响还不太明显，但也取得了很好的社会反响。到 2015 年年末，这 5 家民营银行的资产总额是 794 亿元，负债总额是 651 亿元。这 5 家民营银行在经营上还是很审慎的，它们的各项监管指标基本达标。这说明这 5 家民营银行从诞生之初就体现了审慎经营的特点。

由于开业时间尚短，如银行卡业务、外汇业务、理财业务等许多业务资格还有待批准或受到监管的限制，要判断 5 家民营银行真正的差异化模式，还需要更长时间的观察。在战略明确、定位清晰的前提下，随着时间的推移，这些民营银行在细分市场上的竞争能力将会逐渐显现出来，并对整个银行业的健康发展产生积极的影响。

结合上述民营银行的试点情况，本书整体上按照《关于促进民营银行发展指导意见》及银监会相关政策的框架撰写，主要探讨以下几个方面的问题：

第一，发起设立民营银行的背景及政策演进。

第二，境内发起设立民营银行对主发起企业的资质要求，申请、筹建、开业准备各个阶段的时间安排和需要准备的相关材料。

第三，民营银行如何进行特色化经营。

第四，民营银行如何进行有效监管。

第五，分析首批试点 5 家民营银行的经营特色与情况。

第六，系统地梳理了相关法律、法规、部门规章及国家政策等。

基于上述问题，本书在介绍民营银行设立的背景与意义、梳理相关法律法规和政策的基础上，侧重论述了民营银行申办、筹建与开业的程序，以及需要准备的相关文件、注意事项，同时集中分析了首批 5 家试点民营银行的经营情况并梳理了现行的监管政策，期望通过对发起设立民营银行的专业、系统论述，为潜在主发起企业负责人和该领域研究人员提供参考。

目 录

第1章 概述 1

1.1 我国民营银行的概念、特征及发展历程 2

1.1.1 民营银行的概念 2

1.1.2 我国民营银行的特征 6

1.1.3 民营银行的发展历程 13

1.2 发起设立民营银行的背景 18

1.2.1 民营银行设立的宏观经济背景 19

1.2.2 民营银行设立所处的金融背景 26

1.3 发起设立民营银行的意义 34

第2章 设立民营银行相关的政策法规演进 41

2.1 相关商业银行法律法规阐述 42

2.1.1 《中华人民共和国公司法》 43

2.1.2 《中华人民共和国商业银行法》 43

2.1.3 《中华人民共和国银行业监督管理法》 45

2.1.4 《中国银行业监督管理委员会行政许可实施程序规定》 46

2.1.5 《银行业金融机构董事（理事）和高级管理人员任职资格管理办法》 47

2.1.6 《中国银监会中资商业银行行政许可事项实施办法（修订）》、《中资商业银行行政许可事项申请材料目录及格式要求》 48

2.1.7 《商业银行公司治理指引》………………………………… 53
　　　2.1.8 《中国银行业监督管理委员会办公厅关于加强城市商业银行
　　　　　 股权管理的通知》………………………………………… 53
　　　2.1.9 《中国银监会办公厅关于加强中小商业银行主要股东资格审核的通知》………………………………………………… 54
　　　2.1.10 《试点民营银行监督管理办法（讨论稿）》（官方未公布）……………………………………………………… 55
　2.2 相关政策演进阐述……………………………………………… 57
　　　2.2.1 2010年5月7日，国务院《关于鼓励和引导民间投资健康发展的若干意见》……………………………………… 57
　　　2.2.2 2012年5月25日《中国银监会关于鼓励和引导民间资本进入银行业的实施意见》…………………………………… 57
　　　2.2.3 2013年6月陆家嘴论坛……………………………………… 58
　　　2.2.4 2013年上半年全国银行业监督管理工作会议暨经济金融形势分析会议………………………………………… 59
　　　2.2.5 2013年7月国务院《关于金融支持经济结构调整和转型升级的指导意见》………………………………………… 59
　　　2.2.6 2013年11月，十八届三中全会《中共中央关于全面深化改革若干重大问题的决定》……………………………… 60
　　　2.2.7 民营银行试点五大原则……………………………………… 61
　　　2.2.8 2014年1月，全国银行业监管工作会议——明确将试点先行…………………………………………………… 61
　　　2.2.9 2014年3月11日，银监会公告民营银行首批试点名单确定…………………………………………………… 62
　　　2.2.10 2014年9月首批5家民营银行全部批复筹建……… 63
　　　2.2.11 2015年5月首批5家民营银行全部批复开业……… 64
　　　2.2.12 国务院办公厅转发银监会关于促进民营银行发展指导意见………………………………………………… 65

第 3 章　首批 5 家试点民营银行情况介绍 ··· 70

3.1　微众银行 ··· 71
3.1.1　微众银行基本情况 ·· 71
3.1.2　微众银行市场定位 ·· 77
3.1.3　微众银行开业经营情况 ·· 78

3.2　浙江网商银行 ··· 82
3.2.1　浙江网商银行基本情况 ·· 82
3.2.2　浙江网商银行市场定位 ·· 85

3.3　上海华瑞银行 ··· 86
3.3.1　上海华瑞银行基本情况 ·· 86
3.3.2　上海华瑞银行市场定位 ·· 87
3.3.3　上海华瑞银行开业经营情况 ·· 89

3.4　天津金城银行 ··· 92
3.4.1　天津金城银行基本情况 ·· 92
3.4.2　天津金城银行市场定位 ·· 95
3.4.3　天津金城银行开业经营情况 ·· 96

3.5　温州民商银行 ··· 97
3.5.1　温州民商银行基本情况 ·· 97
3.5.2　温州民商银行市场定位 ·· 101
3.5.3　温州民商银行开业经营情况 ·· 102

第 4 章　民营银行申请 ·· 105

4.1　申请阶段的时间安排 ··· 106
4.1.1　民营银行申办的许可程序 ·· 106
4.1.2　申请阶段主要工作 ·· 108

4.2　主发起人需要具备的条件 ··· 109
4.2.1　指导意见相关规定 ·· 110

4.2.2　境内非金融机构作为中资商业银行法人机构发起人
　　　　　　资质 ··· 111
　　　4.2.3　设立商业银行的基本条件 ·· 112
　　　4.2.4　其他相关规定 ·· 113
　4.3　申请筹备需要准备的文件 ·· 116
　　　4.3.1　主要包括的资料 ·· 116
　　　4.3.2　相关材料介绍 ·· 118
　4.4　注意事项 ·· 119
　　　4.4.1　特色定位 ·· 119
　　　4.4.2　股权设置 ·· 122

第 5 章　民营银行筹建与开业 ··· 130
　5.1　准备阶段 ·· 132
　5.2　筹建阶段 ·· 132
　　　5.2.1　政策规定 ·· 132
　　　5.2.2　主要工作 ·· 133
　　　5.2.3　筹建过程的难点 ·· 136
　　　5.2.4　相关建议 ·· 137
　5.3　民营银行开业 ··· 137

第 6 章　民营银行经营策略 ··· 139
　6.1　目前城市商业银行的经营策略 ··· 140
　　　6.1.1　城市商业银行二十多年的风雨路 ······························· 140
　　　6.1.2　城市商业银行特色化经营策略 ·································· 141
　　　6.1.3　城市商业银行差异化经营策略 ·································· 147
　6.2　民营银行的经营策略 ·· 160
　　　6.2.1　首批 5 家试点民营银行经营策略 ······························· 160
　　　6.2.2　民营银行特色化经营分析 ·· 168

第 7 章 民营银行监管 175
7.1 城市商业银行的监管分析 176
7.1.1 我国城市商业银行的由来和特征 176
7.1.2 城市商业银行的发展现状 178
7.1.3 2004 年《城市商业银行监管与发展纲要》阐述 180
7.1.4 经济新常态下的城市商业银行监管 183
7.1.5 城市商业银行发展的历史使命 185
7.2 民营银行特色监管 190
7.2.1 民营银行监管工作思路 191
7.2.2 民营银行监管面临的五大挑战 193
7.2.3 天津金城银行特色监管 194
7.2.4 上海华瑞银行特色监管 196
7.2.5 浙江网商银行特色监管 197
7.2.6 深圳前海微众银行特色监管 199

附　　录 203

编 后 记 348

第 1 章

概述

1.1 我国民营银行的概念、特征及发展历程

1.1.1 民营银行的概念

民营银行的理论发展对于其现实实践具有指导和规范作用。近年来，随着我国民营银行发起设立进程的加速，民营银行的概念定义也成为关注和讨论的焦点。众多金融学者、银行业实践者及监管者，从多角度、多方面论述和探讨了民营银行的理论内涵。

1. 民营银行的概念范畴并非传统的类型划分

在传统意义上，根据股东对公司所负责任的不同、公司国籍的不同、公司在控制与被控制关系中所处地位的不同、公司在管辖与被管辖关系中所处地位的不同等标准进行有效划分。从性质上来讲，民营银行应属于股份制商业银行，但股份制商业银行的概念范畴明显远远大于民营银行。所以，仅仅从公司类型的传统划分出发，还不能比较清楚地阐述民营银行的概念。

更进一步讲，民营银行的概念并不存在于西方的金融体系中，商业银行概念之下并没有专门对是否为"民营"做出专门的类别划分。深究"民营"这一用语，也可以发现，该词语只在中国大陆和中国台湾地区甚为普遍，在西方并没有直接对应、准确描述的用语。例如 nongovernmental business 意为非政府企业、private-owned business 意为私有企业等。在概念范围上要么偏向于更宽泛或更狭窄，要么与"民营"相比有重合却又有超出。综上可见，民营银行的概念是具有中国特色的一种银行概念和组织形式，需要放在我国特定的经济、金融环境中加以阐述和理解。

2. 我国"民营"概念的由来和发展

在金融领域，民营银行是一个全新的概念，但"民营"这一概念在我国

由来已久，如"民营经济"、"民营企业"。要厘清民营银行的概念范畴，关键在于抓住"民营"的定义标准。这一点，我们需要从把握"民营经济"和"民营企业"这两个概念开始。

现在，我们所使用的"民营"这个概念是在我国经济体制改革过程中伴随产生的，如"民营经济"、"民营企业"。改革开放以前，我国只有国营经济和集体经济两种经济，只有国营企业和集体企业两种企业。所谓国营，是指全部由国家投资形成的经济或企业。所谓集体经济或企业则是由集体经济组织，例如农村乡镇、城市街道等出资建立的经济或企业。概念提出时，我国还处于计划经济时期，企业的所有权和经营权是合二为一的。

改革开放以后，许多传统的经济概念都不断变革和发展。1984年，在党的十二届三中全会上通过的《中共中央关于经济体制改革的决定》中首次提出"所有权和经营权是可以适当分开的"，这是企业经营管理理论中的一个重大突破。由于所有权与经营权是可以分开的，"国营"的概念逐渐被"国有"所取代。国有企业在经营方式上既可以采取国营，也可以采取民营或承包经营（包括集体承包经营和个人承包经营）。"民营"这一概念也就应运而生了。

在改革不断深入的过程中，非国有经济得到了迅猛发展，非公有制经济和非公有制企业就逐渐被统称为民营经济和民营企业。同时，国有企业产权制度也不断改革，大量混合所有制经济和混合所有制企业不断涌现，国有经济、国有企业的概念也不能够一概而论地归类了，进一步产生了诸如国有独资企业、国有控股企业和国有参股企业等差别概念。

通过经济改革实践，人们的思想观念有了与时俱进的发展和变化，同样与发展改革步伐相适应，经济理论、经济概念也经历了一个与时俱进的变化过程。在改革的过程中，民营经济的提出充分体现了中国特色，其本质就是要回到市场经济的本原：与市场经济相适应的经营方式本来就应该是民营的。至此，民众逐渐形成了对目前"民营"概念的基本理解。

3. 从"民营经济"中理解"民营"概念

"民营经济"这个提法经历了数十年的推广和应用，被社会所广泛认可、接受，从"民营经济"中对"民营"的概念进行把握，能得到普遍认可的、共识性的答案。不过，也是因为数十年来，民营经济的称谓经历了历史和社会条件变化，关于"民营经济"的概念在现阶段仍然争议较大。下面，我们从概念的不同层次及其内涵出发进行探讨。

我们大致可以将"民营"概念分为三个层次：第一层次，将民营经济定义为非公有制，即民营经济专指个体经济与私营经济，这是目前流行最广、使用频率最高的范畴；第二层次，将民营经济定义为国有和国有控股以外的多种所有制的统称，在这个概念层次，民营企业包括全社会集体、个体、私营、联营、非国有控股企业；第三层次，即相对国营而言，民营经济即除了国营经济以外的经济，包括集体经济、个体经济、私营经济、联营经济、非国有控股企业、三资企业等。

关于"民营"的理解也有几点较广泛接受的内涵。第一，民营不等同于某个所有制概念，民营强调的是经营而不是所有。它的含义是以民间人士、民间组织、民间机构经营的经济。第二，民营是相对于国有、国营来说的。因此，凡不是国有、国营的都是民营。"民营"概念既涉及资产所有，又涉及经营方式。但民营不与公有相斥，民营完全可以是公有，是社会所有。第三，民营不等于私营。民营经济中除了私有或私人经营的经济外，还应包括非国有、国营的公有制经济，如合作社经济、集体经济等。这就是说，"民营"包括的范围是相当广泛的。

4. 关于"民营银行"的概念理解

正如"民营"概念存在争议，目前国内学术界对于"民营银行"的概念仍然存在一些分歧。民营银行是相对于国有银行提出的概念，是随着我国改革开放，市场经济制度不断发展和完善，非公有制经济取得巨大发展，民营资本要求进入银行业才产生的概念，属于经济发展的产物。

自 1993 年樊纲教授提出应该发展民营金融机构以后，民营银行才开始在学术界大量讨论。2000 年，徐滇庆教授领衔大批金融学者在西安成立长城金融研究所，从此学术界正式积极开展民营银行的理论讨论。但至今，民营银行的概念还是没有完全得到统一和明确。

综合来看，国内学术界影响范围比较广的理论包括三类，分别是产权结构论、资产结构论和治理结构论。第一类，产权结构论强调民营银行必须由民营资本控制，认为由民营资本控股的银行就是民营银行。第二类，资产结构论强调民营银行为民营企业服务，认为民营银行主要是为民营企业提供融资服务，并且是向中小民营企业提供资金支持的银行。第三类，治理结构论则强调民营银行的公司治理结构，认为民营银行应该建立现代化的股份制公司治理结构，采用市场化的经营运作和科学的管理机制。

大多数学者赞成第一类观点，认为民营银行必须由民营资本控股，绝大多数股份必须由民营企业控制，国有资本可以拥有少数股份，且国有股份占比在 5%以下为宜。但仅仅强调产权结构主要由民营资本构成是远远不够的，银行的运行还需要科学合理的经营机制及监管机制等条件，特别是在风险较高的银行业。但是，资产所有的角度并不能保证"民营"，因为在现代的公司治理模式中，所有权与经营权已经实现了分离。对于第二类观点，只有较少的学者赞成，如果单从市场定位角度来界定民营银行，这个观点概括得过于片面，因为为民营企业服务只是众多民营银行的特征之一。在市场经济条件下，一家银行选择怎样的市场定位，应该由银行根据自身情况，在市场规则下自己选择。目前提倡民营银行针对特定企业、群体开展特色金融业务，这并不是从定义的角度强制决定的。民营银行通过提供个性化的金融服务，疏通民营企业、中小企业的融资渠道，提高资金的配置效率，创造更多的就业机会等，将是金融改革的必然结果。第三类观点强调公司的治理结构，不少学者也予以赞同。在产权与经营权可分离的情况下，民营银行的实质应该放在实现民营经营上，在民营银行中真正建立现代企业制度，实现市场化经营机制，对民营银行公司内部治理提出要求。但这种观点存在片面性，因为不能将实行市场化运营机制的国有控股银行也归类为民营银行，这显然不合理。

民营银行应该进行综合定义，并抓住民营银行的本质，而不是强调单一的特征。本书提出一个定义：**民营银行是根据《中华人民共和国公司法》和《中华人民共和国商业银行法》等相关法律建立的，以营利为目的，由民营资本参与投资、控股，基于现代企业制度，独立自主进行市场化运营，自担风险、自负盈亏的现代化股份制商业银行。**

1.1.2 我国民营银行的特征

1. 我国民营银行的制度特征

民营银行由民营资金控股，在公司经营上更加市场化，在公司治理中更加科学并更容易产生民营企业风格的灵活激励机制，这共同构成了民营银行在制度上不同于其他商业银行的特征。

1）由民营资本控股，股东责任明确，经营目标清晰

民营银行具有清晰的产权结构，清晰的产权制度是民营银行的核心竞争力所在，也是民营银行生存和发展的制度基础。国有商业银行是由国家（财政部、社保基金、中央汇金公司或央企、国企）直接控股并为第一股东的产权形式，国家作为抽象的、非人化的所有者，在很大程度上导致了银行产权关系模糊、产权主体缺位、权责利关系不对称。而民营银行是以民间资本为主体的金融机构，它的资本主要来自个人和民营企业，产权清晰，目标单一。清晰的产权制度能使企业管理做到"权责"统一，是民营银行发展的制度优势，同时以盈利为单一的经营目标，这为民营银行的发展奠定了坚实的基础。

从责任与盈亏的关系出发，国有银行的国家背景大股东，在事实上很可能无法积极行使所有权，进而不能积极地监督、约束经理层的经营运作。在现实中，政府往往担任了所有者的角色，就不可避免地将国有银行看作政府的职能部门，这严重影响到国有银行的自主经营。国有银行的绝大部分所有权属于全民，产生的盈利和亏损也属于全民，从而造成了产权的管理主体没有管理和监督的积极性。此外，国有银行由国家投资设立，在某种程度上承担了国家政策工具的作用，履行了一定的政府的经济和政治职能。国有银行长期为国有企业输血，支持国有企业发展，造成国有企业对国有银行的严重依赖。另外，国有银行的营业网点遍布城乡，也不都是从市场角度考量的，也带有一定的政治服务色彩。

民营银行则是产权清晰，银行产生的收益和亏损都由产权所有者取得和承担，直接影响到其实际利益，所以能做到积极监督经理层的管理运营。同时，民营银行非国有控股的产权结构避免了政府对银行经营活动的直接干预，使银行的盈利性目标不受政府的政策性目标的干扰，能够高效地实现股东利益最大化。其运营以股东的利益最大化为目标，目标的单一化有利于经理层集中精力发展企业。

2）公司治理规范，高管任命市场化特征强

基于目前已经成熟的现代化股份制公司治理结构，加之清晰的产权制度，将使得民营银行公司治理更加规范，股东大会、董事会、监事会和经理层进行科学的分工、各司其职、相互监督、相互制衡。股东出资并享有分享利润的权利，股东组成股东大会负责选举、更换和监督董事及独立董事；由董事组成董事会，享有重大决策权，制定发展战略，负责任命经理层并向股东大会负责。股东大会选举的监事及由公司职工民主选举的监事组成监事会来防止董事会和经理层滥用职权，并对股东大会负责。经理层负责银行的日常经营决策及日常管理，对董事会负责，并接受监事会的监督。

国有银行高管由政府组织部门挑选，并需要政府任命，而不是由董事会根据自身情况和市场需要来决定任命的。在工作中，这就使国有银行的行长很难不考虑政府的态度，国有银行的高层领导带有的政府背景将使董事会、监事会等公司治理结构的作用趋于弱化，政企很难分开。民营银行管理层和员工的人事任命则由其自身的需要，独立自主地进行任命和招聘，所以，民营银行能够发挥股份制公司治理结构的作用，通过规范的治理，自主经营，更加适应市场的发展。

3）自负盈亏，易形成科学灵活的激励与约束机制

民营银行带有风险自担、自负盈亏的民营企业特点，与之配套会形成更加科学、灵活的激励和约束机制，从而在产权所有者与经营者之间形成信任关系，使双方形成约束信用。严格的效益观念和风险观念是这种基于信用的委托代理关系的主要属性，将有效提升民营银行企业内部各类资源配置，显示出巨大的优越性。

国有银行的盈亏则更多地由政府承担，制度僵化，在名义上采取多种激励手段，如基本工资、奖金和福利等，实际上真正对银行高管起作用的激励和约束手段是行政职务的升降，易于形成保持稳定、不求变革的整体发展风格，这严重削弱了激励机制和约束制度的作用。民营银行在这方面则很灵活，既可以是工资、奖金、福利等传统激励手段，还可以是股份、期权和越级提拔等方法，从而可以因人而异地促使管理者、员工积极努力工作，也可以适当减少工资和福利，甚至可以给予降职、开除等灵活多样的手段约束管理层，使民营银行的所有者和经营者之间的信任关系处在动态的互动中。

2. 我国民营银行的风险特征

民营银行具有民营的特征，但归根结底属于商业银行，在整个金融体系

中占有重要的地位。从商业银行的"三性"出发——安全性、流动性和盈利性——民营银行作为银行所面临的风险特征不可忽视。民营银行日常经营不受政府直接干涉，在管理方面显得更加独立，同时其具有更强的单纯追求利润最大化的内在动力。此外，从目前来看，民营银行相比其他银行规模较小，在应对、面对金融风险时，民营银行相较于国有银行的生存威胁更大。所以，我们更加需要关注民营银行的风险特征，其中具体展开介绍以下三点特征。

1) 系统风险

民营银行存在的系统风险一般是指，在民营银行的组织体制下，在危机发生后，由于内部有机的联系，从而引发整个企业集团面临各种风险。对于国家经济而言，银行系统所存在的风险具有极大的影响力，它可以导致国家出现违约及经济萎靡不振乃至政局动荡。

系统风险的扩张方式主要分为两种：一种是接触型扩张，一般是指风险依附于金融集团内部成员财务上的紧密关系和利益上的相互关系的扩张；另一种则是非接触型扩张，一般是指由于信息的不对称性，银行客户对于金融集团里的各家银行等机构之间的业务关系并不明确，当其中一家机构出现经营不善致使亏损和挤兑等情况时，大部分客户对整体金融集团失去信心，进而引发更大挤兑等盲从经济现象出现，使整体金融市场呈现疲软和过于敏感状态。民营银行自身建立规模较小，成员之间关系较为紧密，且将风险分化的能力较弱，当出现经营不善等亏损情况时，极易引发大部分客户的挤兑，继而引发对我国经济整体的挤兑和威胁。

2) 信用风险

民营银行的信用风险一般是指交易一方由于不能履行相应的融资义务从而导致经济上的损失，造成另一方预期利益与实际利益发生较大偏离的风险。民营银行在我国初步得到设立和发展，财力和资信都未完全形成规模化效应,而我国还没有完全建立成熟的存款保险制度和信用担保制度等相应保障措施,较低的信用评级必然引发相应的信用风险。在信用方面所存在的风险和相关的缺失,将会对民营银行的信用积累并进行相应的经营和发展产生较大的影响。而民营银行的特征之一是自负盈亏,在当今国有银行和外资银行占主导地位的金融市场,刚刚起步靠自身实力具有足够的信用较难,需要国家一定程度上的政策倾斜,之后随着民营银行渐渐占据主导地位,再逐渐减少对民营银行的扶持。其扶持政策和步骤类似于对外资银行的战略性政策倾斜。

3)道德风险

民营银行的道德风险一般是指为了达到民营银行利益最大化的目的,在经济活动中做出损害他人利益的不当行为。竞争行为在市场经济中是不可避免的,各方将会出现利益冲突或竞合等矛盾而复杂的情况。市场主体的行为引导理念是利润最大化,而这一点在民营银行上更加具有突出和明显的特色。民营银行利用信息的不对称等有利于自身的因素,极易产生相应的道德风险。这些存在的风险是由于民营银行的自身特征所导致的,迫切需要我国建立防范道德风险的相关法律法规。

3. 我国民营银行具有的政策特征

在政策监管方面,民营银行自成立之后,便纳入商业银行的整体监管框架进行有效监管,人民银行、银监会等主管部门也将依照各银行的资本、规模、业务开展等情况分别进行政策引导、支持及监督管理,不因民营特征而区别对待。值得说明的是,除此以外,民营银行依然具有明显的政策特征,这主要体现在两个方面:一是市场准入标准;二是政策引导民营银行差异化经营。当市场准入不规范时,民营银行追逐利润最大化更具有驱动力,极易出现投机倒把等市场存在的现象,产生道德风险的影响会较大,所以需要关注民营银行准入的政策特征。另外,引入民营银行将加快银行业竞争,加之民营银行初始运营规模较小，不论是从银行业整体健康发展角度，还是从扶持民营银行角度，都需要政策对民营银行的经营战略进行引导。

1）市场准入政策支持加强

我国政府对于民营银行市场准入的政策方向是逐渐鼓励和加强支持的。在政策上调节民营资本进入金融产业方面，最早颁布的较为正式的文件是《关于引进和促进民间投资的若干意见》，该文件指出，除了国家具有特殊规定的以外，在允许并鼓励外资进入的相关市场领域，对于民营银行的进入，也同样持有允许和鼓励的态度。2002年，国务院发布《"十五"期间加快发展服务业若干政策的意见》，该意见指出，国家将逐步放宽非国有经济进入原国有经济占主导地位的对外贸易领域和公用领域等。这些政策和法律法规的颁布，表明我国对于民营资本的态度已经发生逐步的转变。一直到2005年，首份关于非公有制经济得以明确促进发展的中央政府文件由国务院发布，即《关于鼓励引导和支持私营个体等非公有制经济发展的若干意见》，在市场准入方面，国家允许非公有制进入垄断行业甚至自然垄断行业，该文件体现出政府高度重视关于民营资本的市场准入等问题。此外，《关于进一步鼓励和促进民间投资的若干意见》于2009年由国家发展和改革委员会起草进而上报到国务院，此次文件表示，我国民营资本可以明确进入金融业和保险业等5个垄断领域，对民营资本的市场准入标准予以一定程度的降低，在予以政策扶持的同时应给予经济手段的支持，对于核准的范围和审批的程序予以相应简化等，从而最终达到在金融危机后的经济复苏状态。2010年，《关于鼓励和引导民间投资健康发展的若干意见》由国务院颁布，对于民营资本进入市场的规定予以细化。

进入2013年以来，我国政府关于民营银行准入的政策力度明显加强，推进民营银行设立进入落实阶段。2013年9月，银监会发布《试点民营银行监督管理办法讨论稿》。2013年11月，银监会发布《中资商业银行行政许可事项实施办法》，民营银行的设立办法基本框架落实。2014年3月，银监会确认 5 家民营银行作为试点。2014 年 12 月，存款保险制度征求意见稿出台，为民营银行开立提供了保障。2014 年 12 月，"深圳前海微众银行股份有限公司"完成工商注册工作并领取营业执照，微众银行官网正式上线。2015 年 1 月，银监会架构 12 年来首次调整，设立城市银行监管部对民营银行进行监管，增设普惠金融部监管互联网金融。2015 年 6 月，银监会主席尚福林表示，目前已有 40 多家民营企业就发起设立民营银行表示出较大的热情和兴趣，相关各方主要以表达意向为主。同日，银监会出台了《关于促进民营银行发展的指导意见》，明确了四项民营银行准入标准，包括资本标准、股东标准等。

从以上由国家积极实施的政策和相关支持可以得出以下结论：关于在民营银行的市场准入方面，政府的政策及配套支持经历了由不明确禁止到予以承认并加以高度重视再到鼓励和引导的态度转变的历程。截至目前，民营银行的几项主要的准入标准已经明确，同时包括存款保险制度在内的商业银行监管配套制度的建立也对民营银行的设立提供了安全性上的有力支持。

2）引导差异化经营

差异化经营对民营银行未来发展和我国金融体系均具有重要意义。现有银行资产规模大、客户资源稳固、经营模式成熟，民营银行在传统领域竞争并不一定具备资金、客户等方面的优势，因此需要"另辟蹊径"。从宏观视角看，民营银行差异化战略也有望补足金融市场中的"盲点"。在政策方面，银监会等主管部门已经对民营银行的经营战略实施了差异化引导，从目前批准试点的 5 家民营银行来看，均满足有差异化的市场定位和特定战略这一准入标准。

在银监会获准筹建的 5 家民营银行中，最受关注的是浙江网商银行，在总股本中，蚂蚁小微金融服务集团（前身是阿里巴巴电商）占股 30%，股权最大。浙江网商银行的未来发展定位在互联网商业银行方面，致力于将互联网的思维和技术，结合大数据的搜集、整理和分析，了解客户的意愿，设计金融产品，服务于小微客户、小微企业和实体经济。据悉，浙江网商银行会坚持小存小贷的业务模式，主要提供 20 万元以下的存款产品和 500 万元以下的贷款产品。对于浙江网商银行而言，它最大的优势是互联网数据与积累的电商客户资源，网商银行的筹建会利用阿里小贷多年来在数据、风控、体验等环节所积累的经验和模式。

深圳前海微众银行的主发起人是腾讯、百业源和立业集团，腾讯是最大持股方。前海微众银行的定位也是服务于个人消费者和小微企业，也主张"小存小贷"模式。前海微众银行的最大优势是在腾讯积累的社交人脉方面，潜在的网络客户也比较多。

上海华瑞银行的主发起人是均瑶集团和美特斯邦威，它们都具有"民资+实业"背景。华瑞银行具有掌握客户资源、了解实体经济运作需求的独特优势。据悉，华瑞银行将充分发挥上海自贸区特色，形成面向自贸区的，涵盖"结算、投资、融资、交易"的专属金融产品和服务体系，为中小企业的融资难、融资贵探索解决模式，更好地服务实体经济。

温州民商银行的定位依然是服务于当地的小微企业，将地下钱庄等民间借贷模式合法合规化，在相关政策指引下更好地服务于当地经济的发展。

天津金城银行的定位也基本如此，服务于当地小微企业。

5 家民营银行的定位基本都是服务于个人消费者和小微企业，更好地体现了"消费金融"和"互联网金融"理念，对于当地经济的发展有很好的促进作用。

1.1.3 民营银行的发展历程

从 1952 年社会主义改造完成之后到 1978 年改革开放之前，我国的金融业和银行业一直都是国有主导的。1978 年实行改革开放之后，随着经济体制改革的纵深发展，我国的民营经济实力逐渐发展壮大起来，民间资本进入银行业的需求越来越强烈。民营银行的产生和发展历程可以大致划分为4个阶段。

1. 1979—1984年，四大国有商业银行设立

这一阶段是为了适应我国整体经济体制改革对我国银行系统的恢复和重建时期，主要表现为对中国人民银行垄断金融业的"大一统"银行体系的初步改革。中国人民银行不再直接经营商业银行的业务，单独行使信贷管理和发行货币的中央银行职能。1979年恢复了中国农业银行；同年，中国银行也从中国人民银行分设出来专司外汇业务，同时设立了国家外汇管理局；是年，批准中国人民建设银行从财政部独立出来成立中国建设银行；1983年决定彻底剥离中国人民银行的商业银行业务而专门行使中央银行职能；于1984年成立中国工商银行接管中国人民银行最后的商业银行的业务。至此，四大国有商业银行的恢复和设立标志着我国以中央银行和国有专业银行为基础格局的双层银行体系的建成。虽然在改革开放之后，我国的民营经济开始复苏进入再生时期，但是在民营经济的复苏阶段，民营经济的力量是非常薄弱的，对我国银行业的改革和发展的影响力是微不足道的。

2. 1985—2001年，民营资本初步进入银行业

1984年以后，我国银行体系启动了实质性的改革。随着经济体制改革和银行体系改革的深入，民营经济实力逐渐壮大起来，民间资本进入银行业的需要也逐渐增强。国家对民间资本进入银行业的态度发生了转变，政府促进银行业竞争和允许民营资本进入银行业的意图显现，银行业的进入壁垒被初步打破。

1）农村信用社的建立

1985年，农村信用社开始成立。农村信用社是由农民入股组成，实行社员民主管理，主要为社员提供金融服务的农村合作金融机构，成立的目的是

为所在农村的农民服务。因此，当时的农村信用社有相当比例的民营资本和个人资本介入。

然而，农村信用社的市场准入机制并没有建立起来，成立农村信用社都是按照行政命令组建的，一开始就不是"自愿互助"的，经营上更不是"民主管理"的。农民参与农村信用社经营管理的意识低下，再加上农村经济发展的极端不平衡，农村信用社亏损严重。到2002年年底，全国农村信用社不良贷款余额达到5 197亿元，不良贷款率为37.2%。

2) 城市信用社的建立

第一家城市信用社成立于1979年，经过1986—1988年和1992—1994年的快速发展，截至1995年年底，全国共有城市信用社5 279家，其中有相当比例的资本来自民营企业，存贷款余额分别占全国金融机构存贷款总额的7.0%和4.0%。当时城市信用社的业务定位是：为中小企业提供金融支持，为地方经济搭桥铺路。

然而，由于当时准入机制不健全，准入壁垒设置较低，一哄而起地催生了一批先天状况不良的城市信用社，致使机构膨胀，出现"银行过度"现象。从20世纪80年代初到90年代，全国各地的城市信用社发展到5 000多家。缺乏现代化的经营机制和专业化的管理经验导致城市信用社亏损严重。1998—2002年，经过对城市信用社的整顿工作，其数量急剧下降。目前，通过清理、改组城市商业银行等手段，城市信用社已经全部退出历史舞台。

3) 城市商业银行的建立

1995年开始在城市信用社的基础上组建的城市商业银行，成立的初衷就是为了化解地方金融风险、稳定地方经济。全盘接收原城市信用社的不良资产，也使其在产生之初就背上了沉重的历史包袱，历史最高不良贷款率达到34.32%。

经过十多年的发展，城市商业银行经营状况逐渐好转，而且绝大多数城市商业银行都有民营企业参股，参股比例占到城市商业银行总股份的30%以上。在资本结构上发展良好的城市商业银行不仅保留了原本的民营资本，并且通过股份制改革进一步加大了民营资本比例，已有个别商业银行的第一大股东为民营企业。例如，温州商业银行在完成第二次增资后，第一大股东为民营企业浙江东日，但持股比例不超过10%。目前，城市商业银行整体经营情况良好。

4）股份制商业银行的建立

全国性股份制银行的建立工作从1985年开始展开，1987年4月，招商银行作为我国第一家完全由企业法人持股的股份制商业银行成立。成立伊始，民营资本就在基本结构中占有一定比例。伴随着大部分股份制银行的上市，民营资本对银行业结构的渗透作用逐渐增强。1986年，国务院决定恢复和组建交通银行，中国人民银行批准成立招商银行；1987年，中国信托投资公司发起成立中信银行，是年成立深圳发展银行（现更名为平安银行）；1988年，成立广东发展银行和福建兴业银行；1992年，国家批准成立上海浦东发展银行，光大集团发起成立中国光大银行，首钢总公司发起成立华夏银行；1995年，成立海南发展银行；1996年，成立我国第一家由民间资本控股的全国性股份制商业银行民生银行。民营资本控股的股份制商业银行的出现，在我国的银行业发展中具有极大的意义。民间资本开始进入银行业及民营银行的诞生和发展，使得人们对我国银行业市场化改革的道路抱以更加乐观的期望。

在这一阶段，民营资本进入银行的现有途径包含以下4种：第一，参与农村信用社的建立和改制过程；第二，参与城市信用社的建立和改制过程；第三，参与国有商业银行改制和上市股票交易；第四，参与股份制商业银行的增资扩股和上市股票交易。

3. 2001—2012 年，银行业进一步开放产权机构

2001 年我国正式加入世界贸易组织，我国银行业全面对外开放，外资银行经营业务范围已经完全实现"国民待遇"，我国银行业全面竞争时代到来，不仅仅中资银行之间竞争加大，而且中外银行之间的竞争也日趋激烈。鉴于入世后我国银行业不可避免地受到外资银行的巨大冲击，使得政府认识到对外开放的不可逆转与增强民族金融机构竞争力的必要性。2001 年明确规定，我国凡是对外资开放的领域都应该允许民间资本进入，通过放松准入壁垒吸引民间资本进入银行业，以增强民营银行的竞争力。民营经济的繁荣发展也使得民间资本进入银行业的需求不断增长。2003 年，完全由民间资本出资新建的渤海银行经国务院批注筹建，标志着民间资本以新设立民营银行的方式进入银行业的可能性出现；2004 年，浙商银行获得重组批准，标志着民间资本以产权结构改革方式进入银行业的大门被打开。2001 年开始至今，民营资本进入银行业在资本规模和融资渠道上都获得了空前的发展。全国性股份制商业银行陆续上市进入资本市场，扩大了外源融资渠道，充实了经济实力，提高了同国有商业银行和外资银行竞争的能力。2002 年，招商银行在 A 股上市，2006 年在 H 股上市；2003 年，华夏银行在 A 股上市；2007 年，兴业银行和中信银行在 A 股上市，同年，中信银行在 H 股上市；2010 年，中国光大银行在 A 股上市。

至此，我国银行业已经形成了以国有商业银行为主体、股份制银行和外资银行并存、多种类型银行竞争的格局，其中股份制银行中不乏民营资本的身影。但是，"民营"的概念还仅仅限于产权结构。虽然民间资本在银行总股本中占有一定比例，但银行的经营管理者都是由有关政府职能部门、机构推荐产生的，大批经营管理者是由中国人民银行、银监会、证监会和其他国有银行调任的。从实际的经营管理上来说，银行的人事任免政府色彩较浓。

值得一提的是，自 2003 年开始，曾有 5 家拟新建的民营银行——沈阳瑞丰银行、广东南华银行、深圳民华银行、江苏苏南银行、西安长城银行，作为首批试点的银行向银监会提出申请，力图将我国银行业带入双轨制的时代，但没有得到监管机构的批准。

4. 2013 年至今，民营银行发展的机遇期

2013 年年末，党的十八届三中全会召开，全会决定"在加强监管的前提下，允许具备条件的民间资本依法发起和设立中小型银行等金融机构"、"建立存款保险制度，完善金融机构市场化退出机制"。党和国家充分认识到民营经济在国民经济增长中的重要作用，以及民间资本和民营银行在民营经济发展中做出的突出贡献，进一步放开民间资本进入银行业的限制，现阶段成为民营银行发展的黄金机遇期和民间资本大有作为的全新时期。2014 年 3 月，银监会确认 5 家民营银行作为试点；截至 2015 年 6 月末，5 家民营银行全部开始营业。在此期间，政策部门不断发布关于支持民营银行设立、明确民营银行准入标准、引导民营银行进行差异化经营的政策。未来，我国民营银行的力量可能进一步得到加强。

1.2 发起设立民营银行的背景

自改革开放以来，我国的经济发展成就吸引了全世界的关注。我国经济持续稳定增长和发展，国内生产总值（GDP）增长率连续多年保持 7%以上的高速增长。到 2010 年，我国的国内生产总值（GDP）首次超过日本，成为世界第二大经济体。我国经济的持续增长在极大程度上证明了我国经济体制渐进式转轨的成功。从经济体的所有制发展上看，我国的渐进式经济转轨的成功在很大程度上得益于国有经济和民营经济的协同发展，特别是民营经济从无到有、不断发展壮大。从资源要素来看，我国的经济增长除了依赖自

然资源、人力等生产要素外，金融体系所提供的资本要素，尤其是来自银行业的信贷支持，对经济发展具有重要的支撑作用。

2013年以来，我国在稳定经济增长的基础上，明确了调整经济结构的目标，与此同时，我国的金融体系也加快了改革的步伐。2014年9月，5家民营银行获批，并于2015年6月前全部获准开业。民营银行的设立，在宏观经济层面顺应了调整经济结构的大势，在金融领域推进了金融体系的完善，具体到银行业则进一步深化了市场机制的运用。所以，探讨我国民营银行的设立背景，对我国国民经济和民营经济增长状况、金融业的发展、银行业的发展概况进行梳理，显得十分必要。

1.2.1　民营银行设立的宏观经济背景

1. 我国国民经济发展状况

自改革开放以来，我国的经济发展取得了举世瞩目的骄人成绩，经济总量不断壮大，GDP长期保持增长，其中约一半以上的年份GDP增速超过10%。至2010年，我国GDP总量已经超越日本，成为全球第二大经济体。2014年，GDP总量达到636 139.00亿元，人民的生活质量显著提高。在经历美国次贷危机引发的全球性金融危机期间，我国的经济依然保持较高的增长率领跑世界经济，其中2008—2011年GDP增速保持在10%左右的水平。2012年年底，党的十八大召开，自此在经济发展方针方面进行了调整。我国明确了当前经济进入经济增速换挡期、结构调整阵痛期、前期刺激政策消化期，经济形势"三期叠加"，指出经济发展不再片面追求经济增速，而是兼顾稳增长、调结构，并正在实施一系列经济改革措施。

表1-1清晰地列出了我国国内生产总值（GDP）及其增长率和固定资产投资、工资总额及进出口总额的数值和它们的同比增速或占GDP的比重。

表 1-1 我国经济增长情况

年份，年	GDP：人民币，年，亿元	GDP：同比，年，%	全社会固定资产投资完成额：人民币，年，亿元	全社会固定资产投资完成额：实际同比，年，%	工资总额：人民币，年，亿元	工资占GDP：占比，年，%	进出口金额：人民币，年，亿元	进出口金额占GDP：占比，年，%
1976	2 961.50	-1.60					264.10	
1977	3 221.10	7.60					272.50	
1978	3 650.20	11.60			568.90	15.59	355.00	9.73
1979	4 067.70	7.60			646.70	15.90	454.60	11.18
1980	4 551.60	7.90			772.40	16.97	570.00	12.52
1981	4 898.10	5.10	961.00		820.00	16.74	735.30	15.01
1982	5 333.00	9.00	1 200.40		882.00	16.54	771.30	14.46
1983	5 975.60	10.80	1 369.06		934.60	15.64	860.10	14.39
1984	7 226.30	15.20	1 832.87		1 133.40	15.68	1 201.00	16.62
1985	9 039.90	13.50	2 543.19		1 383.00	15.30	2 066.70	22.86
1986	10 308.80	8.90	3 120.60		1 659.70	16.10	2 580.40	25.03
1987	12 102.20	11.70	3 791.69		1 881.10	15.54	3 084.20	25.48
1988	15 101.10	11.30	4 753.80		2 316.20	15.34	3 821.80	25.31
1989	17 090.30	4.20	4 410.40		2 618.50	15.32	4 155.90	24.32
1990	18 774.30	3.90	4 517.00		2 951.10	15.72	5 560.10	29.62
1991	21 895.50	9.30	5 594.50	13.11	3 323.90	15.18	7 225.80	33.00
1992	27 068.30	14.30	8 080.10	25.26	3 939.20	14.55	9 119.60	33.69
1993	35 524.30	13.90	13 072.30	27.79	4 916.20	13.84	11 271.00	31.73
1994	48 459.60	13.10	17 042.10	18.09	6 656.40	13.74	20 381.90	42.06
1995	61 129.80	11.00	20 019.30	10.93	8 055.80	13.18	23 499.90	38.44
1996	71 572.30	9.90	22 913.50	10.35	8 964.40	12.52	24 133.80	33.72
1997	79 429.50	9.20	24 941.10	7.03	9 602.40	12.09	26 967.20	33.95
1998	84 883.70	7.80	28 406.20	14.12	9 540.20	11.24	26 849.70	31.63

续表

年份：年	GDP：人民币，年，亿元	GDP：同比，年，%	全社会固定资产投资完成额：人民币，年，亿元	全社会固定资产投资完成额：实际同比，年，%	工资总额：人民币，年，亿元	工资占GDP：占比，年，%	进出口金额：人民币，年，亿元	进出口金额占GDP：占比，年，%
1999	90 187.70	7.60	29 854.70	5.52	10 155.90	11.26	29 896.20	33.15
2000	99 776.30	8.40	32 917.70	9.06	10 954.70	10.98	39 273.20	39.36
2001	110 270.40	8.30	37 213.50	12.60	12 205.40	11.07	42 183.60	38.25
2002	121 002.00	9.10	43 499.90	16.66	13 638.10	11.27	51 378.20	42.46
2003	136 564.60	10.00	55 566.60	24.99	15 329.60	11.23	70 483.50	51.61
2004	160 714.40	10.10	70 477.40	20.10	17 615.00	10.96	95 539.10	59.45
2005	185 895.80	11.30	88 773.60	23.98	20 627.10	11.10	116 921.80	62.90
2006	217 656.60	12.70	109 998.20	22.08	24 262.30	11.15	140 974.00	64.77
2007	268 019.40	14.20	137 323.90	20.15	29 471.50	11.00	166 863.70	62.26
2008	316 751.70	9.60	172 828.40	15.56	35 289.50	11.14	179 921.47	56.80
2009	345 629.20	9.20	224 598.80	33.19	40 288.20	11.66	150 648.06	43.59
2010	408 903.00	10.60	278 121.90	19.53	47 269.90	11.56	201 722.15	49.33
2011	484 123.50	9.50	311 485.13	16.10	59 954.70	12.38	236 401.99	48.83
2012	534 123.00	7.70	374 694.74	18.99	70 914.21	13.28	244 157.60	45.71
2013	588 018.80	7.70	446 294.09	18.90	93 064.29	15.83	258 252.88	43.92
2014	636 139.00	7.30	512 760.70	14.70	102 777.50	16.16	264 334.58	41.55

从表1-1中可以看出，我国的GDP规模从改革开放初期至今，保持了长期的高速增长态势，经济增速以平均9%的速度持续，到2014年年末，我国GDP总量达636 139亿元。固定资产投资与经济增速保持了较强的同步性，尤其是2003—2013年间，固定资产投资增速均保持15%以上，其中近半年份固定资产增速超过20%。值得一提的是，在遇到2008年美国金融危机引发全球经济金融环境动荡时，我国加大固定资产投资力度，2009年固定资产投资增速达33.19%，为保持我国总体经济增速贡献了很大的力量。自党的十

八大以来,在我国强调调整经济结构的背景下,固定资产投资增速趋缓。自改革开放以来,工资总额在绝对量上持续增加,但是考察占 GDP 的比重,有缓慢降低后近年来又逐步提升的趋势。首先,改革开放初期的工资占比与现阶段的工资占比不具有较强的可比性,因为改革开放初期的经济总量小,为维持人民的正常生活水平,工资需要维持一定高度,在 15%~16% 的水平。随后 20 余年,随着经济总量的扩大,工资占比不断下降。但近年来,工资占比显著上升,再次回到 16% 左右水平。这从宏观层面印证了我国初级人口红利消失的观点。随着我国劳动力人口占比的不断下降,劳动力成本开始上升,劳动生产率开始下滑。而后再考察进出口,我国作为世界工厂,对外贸易对经济增长的拉动作用是显著的,自改革开放以来,我国逐渐打开国门走向世界,加入世界贸易组织后更是深入参与世界分工,进出口总额不断提高,占 GDP 的比重也一直上升,2006 年前后,进出口总额占 GDP 的比重一度超过 60%。但近年来,进出口总额占比明显降低,回到 40% 左右水平。在我国经济的转型和发展过程中,投资和出口为拉动我国经济的高速和稳健增长做出了巨大贡献,从要素出发,人口红利也为经济增长提供了来自供给端的强大能量。但是近年来,以上三大贡献对经济增长的主要因素正在逐渐消失。由于内部产能结构出现结构性失衡,尤其是部分产能过剩部门占用大量资源和资本要素,存在资源浪费和债务风险,同时新的经济支柱产业有待培育,导致固定资产投资明显减缓,对经济增长的贡献减弱。金融危机以后,外部经济环境恶化,后续又出现欧债危机,来自我国主要出口对象的外部需求减弱,加之我国供给端人口红利随经济增长、收入增加而逐渐消失,劳动力成本的提升增加了企业产出的成本,出口品价格也受到影响。在此环境下,经济发展进入新常态,从片面追求经济增长到稳增长、调结构相协调。

2. 我国民营经济发展状况

自改革开放以来,我国以个体工商业、私营企业和三资企业为主体的民营经济经历了从无到有、从弱小到壮大、从萌芽到繁荣的发展历程。民营经济的出现和繁荣，充实了我国的经济实力，成为以公有制为主体、多种所有制经济共同发展的中国特色社会主义经济的重要组成部分。无论是从就业人员的比重还是从工业产值的比重，都能看到民营经济发展对我国经济增长和发展的推动作用。

表 1-2 列举了民营经济就业人员的分布情况。

表 1-2　民营经济与就业

年份：年	私营企业就业人员：年，万人	三资企业就业人员：年，万人	个体工商业就业人员：年，万人	民营经济就业人员（合计）：年，万人	民营经济就业人员与就业总数占比：年，%	总就业人员（按城市就业人员和乡村就业人员合计）：年，万人
1990	170.00	66.00	2 105.00	2 341.00	3.62	64 749.00
1991	184.00	165.00	2 308.00	2 657.00	4.06	65 491.00
1992	232.00	221.00	2 468.00	2 921.00	4.42	66 152.00
1993	373.00	288.00	2 940.00	3 601.00	5.39	66 808.00
1994	648.00	406.00	3 776.00	4 830.00	7.16	67 455.00
1995	956.00	513.00	4 614.00	6 083.00	8.94	68 065.00
1996	1 171.00	540.00	5 017.00	6 728.00	9.76	68 950.00
1997	1 350.00	581.00	5 441.00	7 372.00	10.56	69 820.00
1998	1 710.00	587.00	6 114.00	8 411.00	11.91	70 637.00
1999	2 022.00	612.00	6 241.00	8 875.00	12.43	71 394.00
2000	2 407.00	642.00	5 070.00	8 119.00	11.26	72 085.00
2001	2 714.00	671.00	4 760.00	8 145.00	11.19	72 797.00
2002	3 410.00	758.00	4 743.00	8 911.00	12.16	73 280.00
2003	4 299.00	863.00	4 637.00	9 799.00	13.29	73 736.00
2004	5 018.00	1 032.80	4 587.00	10 637.80	14.32	74 264.00
2005	5 824.00	1 245.00	4 901.00	11 970.00	16.04	74 647.00
2006	6 586.00	1 407.00	5 159.00	13 152.00	17.54	74 978.00

续表

年份：年	私营企业就业人员：年，万人	三资企业就业人员：年，万人	个体工商业就业人员：年，万人	民营经济就业人员（合计）：年，万人	民营经济就业人员与就业总数占比：年，%	总就业人员（按城市就业人员和乡村就业人员合计）：年，万人
2007	7 253.00	1 583.00	5 497.00	14 333.00	19.03	75 321.00
2008	7 904.00	1 622.00	5 776.00	15 302.00	20.25	75 564.00
2009	8 607.00	1 699.00	6 586.00	16 892.00	22.28	75 828.00
2010	9 418.00	1 823.00	7 007.00	18 248.00	23.98	76 105.00
2011	10 354.00	2 149.00	7 945.00	20 448.00	26.76	76 420.00
2012	11 296.00	2 215.00	8 629.00	22 140.00	28.86	76 704.00
2013	12 521.00	2 963.00	9 335.00	24 819.00	32.24	76 977.00

从表 1-2 中可以看出，通过具有完整数据的加总统计，自 1990 年起，经过二十余年的发展，私营企业就业人数从 1990 年的 170 万人增加到 2013 年的近 1.25 亿人，增长了 70 倍多；个体工商业就业人员从 1990 年的 2105 万人增加到 2013 年的 9 335 万人，增长了 4 倍多；三资企业就业人员从 1990 年的 66 万人增加到 2013 年的 2 963 万人，增长了 45 倍。从所有制性质来看，私营企业、三资企业和个体工商业属于纯粹的民营经济，总体就业人数从 1990 年的 2 341 万人增加到 2013 年的约 2.5 亿人，增加了 10 倍多，在总就业人口中的比重从 1990 年的 3.62%提高到 2013 年的 32.24%，这意味着 1/3 的劳动力就业于民营经济中。如果放松对民营经济含义的界定，更广泛地把内资企业中的股份有限公司和有限责任公司等非国有独资企业和非国有经济控股企业也看作广义的民营经济实体，那么，民营经济中所包含的就业人数远远超过 2.5 亿人。民营经济的繁荣发展，吸纳了相当的就业人口，为解决我国新时期的就业问题做出了不可替代的巨大贡献，是我国经济发展的支柱。

表 1-3 列出了民营经济的发展情况及民营经济对宏观经济的贡献。

表 1-3 民营经济发展情况

年份：年	私营企业主营业务收入：年，亿元	三资企业主营业务收入：年，亿元	民营经济主营业务收入总计：年，亿元	民营经济主营业务收入占比：年，%	全部国有及规模以上非国有工业企业主营业务收入总计：年，亿元
1998	2 082.87	16 757.90	18 786.77	27.73	67 737.14
1999	3 244.56	18 954.23	22 198.79	30.53	72 707.04
2000	5 220.36	23 464.55	28 684.91	33.48	85 674.00
2001	8 760.89	27 220.91	35 981.80	37.70	95 448.98
2002	12 950.86	32 459.28	45 410.14	40.99	110 776.48
2003	20 980.23	44 357.81	65 338.04	45.92	142 271.22
2004	35 141.25	65 995.21	101 136.46	50.14	201 722.19
2005	47 778.20	79 860.23	127 638.43	50.73	251 619.50
2006	64 817.80	98 936.12	163 753.92	52.22	313 592.45
2007	90 282.00	125 498.00	215 780.00	53.98	399 717.06
2008	131 525.40	146 613.62	278 139.02	55.63	500 020.07
2009	156 603.57	150 263.06	306 866.63	56.56	542 522.43
2010	207 838.22	188 729.41	396 567.63	56.84	697 744.00
2011	247 277.89	216 304.30	463 582.19	55.07	841 830.24
2012	285 621.48	221 948.78	507 570.26	54.62	929 291.51
2013	329 694.32	241 387.75	571 082.07	55.49	1 029 149.76

从表 1-3 中可以看出，全国规模以上工业企业总产值从 1998 年的 6.77 万亿元增长到 2013 年的 102.91 万亿元，增加了 15 倍多。规模以上私营企业总产值从 1998 年的 2 082.87 亿元增加到 2013 年的 32.97 亿元，增加了 2 157 倍，远远超过规模以上经济总体增速，也是民营经济中增长最多的部分。规模以上三资企业总资产从 1998 年的 1.68 亿元增加到 2013 年的 24.14 亿元，增加了 14 倍多。私营企业和三资企业的发展速度都超过了全国工业企业的平均水平，二者合计的总产值从 1998 年的 1.88 亿元增加到 2013 年的 57.11

亿元，增长了 30 倍，也超过了全国平均水平；二者合计的总资产占工业企业总产值的比重从 1998 年的 27.73%增加到 2013 年的 55.49%，这表明全国规模以上工业企业总产值中的一半以上来自民营经济。

不论是从就业人员的比重还是从工业增加值的比重来看，民营经济已经成为我国国民经济的主体力量和拉动国民经济增长的强大动力。不仅如此，自 2008 年以来，我国企业部门普遍增加杠杆，债务负担增加，尤其是对于国有企业、国有企业占比较高的行业，与之相比较，民营经济在 2008 年宽松货币政策的刺激中杠杆扩张有限。从利润方面考察，国企占比高且企业负担明显增加的行业包括交运设备、电热供应、黑色有色金属冶炼、煤炭开采等，其对应的行业平均利润率也呈下降趋势；而民营经济相对集中的行业如印刷、家具、饮料、食品、纺织服装鞋帽、木材加工、皮革毛皮、医药等，其资产负债率不高，而行业平均利润率呈上升趋势。自党的十八大以来，在经济结构调整过程中，民营企业面临的债务风险更小，而其平均利润率高于国企的特征，可能预示着将从经济改革中进一步获益。

1.2.2　民营银行设立所处的金融背景

1. 我国金融业整体发展状况

经过改革开放以来的不断探索和完善，截至目前，我国的金融体系框架已经基本形成。从单一的中国人民银行发展成为囊括中央银行、银监会、证监会和保监会等金融监管部门在内的集银行业、证券业、保险业和基金业于一体的庞大的金融系统，并形成了直接融资和间接融资、资本市场和货币市场并存的良好局面，金融中介机构功能全面，金融工具日益丰富，金融市场日渐完善并越来越深化和广化。

在金融体系的逐渐形成和发展过程中，我国的金融领域也呈现出一些明显的特征。从金融体系及其组成部分的规模上看，我国金融体系的最大特点就是发展速度极快。从内部结构上看，另一个特点是，内部的发展和规模上的分布是极不均衡的，即由于历史原因和政府金融抑制政策的盛行，我国金融体系内的银行业、证券业和保险业的发展是极不平衡的。

从图 1-1 所示的社会融资规模的变化趋势可见，我国金融领域不断发展成熟和壮大，银行贷款、债券融资、股票融资规模增长快速发展。近十余年来，社会融资规模存量从 2002 年的 14.85 万亿元，发展到 2014 年的 122.86 万亿元，增加了 8 倍以上。如果考虑当年的社会融资规模，自 2009 年以来，社会融资规模呈跨越式上升，2012—2014 年保持在 16 万亿元左右的水平，2014 年当年社会融资规模为 16.5 万亿元，该数据也超过了 2002 年的社会融资规模存量。

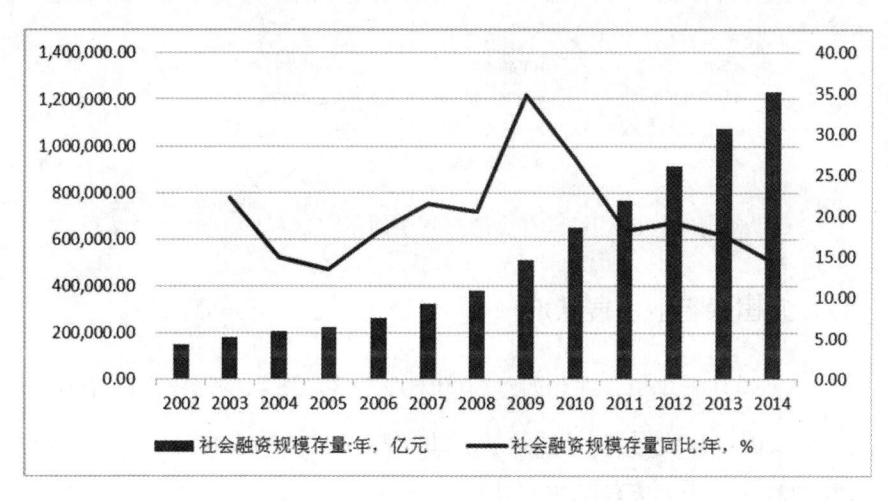

图 1-1　社会融资规模存量与增长率

从图 1-2 所示的社会融资规模的结构分布可以看出，银行业贡献的融资规模占总量的绝大部分。首先，产生于银行的人民币贷款占比虽在近年来有所下降，但总体保持在 60%左右水平；其次，通过表外融资方式如委托贷款、银行承兑汇票，同时如果以银监会监管范畴计，包括信托贷款在内，那么银行业贡献的社会融资规模占总量的 80%以上。而其余部分来自证券期货业、保险业所提供的融资额，近年来增加趋势明显，但仍然小于 20%的比重。从总体来看,我国的金融体系表现出银行主导的鲜明特点,银行业的发展为国民经济的发展提供了大量的资金支持,确立了银行业在我国金融领域的绝对地位。

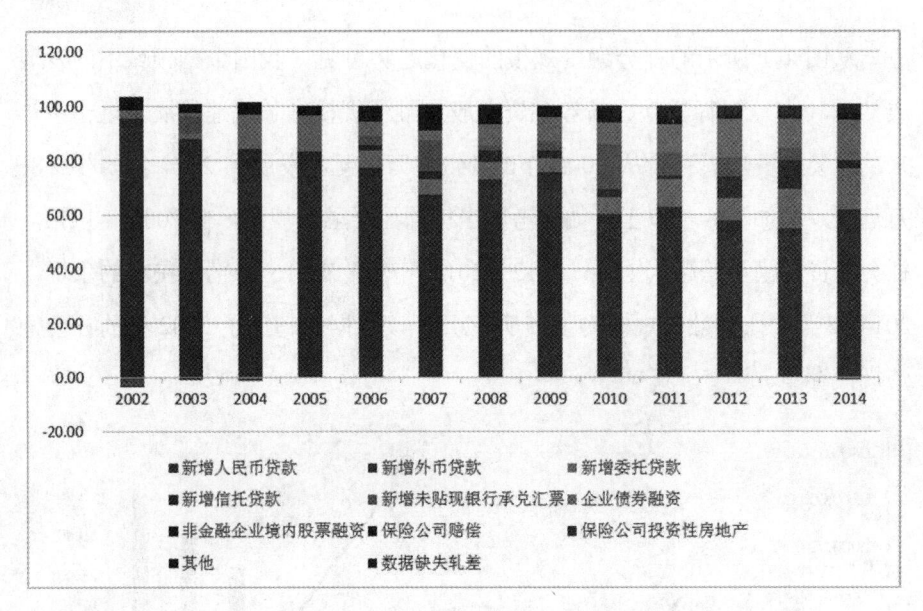

图1-2 社会融资规模的结构分布

2. 我国银行业发展状况

在过去的几十年里,在相对稳定的宏观经济环境和持续提高的储蓄率的支持下,我国银行业得到了迅猛发展,并形成了包括政策性银行、商业银行、农村信用社等在内的系统的银行业体系。

在银行业的规模上,我国银行业的规模不断迅速扩大。从图1-3中的数据可以看出,我国银行业总资产逐年增大,到2014年达到172.34万亿元;占国内生产总值(GDP)的比重逐年提高,从2003年的1.9倍提高到2014年的2.68倍。整个银行业资产规模的增长超过了国民经济的增长,显示出我国银行业的发展水平不断深化。同时,我国银行业的信贷规模和储蓄规模也逐年扩大。

从表 1-4 中的数据可以发现，银行业信贷规模从 1978 年的 1 890.42 亿元增长到 2014 年的 81.68 万亿元，增长了 430 多倍，占 GDP 的比重也逐年稳定提高，从 1978 年的 52.43%提高到 2012 年的 127.46%；国民储蓄总额不断增长，从 1978 年的 154.91 亿元增加到 2014 年的 48.53 万亿元，增长了 3 000 多倍，占 GDP 的比重（毛储蓄率）也逐年稳步提高，从 1985 年的 4.30%提高到 2014 年的 75.73%。整个银行业的储蓄和信贷规模的增长都超过了国民经济的增长速度。

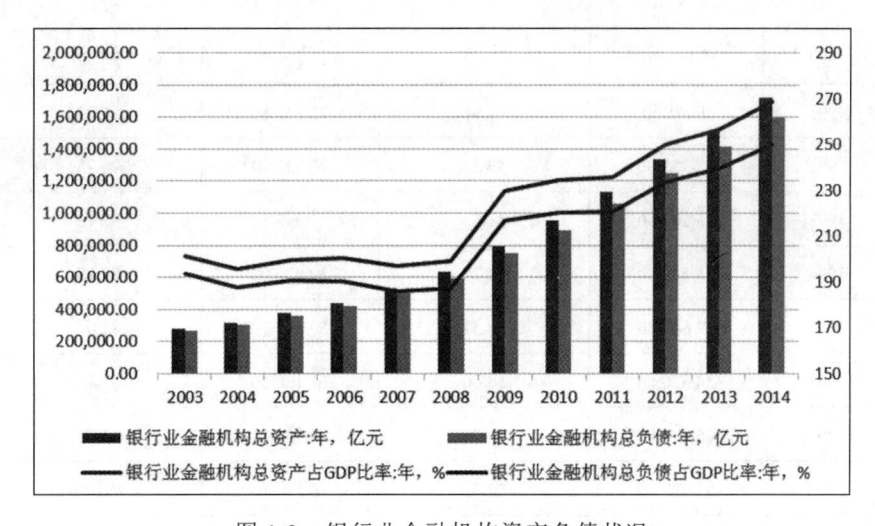

图 1-3 银行业金融机构资产负债状况

表 1-4 我国存贷款余额

年份：年	储蓄存款余额：年，亿元	储蓄存款余额占 GDP 比重：年，%	各项贷款余额：年，亿元	各项贷款余额占 GDP 比重：年，%
1978	154.91	4.30	1 890.42	52.43
1979	202.56	5.01	2 082.47	51.48
1980	278.77	6.14	2 478.08	54.59
1981	353.80	7.19	2 853.29	58.00
1982	447.33	8.31	3 162.70	58.72
1983	572.60	9.49	3 566.56	59.11
1984	776.58	10.65	4 746.80	65.08

续表

年份：年	储蓄存款余额：年，亿元	储蓄存款余额占GDP比重：年，%	各项贷款余额：年，亿元	各项贷款余额占GDP比重：年，%
1985	564.81	6.19	6 198.38	67.95
1986	1 471.67	14.14	8 142.72	78.25
1987	3 083.41	25.23	9 814.09	80.30
1988	3 819.09	25.04	11 964.25	78.44
1989	5 184.46	30.02	14 248.81	82.51
1990	7 119.56	37.53	17 511.02	92.32
1991	9 241.60	41.98	21 337.80	96.93
1992	11 758.00	43.22	26 322.90	96.75
1993	15 203.50	42.53	32 943.10	92.15
1994	21 518.80	44.24	39 976.00	82.18
1995	29 662.30	48.37	50 544.10	82.41
1996	38 520.80	53.60	61 156.60	85.10
1997	46 279.80	58.04	74 914.10	93.95
1998	53 407.50	62.70	86 524.10	101.58
1999	59 621.80	65.92	93 734.30	103.63
2000	64 332.38	64.28	99 371.07	99.29
2001	73 762.43	66.66	112 314.70	101.50
2002	86 910.65	71.49	131 293.93	107.99
2003	103 617.65	75.38	158 996.23	115.67
2004	119 555.39	73.97	177 363.49	109.74
2005	141 050.99	75.12	194 690.39	103.69
2006	161 587.30	73.64	225 285.28	102.67
2007	172 534.19	64.02	261 690.88	97.11
2008	217 885.35	68.70	303 394.64	95.66

续表

年份：年	储蓄存款余额：年，亿元	储蓄存款余额占GDP比重：年，%	各项贷款余额：年，亿元	各项贷款余额占GDP比重：年，%
2009	260 771.66	75.27	399 684.82	115.37
2010	303 302.49	74.60	479 195.55	117.86
2011	343 635.89	71.46	547 946.69	113.95
2012	399 551.04	74.72	629 909.64	117.80
2013	447 601.57	75.90	718 961.46	121.91
2014	485 261.34	75.73	816 770.01	127.46

审视我国银行业内部的机构特点，可以发现发展极不均衡，国有商业银行市场占有率较高。自改革开放以来，国有商业银行（五大国有商业银行，分别是工商银行、农业银行、中国银行、建设银行、交通银行）的市场份额逐年下滑，其他类型商业银行的市场占有率逐渐提高，但是国有银行在整个银行业中的垄断程度仍然很高。从图1-4中的数据可以发现，五大国有商业银行的资产占整个银行业的比重从2004年的56.91%下降到2014年的42.21%。虽然处于下降趋势，但是5家银行依然垄断了银行业总资产的4成以上。

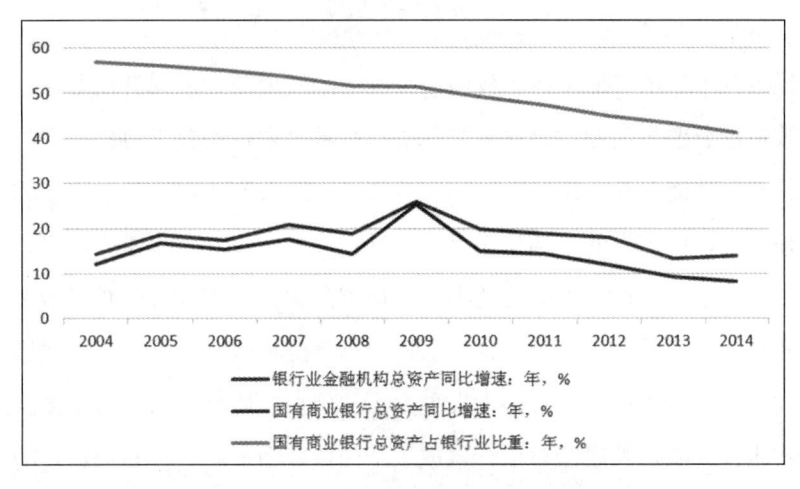

图1-4 国有银行总资产在银行业金融机构中的占比

图 1-5 显示了我国 2003—2014 年大型国有银行、股份制商业银行、城市商业银行和包括农村商业银行、农村信用社在内的其他商业银行类金融机构的资产比重。可以发现，虽然国有商业银行的资产总额持续增加，但是其资产总额占整个商业银行体系资产总额的比重逐年下降；而与此形成鲜明对比的是以股份制商业银行、城市商业银行和包括农村商业银行在内的其他金融机构，其资产总额占整个商业银行体系资产总额的比重逐年提高。

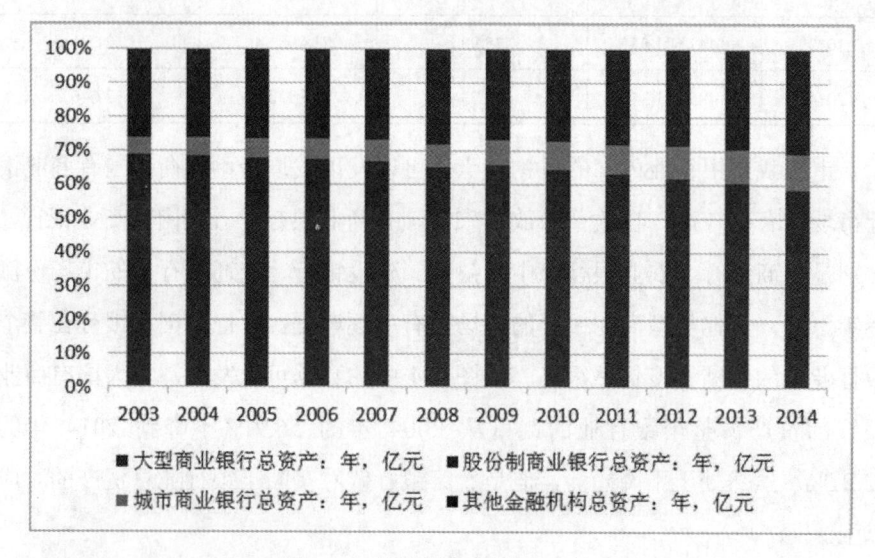

图 1-5　各类银行总资产占比

经过几十年的不断完善，我国银行业已经发展成为以国有商业银行为主体、政策性金融与商业性金融适当分离，多种金融机构分工协作、多种融资渠道并存、功能互补、协调发展的服务体系。国有商业银行绝对主导的垄断地位被打破，所占有的市场份额有所降低。股份制商业银行资产规模、市场份额、盈利水平获得了大幅度的提高。城市商业银行成为我国数量最多、城市分布最为广泛的商业银行类别。农村中小金融机构多元化产权模式格局初步形成，整体实力迅速增长，支农主力军作用日益明显。邮政储蓄体制改革取得实质性突破，邮政储蓄银行建成了全国覆盖面最广、交易额最多的个人金融服务网络。4 家资产管理公司完成政策性不良资产处置回收目标，积极探索商业化转型。非银行金融机构功能定位溯本归源,增加了汽车金融公司、货币经纪公司等新的组织形式,成为金融体系不可缺少的重要组成部分。此外,带有银行特质的租赁公司、互联网金融也迈入我国金融业的舞台,民营银行牌照的发放也使得未来民营银行将会在我国金融业中占有一席之地。

截至 2014 年年底,我国银行业金融机构包括 3 家政策性银行、5 家大型商业银行、12 家股份制商业银行、133 家城市商业银行、665 家农村商业银行、89 家农村合作银行、1 596 家农村信用社、1 家邮政储蓄银行、4 家金融资产管理公司、41 家外资法人金融机构、1 家中德住房储蓄银行、68 家信托公司、196 家企业集团财务公司、30 家金融租赁公司、5 家货币经纪公司、18 家汽车金融公司、6 家消费金融公司、1 153 家村镇银行、14 家贷款公司及 49 家农村资金互助社。2014 年,5 家民营银行获批筹建,其中 1 家开业,1 家信托业保障基金公司设立。截至 2014 年年底,我国银行业金融机构共有法人机构 4 091 家,从业人员 376 万人。截至 2015 年 6 月,5 家民营银行全部开业。

3. 民间金融发展状况

自 2004 年左右,金融学者、金融监管机构、其他研究机构等就开始关注民间金融的发展情况,并将包括民间金融在内的非正规金融纳入我国整个金融体系的考量范围。公开资料显示,调研过的地区包括广东、江西、浙江、内蒙古等地的多个省(自治区)、市甚至村镇。如据中国人民银行广州分行的调查数据显示,截至 2004 年年底,广东民间资本存量已经高达 12 000 亿元。据中央财经大学李建军于 2004 年组织的调查结果显示,我国地下信贷的规模高达 7 400 亿~8 300 亿元。另据有关部门调查,2007 年,江西省乡镇企业总计约 3 870 户获得民间融资资金,融资金额达 25 亿元,平均家庭企业融资 64 万元,农民融资共计 67 亿元,平均每户 9 万元。2009 年,在全国 31 个省(自治区、直辖市)1 000 个自然村中,农户约 70%的借款来源于非正规渠道。央行有关资料显示,截至 2009 年年底,仅浙江一个省,民间借贷的总规模已达到 6 000 亿元。温州市中国人民银行 2010 年 6 月的一次民间借贷问卷调查显示,温州民间借贷规模约为 800 亿元。据有关资料统计,2011 年 8 月底,温州民间资本超过 6 000 亿元,但只有 6 123 亿元的银行贷款余额,由此可见,温州民间借贷的发展步伐似乎与当地银行体系处于同一步调。浙江省银监局政策法规处副处长赵益洪透露,据保守估计,浙江省民间借贷规模达 7 000 亿元。央行 2011 年的报告显示,2010 年,私人借贷资本市场的资金总量已经超过 2.4 万亿元。

上述调研结果显示,我国民间金融规模不断壮大,同时,大量民间资本游离于正规金融体系之外。近年来,由于风险识别能力差、借贷利率高,民间借贷频频发生金融纠纷和违法违规事件。这从侧面显露出日益壮大的民间资本希望参与到金融行业,却找不到适当的投资出路。

1.3　发起设立民营银行的意义

金融对国家的经济增长和发展起着至关重要的作用。自改革开放以来,我国经济长期保持高速且稳定的增长,其间我国在金融领域不断建立和完善行业规则、设立商业机构、持续推进金融深化,金融业的发展和改革成为推动经济增长的重要力量。目前,我国金融领域已经形成了以银行业、保险业、证券业和基金业四大行业为主的格局;此外,信托业和新兴的互联网金融正在进一步确立自身定位。金融业在经济发展过程中为实体企业提供资金融通服务,促进企业投资和个人消费,降低交易成本,金融发展逐渐成为促进经济发展的必要条件之一。从我国目前的金融格局来看,银行业的体量长期以来占据半壁江山,然而业务模式过分趋同,企业治理效率有待提升。这些问题制约了银行业的进一步发展,也说明金融改革的关键在于银行业,改革中的难点也比较突出。

我国的金融体系发展到今天,民营银行屈指可数。如果严格一些,不仅关注民营资本参与,而且关注民营、市场化的经营管理和公司治理,则除 2014 年获批的 5 家民营银行外,再无真正意义上的民营银行。截至 2014 年年底,在我国 373 家主流商业银行中,95%都是中央政府、地方政府、大型国有企业和地方政府平台公司控股;在 144 家城市商业银行和 212 家农村商业银行中,仅在江浙一带就有 14 家小型银行有民营资本参与。从我国商业银行的资产规模来看,大型国有银行与政府控股商业银行占商业银行资产总规模的 95%,其中"工、农、中、建、交"占商业银行资产总规模近半。在经济转型、金融改革的大背景下,民营银行的设立顺应潮流且意义重大。

1. 全面深化经济体制改革

自党的十八大以来,我国进入全面深化经济体制改革的历史性阶段,金融体制和体系的改革成为助力经济体制改革的重要环节。党和国家充分认识到,"我国银行主导型的金融体系在未来相当长的时间内不会发生根本性质的改变,从当前金融体系的现状出发,构建稳定和高效率的金融体系,务必以银行体系为核心和出发点";党的十八届三中全会决定,"在加强监管的前提下,允许具备条件的民间资本依法发起和设立中小型银行等金融机构"。银行业的大门向民间资本逐渐敞开,股东结构的市场化设置是推进银行业市场化发展的关键一环,为在金融领域进一步发挥市场在资源配置中的决定作用、全面深化经济体制改革起到重要作用。

2. 帮助中小企业解决融资难问题

经济发展的经验表明,促进中小企业发展是实现经济增长、促进就业的重要方法之一。截至 2013 年年底,我国私营企业和个体工商户的数量达到 5 690.15 万家,中小企业数量占我国企业总数的 96%以上,对 GDP 的贡献超过 50%,吸纳就业人数占社会就业总人口的 75%,我国较高的就业率和经济的高速增长很大程度上得益于中小企业的快速发展。然而,一方面,中小企业这一群体在经济发展中的地位日益重要;另一方面,由于其规模小或者缺乏历史信用记录和抵押资产，中小企业在我国现行的金融体系下所获得的信贷资金支持却极为有限。

由中国人民银行发布的《2013年金融机构贷款投向统计报告》中称，2013年金融机构人民币各项贷款余额71.9万亿元，其中，主要金融机构及小型农村金融机构、外资银行人民币小微企业贷款余额13.21万亿元，占各项贷款总额的18.4%，在企业贷款余额中占仅29.4%。这与中小企业在企业总数中所占比例，以及为我国税收、就业机会、进出口贸易额和GDP增长所做的贡献极不相称。金融资源明显向大型企业倾斜，这种资源配置对中小企业来说极不合理，不能满足其不断增长的资金需求，甚至将阻碍中小企业乃至我国经济的发展。

广泛存在的信贷资源不合理配置，以及中小企业融资难、融资贵的现象，究其原因，不在于我国商业银行数量和行业竞争环境，而在于我国大多数商业银行的国有控股体制导致公司治理效率普遍不高，缺乏拓展创新业务，配置金融资源更倾向于大型国企，而中小企业经营风险较高，在目前的信贷体系下缺乏新型商业银行能根据中小企业风险、盈利特质，提供可获得、有效且优质的金融服务。按照传统的商业银行信贷流程，由于中小企业信用信息不健全，对受贷对象进行采信、审查、监督和管理，中小企业的成本是大企业的若干倍，此前也出现过在面临经营风险时，某些中小企业采取手段隐瞒资产，以逃废银行债务。出于以上风险综合考虑，传统的商业银行对中小企业投放贷款缺乏信心，投放信贷非常审慎。在2008年以来的国际金融危机影响下，许多中小企业的生产经营开始出现困难，营业收入和利润出现减少趋势，亏损额增加。面临经营风险，很多潜力较强的中小企业更需要大量融资以摆脱困境。但融资难、融资贵的问题摆在面前，资金周转困难，加剧了企业的经营困难，严重影响了中小企业的生产经营，进而影响我国经济的发展。

设立民营银行对促进解决中小企业融资难、融资贵的问题具有重要意义。首先，民营银行与中小企业在银企规模对应关系上相匹配，更倾向于向中小企业投放信贷。在银行业中，一般来说，大型银行服务大型企业，中小型银行（如城市商业银行）服务相对规模更小的企业，民营银行规模较小，与中小企业在信贷资金的供求方面比较匹配。具体来讲，我国现有国有大型商业银行的信贷投放明显向大型国有企业和重点行业重点领域的大企业倾斜。中小企业规模较小、资金需求量相对较小、财务信息不完备，大型银行对其进行贷前审查、贷后管理的成本较高，因此，中小企业往往难以得到大型商业银行的信贷支持。与之相比，民营银行的经营规模和资产规模也比较小，在对中小企业的信贷资金投放上更加匹配，能较好地满足此类贷款量小、贷款周期短、需求紧急的信贷需求。其次，民营银行与中小企业在信息获取方面比较匹配，有助于对中小企业贷款进行贷前审查和贷后管理。中小企业缺少正规完备的财务报表等信息自身的真实财务状况和经营成果，而国有大型银行一般要求信贷审批权上移至总行，信贷审批更依赖于可量化、易核实的硬信息，大型银行总行远离企业，更容易形成信息不对称，出于自身资产的安全性考虑，大型银行往往对中小企业惜贷。而民营银行规模小，且扎根基层，在成立之初便确立了特色化经营的定位，更为了解某地经济或者某行业的概况，能更具体地收集和辨别当地经济、特定行业、企业的各方面信息，在信息方面更为匹配，容易克服信息不对称和由此而产生的将贷款成本普遍推升的问题。

中国经济创新驱动的推进发展和城市化程度的逐步提高将催生更多的中小企业，对应的就需要更多民营金融机构能够提供有效的金融服务。所以，为解决中小微民营企业融资难、融资贵的问题，促进民营经济乃至国民经济的发展，探索由民间资本发起设立、自担风险的民营银行和其他金融机构十分重要。

3. 完善我国金融体系的内部结构，提高银行业的竞争程度

我国的金融体系以中央银行（中国人民银行）为核心，以大型国有商业银行为主体，多种金融机构共同发展，近年来包括信托业和互联网金融在内

的金融机构正在拓宽和完善金融服务领域。目前形成的金融体系现状是我国不断进行经济体制改革和金融改革的结果，其中银行业尤其是大型国有商业银行举足轻重，不论是从规模上还是从资金配置实力上都是如此。尤其是自2008年国际金融危机以来，我国宽松的货币政策在我国银行业的资产规模增长上有显著体现。虽然通过加强投资保持了较高的经济增速，但也暴露出一些问题。首先，商业银行的完备性与多层次性不够，存贷发展区域和目标客户类型的同质化现象严重。主要表现为，扎根基层、面向中小企业提供服务的中小银行严重缺位或错位，部分地方的城市商业银行甚至与大型银行争夺客户。其次，商业银行的市场化程度有待加强、股权结构有待优化。我国银行业在由计划金融向市场金融转轨过程中做出了重要的贡献，但与市场化的要求相比，还存在着不小差距，这与银行的股东构成、配备行政级别等存在一定关系。

随着利率市场化的稳步推进，我国金融业正在进入改革的关键时期。2013年下半年，央行全面放开金融机构贷款利率管制，允许贷款利率自由浮动。2015年6月，银监会发布《关于促进民营银行发展的指导意见》，这标志着民营银行已步入常态化发展阶段，批准设立民营银行成为金融改革的一项重要措施。设立民营银行，将拓宽实体企业融资渠道，形成多元化、多层次的信贷供给体系；有利于打破传统大型国有银行的所有制单一、高度垄断的金融体系结构，将市场竞争的力量进一步引入到银行领域，从而提高金融业的整体竞争力和金融资源的市场化配资效率。

通过向银行业注入民间资本，建立和发展真正意义上的民营银行，将有效改善当前银行体系中国有商业银行的垄断局面，促进形成国有金融与民营金融共同竞争的新型市场格局，矫正金融体系单一的国有垄断结构与多元的宏观经济结构不匹配的状况。建立和发展民营银行将增强我国金融系统对实体经济的辐射面、推动力，进一步适应进而持续推动实体经济快速增长。

4. 提高资本要素的配置效率

民营银行设立之初就定位为为中小民营企业提供信贷支持和其他金融服务，为急需资金周转的民营企业创造正规的外部信贷融资渠道，在提高民营企业信贷资金可得性的同时合理评估企业经营风险为资金定价，有利于资金更有效地配置到实体经济领域，有利于提高储蓄转化为投资的效率。通过民营银行的发展，将大大改善金融资源配置格局中国有商业银行的垄断程度，使得金融资源得到有效配置，促进国民经济健康、稳定增长。

另外，允许民营资本进入银行业有助于实现产业资本和金融行业结合，从而改善金融资源尤其是信贷资源供给端格局。长期以来，许多重要行业和领域都存在对民营资本进入的限制规定，加之民营资本天然存在着分散的特点，集中起来进行有效投资比较难，以至于大量民营资本被挡在银行体系门外，曾在房地产及某些其他商品领域产生投资泡沫，即使滞留在居民手中，也存在降低民间资本投资效率的问题。以上现象均阻碍了民营企业、中小企业的发展，也在很大程度上造成了民间金融资本的浪费。设立民营银行能够有效实现产业和金融结合，提高民营资本投资利用效率，促进储蓄向投资转化。

5. 抑制民间借贷等地下金融活动

随着民营经济的快速发展，对融资的需求也在不断增加，在正规的金融体系外，个人之间、企业之间及个人和企业之间发生的民间资金拆借行为盛行。这首先是因为现有银行体系为中小企业提供的信贷资金难以满足其需求，其次是因为国内充裕的居民储蓄及有限且收益不高的储蓄投资选择导致资金流向民间借贷渠道。

2013 年 7 月，西南财经大学中国家庭金融调查与研究中心发布了《银行与家庭金融行为》调查报告，研究发现，有大约 33.5% 的家庭参与了民间借贷活动，民间借贷总额高达 8.6 万亿元。我国民间借贷参与程度很高，资金总量相当于一家国有大型商业银行的规模。然而民间借贷活动游离于金融体制之外，由于缺乏外部监管，合同条款不尽规范，对参与者来说存在较大的风险隐患。甚至一些民间借贷受众广泛，在面临巨大风险时，会影响到社会稳定。自 2011 年 4 月以来，由于无力偿还巨额债务，温州市已有 90 多家企业老板逃跑、企业倒闭，仅 2011 年 9 月 22 日一天就出现 9 家企业主负债出走，而且关停倒闭企业从个别现象向群体蔓延，引发"温州民间借贷危机"，民间借贷市场出现巨大的动荡和混乱。此外，从货币政策的执行角度，民间借贷增强了资金在正规体系外的"体外循环"，给中央银行货币政策执行带来了更大难度，造成金融信号失真，削弱了中央银行对国民经济的调控能力。

一方面，民间借贷关系缺乏规范性，在金融监管范畴外，一旦面临风险，就可能扰乱正常的金融秩序，并对相关参与方造成巨大的负面影响。另一方面，其存在有合理之处，这正是由于正规的金融资源供给不足所致的。只有积极引导民间借贷向正规金融转化，设立和发展民营银行，才可能将民间资本充分调动起来，拓展其投资回报选择。设立民营银行需要满足一系列法律和规章制度要求，有利于降低民间借贷所隐藏的风险，并将其纳入监管，才能够使金融资源的配置符合社会稳定发展的条件。

第 2 章

设立民营银行相关的政策法规演进

就设立民营银行所适用的政策法规而论，可以分别从法律法规和政策文件两个层面进行探讨。法律法规从微观层面规定了设立民营银行的法律细则、操作指引；政策文件从宏观层面为设立民营银行提供了政策支持和方向指导。这些文件虽然没有包含设立民营银行的细则或操作指引，但它们是政策的"风向标"，体现了监管机构的观点和态度。

2.1　相关商业银行法律法规阐述

总体而言，民营银行设立相关的商业银行法律法规现在仍然处于空白阶段。由于民营银行属于商业银行和中小商业银行的细分范畴，其法律法规的出台不会与其上位法律和当前法律法规中的相关规定冲突，因而当前的法律法规对于民营银行的设立有着直接的影响、要求和规定。民营银行的设立特别要参考其中有关商业银行设立的一般性规定、城市商业银行相关的特殊规定、非金融机构股东的规定及中小银行股东的规定等。具体相关的法律法规规定将在之后的小节中逐条阐述。

之后小节阐述的顺序依据其法律效力，同效力法律法规依施行时间先后排序。商业银行法律规定分为三个层次，法律效力由高到低依次是法律、法规、部门规章。首先是全国人大会议通过的法律，包括《中华人民共和国公司法》、《中华人民共和国商业银行法》和《中华人民共和国银行业监督管理法》，其他法规和指引如有冲突的方面一律以法律规定为准；其次是由银监会主席会议通过的法规，包括《中国银行业监督管理委员会行政许可实施程序规定》、《银行业金融机构董事（理事）和高级管理人员任职资格管理办法》、《中国银监会中资商业银行行政许可事项实施办法（修订）》，如与部门规章和指引冲突，以法规为准；最后是银监会相关部门制定的部门规章和指引，包括《商业银行公司治理指引》、《中国银监会办公厅关于加强中小商业银行主要股东资格审核的通知》、《中国银行业监督管理委员会办公厅关于加强城市商业银行股权管理的通知》。由于《试点民营银行监督管理办法（讨论稿）》尚未公布，其中涉及的内容没有任何法律效力。

2.1.1 《中华人民共和国公司法》

我国现行的《中华人民共和国公司法》（以下简称《公司法》）是由中华人民共和国第十届全国人民代表大会常务委员会第十八次会议于 2005 年 10 月 27 日修订通过的，修订后的《公司法》自 2006 年 1 月 1 日起施行。

在我国现行法律体系之下，商业银行的组织形式是股份有限公司，民营银行也不例外。因此，《公司法》中有关股份有限公司的一般性条款适用于民营银行的设立及运作。

《公司法》中第七十七条一般性的规定，设立股份有限公司，应当具备下列条件：（一）发起人符合法定人数；（二）发起人认购和募集的股本达到法定资本最低限额；（三）股份发行、筹办事项符合法律规定；（四）发起人制订公司章程，采用募集方式设立的经创立大会通过的；（五）有公司名称，建立符合股份有限公司要求的组织机构；（六）有公司住所。

第七十八条至第九十八条详细规定了上述 6 个条件的具体细则，是设立民营银行的重要法律要求。

2.1.2 《中华人民共和国商业银行法》

我国现行的《中华人民共和国商业银行法》（以下简称《商业银行法》）是由 2015 年 8 月 29 日第十二届全国人民代表大会常务委员会第十六次会议修改通过的，修订后的《商业银行法》自 2015 年 10 月 1 日起施行。

民营银行主要就资本来源区别于传统商业银行，但其仍然为吸收公众存款、发放贷款、办理结算等业务的企业法人，符合《商业银行法》第二条关于"商业银行"的定义。因此，民营银行的设立要符合《商业银行法》中商业银行设立的规定。

《商业银行法》第十一条规定，设立商业银行，应当经国务院银行业监督管理机构审查批准。

除《公司法》对设立股份制银行的一般性要求外，《商业银行法》对设立商业银行的注册资本、高级管理人员资质有明确规定。

《商业银行法》第十三条规定，设立全国性商业银行的注册资本最低限额为 10 亿元人民币，设立城市商业银行的注册资本最低限额为 1 亿元人民币，设立农村商业银行的注册资本最低限额为 5 000 万元人民币。注册资本应当是实缴资本。国务院银行业监督管理机构根据审慎监管的要求可以调整注册资本最低限额，但不得少于前款规定的限额。民营银行注册资本在其中并未规定。

《商业银行法》第十四条规定，设立商业银行，申请人应当向国务院银行业监督管理机构提交下列文件、资料：（一）申请书，申请书应当载明拟设立的商业银行的名称、所在地、注册资本、业务范围等；（二）可行性研究报告；（三）国务院银行业监督管理机构规定提交的其他文件、资料。

《商业银行法》第十五条规定，设立商业银行的申请经审查符合本法第十四条规定的，申请人应当填写正式申请表，并提交下列文件、资料：（一）章程草案；（二）拟任职的董事、高级管理人员的资格证明；（三）法定验资机构出具的验资证明；（四）股东名册及其出资额、股份；（五）持有注册资本 5%以上的股东的资信证明和有关资料；（六）经营方针和计划；（七）营业场所、安全防范措施和与业务有关的其他设施的资料；（八）国务院银行业监督管理机构规定的其他文件、资料。

《商业银行法》未涉及民营银行注册资本数额，截至目前仍然没有明确的规定，不过民营银行注册资本数额在法律层面应该向城市商业银行看齐。2013 年有媒体报道，全国首份地方版《试点民营银行监督管理办法（讨论稿）》（下称《办法》）已完成报至银监会，并被银监会列为"范本"，成为制定全国版细则的重要参考。在设立门槛方面，该《办法》规定，民营银行需一次性拿出不低于 5 亿元不高于 10 亿元人民币作为注册资本，设立后视发展情况逐步增资。

对于高管资质的要求，有《银行业金融机构董事（理事）和高级管理人员任职资格管理办法》对其作具体规定，民营银行高管的组建要符合要求。

2.1.3 《中华人民共和国银行业监督管理法》

我国现行的《中华人民共和国银行业监督管理法》（以下简称《银行业监管法》）是由 2006 年 10 月 31 日第十届全国人民代表大会常务委员会第二十四次会议决定修改通过的，自 2007 年 1 月 1 日起施行。

对于设立民营银行的申请人，要了解该法赋予监管部门的监管目的和监管职责。《银行业监管法》第一条便指出，为了加强对银行业的监督管理，规范监督管理行为，防范和化解银行业风险，保护存款人和其他客户的合法权益，促进银行业健康发展，制定本法。对于商业银行的设立，该法赋予监管机构以下两个重要职责：第十七条指出，申请设立银行业金融机构，或者银行业金融机构变更持有资本总额或者股份总额达到规定比例以上的股东的，国务院银行业监督管理机构应当对股东的资金来源、财务状况、资本补充能力和诚信状况进行审查；第二十条指出，国务院银行业监督管理机构对银行业金融机构的董事和高级管理人员实行任职资格管理。具体办法由国务院银行业监督管理机构制定。

2.1.4 《中国银行业监督管理委员会行政许可实施程序规定》

我国现行的《中国银行业监督管理委员会行政许可实施程序规定》(本小节内《规定》)是由 2005 年 11 月 10 日中国银行业监督管理委员会第 40 次主席会议通过的,自 2006 年 2 月 1 日起施行。该《规定》根据《中华人民共和国银行业监督管理法》和《中华人民共和国行政许可法》等法律、行政法规及国务院有关决定制定,目的是为了规范中国银行业监督管理委员会(以下简称银监会)及其派出机构实施行政许可行为,明确行政许可程序,提高行政许可效率,保护申请人的合法权益。

设立民营银行的申请人可从该规定中了解到申请的一般环节及监管部门的审批操作流程。

《规定》第二条明确规定了进行银行业市场准入行政审批的主体,包括银监会、中国银行业监督管理委员会监管局(以下简称银监局)和中国银行业监督管理委员会监管分局(以下简称银监分局)。

《规定》第五条规定了银监会的行政许可事项,包括银行业金融机构及银监会监督管理的其他金融机构设立、变更和终止许可事项,业务许可事项,董事和高级管理人员任职资格许可事项,法律、行政法规规定和国务院决定的其他许可事项。

《规定》第六条规定,行政许可实施程序分为申请与受理、审查、决定与送达三个环节。《规定》第七条规定银监会及其派出机构按照以下操作流程实施行政许可:(一)由银监会、银监局或银监分局其中一个机关受理、审查并决定;(二)由银监局受理并初步审查,报送银监会审查并决定;(三)由银监分局受理并初步审查,报送银监局审查并决定;(四)由银监会受理,与其他行政机关共同审查并决定。

《规定》中第九条之后的条款一般性地规定申请与受理、审查、决定与送达三个环节的具体要求,其要求适用于银行业金融机构及银监会监督管理的其他金融机构。但对于中资、外资、非银行、合作金融机构,其许可的事项、条件、具体操作流程、审查决定期限仍有细微不同。对于设立民营银行的行政许可,详细规定应参考《中国银行业监督管理委员会中资商业银行行政许可事项实施办法》。

2.1.5 《银行业金融机构董事(理事)和高级管理人员任职资格管理办法》

我国现行的《银行业金融机构董事(理事)和高级管理人员任职资格管理办法》(本小节内《办法》)是由中国银监会第 125 次主席会议于 2012 年 6 月 20 日通过的,自 2013 年 12 月 18 日起施行。同时《金融机构高级管理人员任职资格管理办法》(中国人民银行令〔2000〕第 1 号)不再适用。

高管任职资格管理是监管部门职责的重要内容,《办法》第四条指出任职资格条件是任职资格管理的重要内容,这涉及设立银行的人员资质问题。对于设立民营银行,当前没有特殊规定,可以参考这其中关于高管任职资格条件的一般性规定。

《办法》第三条指出,高级管理人员,是指金融机构总部及分支机构管理层中对该机构经营管理、风险控制有决策权或重要影响力的各类人员。银行业金融机构董事(理事)和高级管理人员须经监管机构核准任职资格。《办法》第七条指出,任职资格条件,是指金融机构拟任、现任董事(理事)和高级管理人员在品行、声誉、知识、经验、能力、财务状况、独立性等方面应当达到的监管要求。

具体而言,《办法》第八条规定,金融机构拟任、现任董事(理事)和高级管理人员的任职资格基本条件包括:(一)具有完全民事行为能力;(二)

具有良好的守法合规记录；（三）具有良好的品行、声誉；（四）具有担任金融机构董事（理事）和高级管理人员职务所需的相关知识、经验及能力；（五）具有良好的经济、金融从业记录；（六）个人及家庭财务稳健；（七）具有担任金融机构董事（理事）和高级管理人员职务所需的独立性；（八）履行对金融机构的忠实与勤勉义务。

需要注意的是，《办法》第十条规定，金融机构拟任、现任董事（理事）和高级管理人员出现下列情形之一的，视为不符合本办法第八条第（六）项、第（七）项规定之条件：（一）本人或其配偶有数额较大的逾期债务未能偿还，包括但不限于在该金融机构的逾期贷款；（二）本人及其近亲属合并持有该金融机构5%以上股份，且从该金融机构获得的授信总额明显超过其持有的该金融机构股权净值；（三）本人及其所控股的股东单位合并持有该金融机构5%以上股份，且从该金融机构获得的授信总额明显超过其持有的该金融机构股权净值；（四）本人或其配偶在持有该金融机构5%以上股份的股东单位任职，且该股东单位从该金融机构获得的授信总额明显超过其持有的该金融机构股权净值，但能够证明相应授信与本人或其配偶没有关系的除外（前项规定不适用于企业集团财务公司）；（五）存在其他所任职务与其在该金融机构拟任、现任职务有明显利益冲突，或明显分散其在该金融机构履职时间和精力的情形。本办法所称近亲属包括配偶、父母、子女、兄弟姐妹、祖父母、外祖父母、孙子女、外孙子女。

2.1.6 《中国银监会中资商业银行行政许可事项实施办法（修订）》、《中资商业银行行政许可事项申请材料目录及格式要求》

我国现行的《中国银监会中资商业银行行政许可事项实施办法（修订）》（本小节《办法》）已经中国银监会2015年第6次主席会议修订通过，自2015年6月5日起施行。《中资商业银行行政许可事项申请材料目录及格式要求》

是与《办法》配套的材料文件,该文件规定了进行筹建、开业等流程的材料及其格式要求。

该《办法》涉及民营银行设立条件、发起人条件的认定、筹建和开业两个阶段流程规定、董事和高级管理人员任职资格许可详细规定,是设立民营银行重要的参考法规。

对于设立条件,除了要符合《中华人民共和国公司法》和《中华人民共和国商业银行法》规定的章程,还要满足《办法》第七条中设立中资商业银行法人机构的审慎性条件,至少包括:(一)具有良好的公司治理结构;(二)具有健全的风险管理体系,能有效控制各类风险;(三)发起人股东中应当包括合格的战略投资者;(四)具有科学有效的人力资源管理制度,拥有高素质的专业人才;(五)具备有效的资本约束与资本补充机制;(六)有助于化解现有金融机构风险,促进金融稳定。其中第三款关于合格的战略投资者,本《办法》中并未对中资战略投资人作明确规定。

对于民营企业这类非金融机构作为发起人,《办法》第十二条明确规定,境内非金融机构作为中资商业银行法人机构发起人,应当符合以下条件:(一)依法设立,具有法人资格;(二)具有良好的公司治理结构或有效的组织管理方式;(三)具有良好的社会声誉、诚信记录和纳税记录,能按期足额偿还金融机构的贷款本金和利息;(四)具有较长的发展期和稳定的经营状况;(五)具有较强的经营管理能力和资金实力;(六)财务状况良好,最近3个会计年度连续盈利;(七)年终分配后,净资产达到全部资产的30%(合并会计报表口径);(八)权益性投资余额原则上不超过本企业净资产的50%(合并会计报表口径),国务院规定的投资公司和控股公司除外;(九)入股资金为自有资金,不得以委托资金、债务资金等非自有资金入股,法律法规另有规定的除外;(十)银监会规章规定的其他审慎性条件。

关于设立民营银行的筹建和开业阶段,《办法》虽未直接涉及民营银行主体，但具体措施可以参考城市商业银行的相关要求。《办法》将其流程分为4个阶段，分别为筹建申请—筹建期—开业申请—开业期。根据条款内容，民营银行与传统银行设立周期基本相同且时间较长，从筹备到开业要经历一年甚至更长的时间。民营银行与除城市商业银行外的银行机构在审批主体上有所不同。

筹建申请，《办法》第十五条指出，国有商业银行法人机构、股份制商业银行法人机构的筹建申请，应当由发起人各方共同向银监会提交，银监会受理、审查并决定。银监会自受理之日起4个月内做出批准或不批准的书面决定。城市商业银行法人机构的筹建申请，应当由发起人各方共同向拟设地银监局提交，拟设地银监局受理并初步审查，银监会审查并决定。银监会自收到完整申请材料之日起4个月内做出批准或不批准的书面决定。

筹建期，《办法》第十六条指出，中资商业银行法人机构的筹建期为批准决定之日起6个月。国有商业银行、股份制商业银行法人机构未能按期筹建的，该机构筹建组应当在筹建期限届满前1个月向银监会提交筹建延期报告。筹建延期不得超过1次，筹建延期的最长期限为3个月。城市商业银行法人机构未能按期筹建的，该机构筹建组应当在筹建期限届满前1个月向所在地银监局提交筹建延期报告。筹建延期不得超过1次，筹建延期的最长期限为3个月。该机构筹建组应当在前款规定的期限届满前提交开业申请，逾期未提交的，筹建批准文件失效，由决定机关办理筹建许可注销手续。

开业申请，《办法》第十七条指出，国有商业银行、股份制商业银行法人机构的开业申请应当向银监会提交，由银监会受理、审查并决定。银监会自受理之日起2个月内做出核准或不予核准的书面决定。城市商业银行法人机构的开业申请应当向所在地银监局提交，由所在地银监局受理、审查并决定。银监局自受理之日起2个月内做出核准或不予核准的书面决定，抄报银监会。

开业期，《办法》第十八条指出，中资商业银行法人机构应当在收到开业核准文件并按规定领取金融许可证后，根据工商行政管理部门的规定办理登记手续，领取营业执照。国有商业银行、股份制商业银行法人机构应当自领取营业执照之日起 6 个月内开业。未能按期开业的，应当在开业期限届满前 1 个月向银监会提交开业延期报告。开业延期不得超过 1 次，开业延期的最长期限为 3 个月。城市商业银行法人机构应当自领取营业执照之日起 6 个月内开业。未能按期开业的，应当在开业期限届满前 1 个月向所在地银监局提交开业延期报告。开业延期不得超过 1 次，开业延期的最长期限为 3 个月。

关于董事和高级管理人员任职资格许可，《办法》有较《银行业金融机构董事（理事）和高级管理人员任职资格管理办法》更为详细的规定。

对于高级管理人员，《办法》第七十八条明确指出，是中资商业银行行长、副行长、行长助理、风险总监、合规总监、总审计师、总会计师、首席信息官及同职级高级管理人员，内审部门、财务部门负责人，总行营业部总经理（主任）、副总经理（副主任）、总经理助理，分行行长、副行长、行长助理，分行级专营机构总经理、副总经理、总经理助理，分行营业部负责人，管理型支行行长、专营机构分支机构负责人。这些高级管理人员，须经任职资格许可。

《办法》还对董事（理事）和高级管理人员的学历及工作经验提出了具体要求。第八十四条指出，（一）拟任国有商业银行、邮政储蓄银行、股份制商业银行董事长、副董事长，应当具有本科以上学历，从事金融工作 8 年以上，或从事相关经济工作 12 年以上（其中从事金融工作 5 年以上）；拟任城市商业银行董事长、副董事长，应当具有本科以上学历，从事金融工作 6 年以上，或从事相关经济工作 10 年以上（其中从事金融工作 3 年以上）；（二）拟任国有商业银行、邮政储蓄银行、股份制商业银行董事会秘书的，应当具备本科以上学历，从事金融工作 6 年以上，或从事相关经济工作 10 年以上（其中从事金融工作 3 年以上）；拟任城市商业银行董事会秘书的，应当具备本科以上学历，从事金融工作4年以上，或从事相关经济工作8年以上（其中从事金融工作2年以上）。

第八十六条指出，（一）拟任国有商业银行、邮政储蓄银行、股份制商业银行行长、副行长的，应当具备本科以上学历，从事金融工作8年以上，或从事相关经济工作12年以上（其中从事金融工作4年以上）；（二）拟任城市商业银行行长、副行长的，应当具备本科以上学历，从事金融工作6年以上，或从事相关经济工作10年以上（其中从事金融工作3年以上）；（三）拟任国有商业银行、邮政储蓄银行、股份制商业银行行长助理（总经理助理）的，应当具备本科以上学历，从事金融工作6年以上，或从事相关经济工作10年以上（其中从事金融工作3年以上）；拟任城市商业银行行长助理的，应当具备本科以上学历，从事金融工作4年以上，或从事相关经济工作8年以上（其中从事金融工作2年以上）；（四）拟任中资商业银行境外机构行长（总经理）、副行长（副总经理）、代表处首席代表的，应当具备本科以上学历，从事金融工作6年以上，或从事相关经济工作10年以上（其中从事金融工作3年以上），且能较熟练地运用1门与所任职务相适应的外语；（五）拟任风险总监的，应当具备本科以上学历，并从事信贷或风险管理相关工作6年以上；（六）拟任合规总监的，应当具备本科以上学历，并从事相关经济工作6年以上（其中从事金融工作2年以上）；（七）拟任总审计师、内审部门负责人的，应当具备本科以上学历，取得国家或国际认可的审计专业技术高级职称（或通过国家或国际认可的会计、审计专业技术资格考试），并从事财务、会计或审计工作6年以上（其中从事金融工作2年以上）；（八）拟任总会计师或财务部门负责人的，应当具备本科以上学历，取得国家或国际认可的会计专业技术高级职称（或通过国家或国际认可的会计专业技术资格考试），并从事财务、会计或审计工作6年以上（其中从事金融工作2年以上）；（九）拟任首席信息官的，应当具备本科以上学历，并从事信息科技工作6年以上（其中任信息科技高级管理职务4年以上并从事金融工作2年以上）；实际履行前述高级管理职务的人员，应当分别符合相应条件。

2.1.7 《商业银行公司治理指引》

《商业银行公司治理指引》(以下简称《指引》)自 2013 年 7 月 19 日起施行。该指引施行前颁布的《国有商业银行公司治理及相关监管指引》(银监发〔2006〕22 号)、《外资银行法人机构公司治理指引》(银监发〔2005〕21 号)和《中国银监会办公厅关于进一步完善中小商业银行公司治理的指导意见》(银监办发〔2009〕15 号)同时废止,《股份制商业银行公司治理指引》(中国人民银行公告〔2002〕第 15 号)不再适用。

《指引》内容涉及商业银行公司内部治理问题,包括股东大会、董事会、监事会、高级管理层、股东及其他利益相关者之间的相互关系,包括组织架构、职责边界、履职要求等治理制衡机制,以及决策、执行、监督、激励约束等治理运行机制。该指引未对商业银行类型作具体区别,设立民营银行,需要参考其中关于组织构架方面的规定。

2.1.8 《中国银行业监督管理委员会办公厅关于加强城市商业银行股权管理的通知》

《中国银行业监督管理委员会办公厅关于加强城市商业银行股权管理的通知》(银监办发〔2003〕105 号)是在 2003 年一些城市商业银行在增资扩股后,由于股权结构不合理,接连发生部分股东操纵银行高级管理层并恶意进行关联交易的事件,严重影响了城市商业银行的健康发展的情况下提出的。虽然针对城市商业银行,但其中针对股东和董事、监事和高管的关联关系及关联交易问题对于设立民营银行有重要参考。

第一,对单个股东或存在关联关系的股东合并持股比例超过 10%,异地投资者入股、股东资格欠缺但又确有必要入股的要详细说明理由,逐级审核并出具明确意见后报银监会核准其股东资格。

第二，要求股东股权多元化、分散化，合理设置股权结构及其比例，并有义务向股东和当地银行监管部门及时、完整、真实地披露新入股企业的经营管理状况及其关联关系。

第三，城市商业银行股东、董事、监事（包括独立董事、外部监事）、高管必须及时、完整、真实地向董事会报告其关联企业情况、与其他股东的关联关系、董事和监事相互之间的关联关系及其参股其他城市商业银行的情况。

2.1.9 《中国银监会办公厅关于加强中小商业银行主要股东资格审核的通知》

《中国银监会办公厅关于加强中小商业银行主要股东资格审核的通知》（银监办发〔2010〕115号）是在除《中国银行业监督管理委员会中资商业银行行政许可事项实施办法》规定的股东条件外，在实际审核过程中，规定了一些审慎性条件。民营银行当然属于中小商业银行的范畴，其主要股东设立发起民营银行要符合其中的规定。

中小商业银行主要股东，是指持有或控制中小商业银行5%以上（含5%）股份或表决权且是银行前三大股东，或非前三大股东但经监管部门认定对中小商业银行具有重大影响的股东。该办法提出的审慎性条件如下。

（一）同一股东入股同质银行业金融机构不超过2家，如取得控股权只能投（或保留）1家，并应出具与其关联企业情况、与其他股东的关联关系及其参股其他金融机构情况的说明。

（二）主要股东包括战略投资者持股比例一般不超过20%。对于部分高风险城市商业银行，可以适当放宽比例。

（三）要求主要股东出具资金来源说明。

（四）要求主要股东董事会出具正式的书面承诺：一是承诺不谋求优于

其他股东的关联交易，并应出具银行贷款情况及贷款质量情况说明（经银行确认）；二是承诺不干预银行的日常经营事务；三是承诺自股份交割之日起5年内不转让所持该银行股份，并在银行章程或协议中载明，到期转让股份及受让方的股东资格应取得监管部门的同意；四是作为持股银行的主要资本来源，应承诺持续补充资本；五是承诺不向银行施加不当的指标压力。

另外，根据当前的国家政策和监管实际需要，合理设限，尽量避免限制性行业或企业的投资者入股。

2.1.10 《试点民营银行监督管理办法（讨论稿）》（官方未公布）

2013年9月有媒体获悉，全国首份地方版《试点民营银行监督管理办法（讨论稿）》（下称《办法》）已完成报至银监会，并被银监会列为"范本"，成为制定全国版细则的重要参考。该《办法》的官方正式版始终未出炉，但该媒体版本的讨论稿仍然具有很大的参考价值。

瞭望智库获得的这份《办法》显示，其对民营银行的设立门槛、股东资质、股权变更、公司治理及机构撤销等方面做出了全面的规定。

在设立门槛方面，《办法》规定，民营银行需一次性拿出不低于5亿元不高于10亿元人民币作为注册资本，设立后视发展情况逐步增资。执行上，监管层人士透露，不同地区的民营银行，在规定的范围内，将采取注册资本差异化要求。该《办法》规定的民营银行注册资本额高于《商业银行法》和《中国银监会中资商业银行行政许可事项实施办法》中规定的城市商业银行1亿元的注册资本额，并低于全国性商业银行10亿元的注册资本额。

在股东资质上，《办法》规定，民营银行的股东原则上不超过20个。最大股东及其关联方持股比例不得超过股本总额的20%，其他企业法人股东及关联方持股比例不得超过股本总额的10%，单个自然人持股比例不得超过股本总额的 2%，所有自然人持股比例不得超过股本总额的 20%。股东人数的限制和自然人持股比例在现行的商业银行法律法规中均未有规定，最大股东及其关联方持股比例与 2010 年 4 月 16 日《中国银监会办公厅关于加强中小商业银行主要股东资格审核的通知》中的规定基本一致。其他企业法人股东及关联方持股比例要求高于《中国银行业监督管理委员会办公厅关于加强城市商业银行股权管理的通知》中的规定。

主发起人要求最近三个会计年度连续盈利，且这三年内年终分配后的净资产占比全部资产的 30%。其他发起人则要求最近两个会计年度连续盈利。且所有发起人的入股资金来源必须真实合法，不得以借贷资金入股，不得以他人委托资金入股。其中主发起人最近三年内年终分配后的净资产占比全部资产的 30% 的要求高于《中国银监会中资商业银行行政许可事项实施办法》中年终的净资产占比全部资产的 30% 的规定。其他发起人的要求在现行商业银行法律法规中也未有提及。但在 2015 年 6 月《国务院办公厅转发银监会关于促进民营银行发展指导意见的通知》中对于净资产占全部资产 30% 的要求又从最近三年放宽到年终，与现行商业银行法规一致。该《办法》中未涉及限制发起人权益性投资余额这一关键点，在《国务院办公厅转发银监会关于促进民营银行发展指导意见的通知》中规定权益性投资余额不超过净资产的 50%，也与现行法规一致。

监管层人士表示，具体执行上，对股东资质有更高的要求。核心主业不突出且其经营行业过多，资产负债率、财务杠杆率高于行业平均水平，以及现金流量波动受经济景气影响较大的企业，可能被排除在发起人之外。另外，关联企业众多、股权关系复杂且不透明、关联交易频繁且异常的企业，将不具备发起人资格。

对于已经入股小贷公司、担保公司和典当行的自然人，也会限制其再入股民营银行的额度和权限。除此之外，民营银行的股东要尽量本土化，具备本地户籍，以便监管层更容易掌控风险信息。

2.2 相关政策演进阐述

随着 2015 年 6 月底《关于促进民营银行发展的指导意见》正式出台，民营银行申请受理正式开闸，为期数年的关于民营银行设立的问题终于在政策及操作层面上得到了落实，民间资本投资银行业的渠道宣告全部打开。从 2012 年 5 月《中国银监会关于鼓励和引导民间资本进入银行业的实施意见》中提出要设立民营银行至此，诸多政策对《关于促进民营银行发展的指导意见》产生了重大影响。

2.2.1 2010 年 5 月 7 日，国务院《关于鼓励和引导民间投资健康发展的若干意见》

2010 年 5 月 7 日，国务院以国发〔2010〕13 号印发《关于鼓励和引导民间投资健康发展的若干意见》（以下简称"新 36 条"）提出："允许民间资本兴办金融机构。在加强有效监管、促进规范经营、防范金融风险的前提下，放宽对金融机构的股比限制。支持民间资本以入股方式参与商业银行的增资扩股，参与农村信用社、城市信用社的改制工作。鼓励民间资本发起或参与设立村镇银行、贷款公司、农村资金互助社等金融机构，放宽村镇银行或社区银行中法人银行最低出资比例的限制。""新 36 条"对"民营银行"虽然没有作具体宣示，但为民间资本进入金融行业打开了政策的大门。

2.2.2 2012 年 5 月 25 日《中国银监会关于鼓励和引导民间资本进入银行业的实施意见》

继铁道部、卫生部、交通部、证监会、国资委等部门发文支持民间资本进入相关领域后，银监会于 2012 年 5 月 25 日在官方网站发布《中国银监会关于鼓励和引导民间资本进入银行业的实施意见》（以下简称《实施意见》），鼓励支持民间资本进入银行业。该《实施意见》最大的意义是向外界传达了放松限制、鼓励民间资本进入的积极信号，同时表达了营造公平市场环境的决心。

《实施意见》明确，支持符合银行业行政许可规章相关规定，公司治理结构完善，社会声誉、诚信记录和纳税记录良好，经营管理能力和资金实力较强，财务状况、资产状况良好，入股资金来源真实合法的民营企业投资银行业金融机构。并且民营企业可通过发起设立、认购新股、受让股权、并购重组等多种方式投资银行业金融机构。这就直接肯定了民间资本发起设立民营银行的政策意愿。

另外，从当时的统计数字可以看出，民间资本已是我国银行业资本金的重要组成部分。民间资本参与了部分大型商业银行和股份制商业银行的首次公开募股（IPO）和股权优化。不少民间资本还成为股份制商业银行的主要股东。截至2011年年底，股份制商业银行和城市商业银行总股本中，民间资本占比分别为42%和54%；农村中小金融机构整体股权结构中，民间资本占比达92%，其中农村合作金融机构股权结构中民间资本占93%。那么另一个重点是市场环境建设，《实施意见》明确表示支持民间资本与其他资本按同等条件进入银行业，为民间资本进入银行业营造良好环境。推进公平是市场经济体制下政府的重要职能。公平包括起点公平、结果公平和环境公平三个方面。无疑，鼓励和引导民间资本进入银行业，就是在起点上保证对所有的人平等开放。

《实施意见》中对于民营银行的设立还只是停留在原则性的表述，操作程序尚不明确。不过《实施意见》对于规范银行业市场准入行政许可事项、持续提高银行业市场准入的透明度、持续引导民间资金平等进入银行业具有重要意义。

2.2.3　2013年6月陆家嘴论坛

2013年6月，银监会主席尚福林在陆家嘴论坛演讲时表示，调动民间资本进入银行业。鼓励民间资本投资入股和参与金融机构重组改造。允许发展成熟、经营稳健的村镇银行,在最低股比要求内,调整主发起行与其他股东资本比例。允许尝试由民间资本发起设立自担风险的民营银行、金融租赁公司和消费金融公司等民营金融机构,通过相关的制度安排,防范道德风险,防止风险外溢。

特别提到了允许尝试由民间资本发起设立自担风险的民营银行。这次银监会主席出面表态再一次表明了监管部门对于允许民营银行设立的政策意向。

2.2.4 2013 年上半年全国银行业监督管理工作会议暨经济金融形势分析会议

银监会主席尚福林 2013 年 7 月 31 日在 2013 年上半年全国银行业监督管理工作会议暨经济金融形势分析会议上称,将深化改革,积极推动银行业转型发展,试办自担风险的民营金融机构。

尚福林表示,自担风险民营金融机构的要义在于发起人承诺风险兜底,避免经营失败损害存款人、债权人和纳税人利益。同时,抓紧研究明确调整民间资本在村镇银行中股比的具体标准和条件。

值得关注的是尚福林提出的一个基本要求,即发起人要承诺风险兜底,避免经营失败损害存款人、债权人和纳税人利益。随着决策层对设立民营银行的态度日渐明朗,民营资本进军金融业的政策障碍正逐步扫除。

2.2.5 2013 年 7 月国务院《关于金融支持经济结构调整和转型升级的指导意见》

2013 年 7 月,国务院办公厅发布《关于金融支持经济结构调整和转型升级的指导意见》(以下简称"金十条"),指出金融运行总体是稳健的,但资金分布不合理问题仍然存在,与经济结构调整和转型升级的要求不相适应。为深入贯彻党的十八大、中央经济工作会议和国务院常务会议精神,更好地发挥金融对经济结构调整和转型升级的支持作用,更好地发挥市场配置资源的基础性作用,更好地发挥金融政策、财政政策和产业政策的协同作用,优化社会融资结构,持续加强对重点领域和薄弱环节的金融支持,切实防范化解金融风险,提出十点意见。

其中第九条中明确指出,扩大民间资本进入金融业。鼓励民间资本投资入股金融机构和参与金融机构重组改造。允许发展成熟、经营稳健的村镇银行在最低股比要求内,调整主发起行与其他股东持股比例。尝试由民间资本发起设立自担风险的民营银行、金融租赁公司和消费金融公司等金融机构。探索优化银行业分类监管机制,对不同类型银行业金融机构在经营地域和业务范围上实行差异化准入管理,建立相应的考核和评估体系,为实体经济发展提供广覆盖、差异化、高效率的金融服务。

"金十条"特别指出,尝试由民间资本发起设立自担风险的民营银行。这样民营银行的设立首次在国务院层面得到了认可。

2.2.6 2013年11月,十八届三中全会《中共中央关于全面深化改革若干重大问题的决定》

《中共中央关于全面深化改革若干重大问题的决定》第十二点提出,完善金融市场体系。扩大金融业对内对外开放,在加强监管的前提下,允许具备条件的民间资本依法发起设立中小型银行等金融机构。

在国务院"金十条"中,对民营银行的态度是"尝试"由民间资本发起设立自担风险的民营银行;仅过了4个月,国务院就从"尝试"转变为"允许",一词之差凸显出国家对金融改革的决心。

2.2.7 民营银行试点五大原则

2013年11月,在"金麒麟论坛"上,银监会前副主席阎庆民进一步透露了更多民营银行试点的条件。他称,银监会推进民营银行试点将坚持"纯民资发起、自愿承担风险、承诺股东接受监管、实行有限牌照、订立生前遗嘱"五大原则。

(一)纯民资发起。即发起人全部为民营资本。

(二)自愿承担风险。发起人自主自愿承担银行经营的一切风险。

(三)承诺股东接受监管。意味着民营银行股东将接受相关监管部门的监管。

(四)实行有限牌照。银行持有的是有限牌照,阎庆民并未就民营银行"实行有限牌照"作进一步解释,不过有分析认为,有限牌照银行或只能吸收机构大额存款,不能吸收公众存款。

(五)订立生前遗嘱。即设立前就要安排好未来破产倒闭的处理办法。阎庆民也并没有详细解释"订立生前遗嘱"这一原则。据悉,2013年1月,欧洲银行管理局(EBA)要求欧盟39家大银行在2013年年底以前务必立下所谓的"生前遗嘱",要求银行做出说明,在没有纳税人救助的情况下,如果银行无力偿债面临倒闭,将如何处理。

2.2.8 2014年1月,全国银行业监管工作会议——明确将试点先行

2014年1月6日,银监会召开2014年全国银行业监管工作电视电话会议,会议总结了2013年工作情况并明确了2014年银行业监管工作重点。

其中指出,拓宽民间资本进入银行业的渠道和方式,一方面引导民间资

本参与现有银行业金融机构的重组改制,另一方面试办由纯民资发起设立自担风险的银行业金融机构。切实做好试点制度设计,强调发起人资质条件,实行有限牌照,坚持审慎监管标准,订立风险处置安排。试点先行,首批试点 3～5 家,成熟一家批设一家。

值得关注的是,这是监管层首次明确将试点先行,首批试点 3～5 家,成熟一家批设一家。有限牌照是指,只能在有限区域,或者只能开展特定业务。

2.2.9　2014 年 3 月 11 日,银监会公告民营银行首批试点名单确定

2014 年 3 月 11 日银监会发布公告,自担风险民营银行首批试点名单确定。按照中央深化改革领导小组和国务院的有关要求,在各地转报推荐的试点方案中择优确定了首批 5 家民营银行试点方案,将由参与设计试点方案的阿里巴巴、万向、腾讯、百业源、均瑶、复星、商汇、华北、正泰、华峰等民营资本参与试点工作。这次试点将遵循共同发起人原则,按每家试点银行不少于两个发起人的要求,开展相关筹备工作,这些试点银行将选址在天津、上海、浙江和广东等地区。

银监会有关负责人表示,这 5 家试点的选择既不是计划模式下的指标分配,也不是行政管理下的区域划分,而是在各地转报推荐的试点方案中优中选优。选择标准主要考虑 5 个因素。一是有自担剩余风险的制度安排。银行是管理风险的,有风险外溢性,必须未雨绸缪,要承担可能出现的风险,防止风险外溢,保护金融消费者、存款人和纳税人的合法权益。因此,此次试点严格要求发起人切实自担风险,自愿承担银行经营风险,承诺承担剩余风险。二是有办好银行的资质条件和抗风险能力。要求发起人公司治理完善,核心主业突出,现金流充裕,有效控制关联交易风险,能够承担经营失败风险。三是有股东接受监管的协议条款。要求发起人承诺其股东接受监管机构

的监管，以防自担风险的责任落空。四是有差异化的市场定位和特定战略。坚持服务小微企业和社区民众的市场定位，为实体经济发展提供高效和差异化的金融服务，实行有限牌照。五是有合法可行的风险处置和恢复计划。提前订立风险处置与恢复计划，即"生前遗嘱"，明确经营失败后的风险化解、债务清算和机构处置等安排。

下一步，银监会将根据现行法律法规对参与试点的上述民营资本进行严格的股东资格审核，合格后受理正式申请。成熟一家批复一家，稳步推进首批试点工作。待取得试点经验后，再进一步扩大试点。

截至2014年5月中旬，在工商总局注册"银行"名称的就有137家，各地政府金融办、工商联、行业协会、民间商会、研究机构等均通过多种方式提出试办民营银行的方案。

2.2.10　2014年9月首批5家民营银行全部批复筹建

2014年7月25日，银监会党委书记、主席尚福林在银监会2014年上半年全国银行业监督管理工作会议上披露，银监会近日已正式批准三家民营银行的筹建申请。这三家民营银行分别是：以腾讯、百业源、立业为主发起人，在广东省深圳市设立深圳前海微众银行；以正泰、华峰为主发起人，在浙江省温州市设立温州民商银行；以华北、麦购为主发起人，在天津市设立天津金城银行。

尚福林介绍，三家试点银行在发展战略与市场定位方面各有特色，目标是为实体经济发展提供高效和差异化的金融服务，如深圳前海微众银行将办成以重点服务个人消费者和小微企业为特色的银行，温州民商银行定位于主要为温州区域的小微企业、个体工商户和小区居民、县域三农提供普惠金融服务，天津金城银行将重点发展天津地区的对公业务。

据了解，这三家试点银行的筹建方案均是在现行商业银行法等法律法规框架下制定的，持续经营也要符合监管法律法规的统一要求，与现有银行业金融机构公平竞争。同时，民营银行发起人在出资之外还自愿承担了更多的责任，支持试点银行的更好发展。试点银行均坚持纯民资发起原则，确定了自担风险的有关安排，股东承诺自愿接受延伸监管，并将在开业前制订银行恢复与处置计划。

尚福林表示，下一步，银监会将指导三家试点银行筹建工作小组做好各项筹建工作，搭建合理的公司治理架构，起草银行章程，选聘合格的董事、高级管理人员，拟定经营方针和计划，建立银行主要管理制度和风险防范体系框架。同时，将继续指导另外两家首批试点银行的筹建小组加快完善和确定筹建方案，及时总结试点经验，适时扩大试点范围，进一步调动民间资本进入金融业的积极性。

2014年9月29日，在银监会网站上公布了上海华瑞银行和浙江网商银行的批复告示，至此国务院批准的5家民营银行试点已全部开始筹建。

2.2.11　2015年5月首批5家民营银行全部批复开业

据悉，银监会在2014年三季度已批复同意首批5家民营银行筹建后，银监会遵循发起主体自主意愿、商业可持续原则，积极推动5家试点银行筹建工作小组做好各项筹建工作，包括搭建合理的公司治理架构、建立主要管理制度和风险防范体系框架等。深圳前海微众银行各项开业准备工作已就绪，于2014年12月12日由深圳银监局批复开业。

深圳银监局批复内容包括机构名称、机构住所、营业场所、注册资本金、高管任职资格、经营范围等。其中，机构名称为深圳前海微众银行股份有限公司（简称深圳前海微众银行），注册资本30亿元人民币。经营范围包括吸收公众，主要是个人及小微企业存款；主要针对个人及小微企业发放短期、中期和长期贷款；办理国内外结算及票据、债券、外汇、银行卡等业务。银监会相关负责人表示，深圳前海微众银行是一家定位于服务个人消费者和小微企业客户的民营银行。深圳前海微众银行应充分发挥股东优势，打造"个存小贷"特色业务品牌，为个人消费者和小微企业客户提供优质金融服务。

至2015年5月27日，中国银监会浙江监管局批准浙江网商银行股份有限公司开业，首批5家民营银行全部批复开业（见表2-1）。

表2-1　5家试点民营银行筹建开业时间表

银行名称	注册资本	注册地	批复筹建日期	批复开业日期
深圳前海微众银行	30亿元	深圳	2014.07.25	2014.12.12
温州民商银行	20亿元	温州	2014.07.25	2015.03.20
天津金城银行	30亿元	天津	2014.07.25	2015.03.27
上海华瑞银行	30亿元	上海	2014.09.26	2015.01.28
浙江网商银行	40亿元	杭州	2014.09.26	2015.05.27

2.2.12　国务院办公厅转发银监会关于促进民营银行发展指导意见

在之前多项政策的铺垫和试点实施之后，2015年6月26日，国务院办公厅正式转发《关于促进民营银行发展的指导意见》（以下简称《指导意见》），这意味着从即日起，银监会将正式依法对合格的民间资本发起设立民营银行的申请进行受理，标志着我国民营银行步入了前所未有的改革发展机遇期。

银监会主席尚福林在2015年6月26日举办的国新办新闻发布会上表示，民营银行作为银行业新的进入者，唯有坚持差异化的经营模式，推出特色化的金融产品与服务，才能站稳脚跟，形成核心竞争力，实现可持续发展。

《指导意见》的一大意义是标志着民营资本进入银行业渠道大开闸。

由于民间资本投资银行业的最后一个渠道——发起设立民营银行业也已经打开,这意味着"民间资本进入银行业的渠道和机构类型已全部开放"。尚福林强调,广大民间资本可以根据自己的投资意愿、风险偏好和承受能力自主选择。也就是说,今后,民间资本进入银行业的品类齐全、渠道多样,可供民间资本自由选择、自主投资。

此外,为提高申请效率,银监会将推行限时审批制度,建立民营银行限时审批管理台账,自受理之日起4个月内做出批准或不批准的决定,比现有法定时限缩短了2个月。

"目前,已有40多家民营银行向银监会提出设立申请,但迄今为止基本还处于意向表达,并未进入实质性环节。"尚福林介绍说,此前,在《关于促进民营银行发展的指导意见》还没有出台的情况下,民营银行设立尚未明确需要准入条件及审批程序。在《指导意见》正式发布后,银监会将根据相关规定,积极推进审批工作。

民营银行审批权下放也是《指导意见》的亮点。尚福林表示,民营银行将实施属地监管,其筹建申请受理权和获准开业审批权将下放至地方银监局,但其他环节仍然由银监会把关。

《指导意见》中确定的三条基本原则与之前的政策风向一脉相承。

(一)积极发展,公平对待。促进民营银行发展是深化金融体制改革、激发金融市场活力、优化金融机构体系的具体举措,是加强中小微企业、"三农"和社区金融服务的重要突破口。要对民间资本、国有资本和境外资本等各类资本公平对待、一视同仁,积极鼓励符合条件的民营企业依法发起设立民营银行。通过鼓励民营银行开展产品、服务、管理和技术创新,为银行业持续发展、创新发展注入新动力。

(二)依法合规,防范风险。严格按照现有法律法规,坚持公平、公正、公开原则,成熟一家设立一家,防止一哄而起;由民间资本自愿申请,监管部门依法审核,民营银行合规经营,经营失败平稳退出。在促进民营银行稳健发展的同时,坚守风险底线,引导民营银行建立风险防范长效机制,着力防范关联交易风险和风险外溢,确保守住不发生系统性区域性金融风险的底线,保障金融市场安全高效运行和整体稳定。

(三)循序渐进,创新模式。通过存量改造,鼓励民间资本入股现有银行业金融机构,支持民间资本通过增资扩股、股权受让、二级市场增持等方式进入现有银行业金融机构,依法合规推进混合所有制改革,支持民间资本参与农村信用社改制为农村商业银行,支持民间资本参与高风险银行业金融机构风险处置等;通过增量改革,积极稳妥推进新设民营银行,鼓励民营银行探索创新"大存小贷"、"个存小贷"等差异化、特色化经营模式,提高与细分市场金融需求的匹配度。

另外,《指导意见》不仅在政策层面为民营银行发展扫清了障碍,还在具体操作层面做出了准入条件、许可程序方面的规定。

在准入条件方面,根据《中华人民共和国银行业监督管理法》、《中华人民共和国商业银行法》、《中国银监会中资商业银行行政许可事项实施办法》等法律法规的规定,《指导意见》对民营企业做出了具体规定。

(一)坚持依法合规,鼓励符合条件的民营企业以自有资金投资银行业金融机构。投资入股银行业金融机构的民营企业应满足依法设立,具有法人资格,具有良好的公司治理结构和有效的组织管理方式,具有良好的社会声誉、诚信记录和纳税记录,具有较长的发展期和稳定的经营表现,具有较强的经营管理能力和资金实力,财务状况、资产状况良好,最近3个会计年度连续盈利,年终分配后净资产达到总资产30%以上,权益性投资余额不超过净资产50%等条件。

(二)防范风险传递,做好民营银行股东遴选。拟投资民营银行的资本所有者应具有良好的个人声望，奉公守法、诚信敬业，其法人股东的公司治理结构与机制符合《中华人民共和国公司法》要求，关联企业和股权关系简洁透明，没有关联交易的组织构造和不良记录。

（三）夯实发展基础，严格民营银行设立标准。设计良好的股权结构与公司治理结构，确定合理可行的业务范围、市场定位、经营方针和计划，建立科学有效的组织机构和管理制度、风险管理体系及信息科技架构等。发起设立民营银行应制订合法章程，有具备任职所需专业知识和业务工作经验的董事、高级管理人员和熟悉银行业务的合格从业人员，有符合要求的营业场所、安全防范措施和与业务有关的其他设施。民营银行注册资本要求遵从城市商业银行有关法律法规规定。

（四）借鉴试点经验，确定民间资本发起设立民营银行的五项原则。有承担剩余风险的制度安排；有办好银行的资质条件和抗风险能力；有股东接受监管的协议条款；有差异化的市场定位和特定战略；有合法可行的恢复和处置计划。

在许可程序方面，根据《中华人民共和国商业银行法》、《中国银监会中资商业银行行政许可事项实施办法》等法律法规规定，民营银行发起设立进入银行业市场的审批越来越透明和公开。

（一）筹建程序。筹建申请由发起人共同向拟设地银监局提交，拟设地银监局受理并初步审查，报银监会审查并决定。银监会自收到完整申请材料之日起4个月内做出批准或不批准的书面决定。民营银行筹建期为批准决定之日起6个月，未能按期筹建的，筹建组应当在筹建期限届满前1个月向银监会提交延期筹建报告。筹建延期不得超过1次，筹建延期的最长期限为3个月。筹建组应当在规定期限届满前提交开业申请，逾期未提交的，筹建批准文件失效，由银监会办理筹建许可注销手续。

（二）开业程序。民营银行开业申请由筹建组向所在地银监局提交，由所在地银监局受理、审查并决定。银监局自受理之日起 2 个月内做出核准或不予核准的书面决定。民营银行在收到开业核准文件并按规定领取金融许可证后，根据工商行政管理部门的规定办理登记手续，领取营业执照。民营银行应当自领取营业执照之日起 6 个月内开业，未能按期开业的，应当在开业期限届满前 1 个月向所在地银监局提交开业延期报告。开业延期不得超过 1 次，开业延期的最长期限为 3 个月。民营银行未在规定期限内开业的，开业核准文件失效，由所在地银监局办理开业许可注销手续，收回金融许可证，并予以公告。

第 3 章

首批 5 家试点民营银行情况介绍

民营银行试点自 2013 年 9 月中国银监会相关办法出台开始，经历了两年多的筹备，存款利率进一步放开，存款保险制度征求意见稿落地。在此之后，中国银监会于 2014 年年底首次批复了 5 家民营银行。这 5 家民营银行就是下文详细介绍的微众银行、浙江网商银行、上海华瑞银行、天津金城银行、温州民商银行。

根据麦肯锡的预测，中国的零售银行业有望在 2020 年突破 2.6 万亿元人民币大关，成为亚洲最大的零售银行市场。环顾当今市场，竞争达到前所未有的白热化状态，新的挑战也不断涌现。国家在 2014 年批准设立这首批 5 家民营银行，其初衷就是要探索"以小对小、以私对私"的融资结构。若站在民营银行的角度看，作为银行业的生力军，它的内部环境、外部市场可以说都存在较大的不确定性。既然如此，能否对民营银行进行合理定位，找到进入市场的切入点，将会直接影响到民营银行未来的发展情况。

3.1 微众银行

3.1.1 微众银行基本情况

微众银行全称为深圳前海微众银行（以下简称"微众银行"），是国内互联网巨头腾讯公司旗下的民营银行，是中国首家互联网银行，注册资本达 30 亿元人民币，注册地在深圳，于 2014 年 12 月 12 日被中国银监会正式获准开业。

在架构设置上，微众银行设立了五大事业部。这五大事业部包括三大前台部门（零售与小微企业事业部、信用卡合作事业部、同业及公司业务事业部）及两大平台部门（科技事业部、战略及新业务事业部），如图 3-1 所示。在三大前台部门的具体业务内容上，零售与小微企业事业部负责开发并推广互联网零售消费信贷、小微企业主信贷业务及产品；信用卡合作事业部将与其他拥有信用卡牌照的商业银行合作，以发行联名卡的形式开展业务，这是由于微众银行尚未取得信用卡业务经营资格，只能以此方式进行；同业及公司业务事业部则负责金融市场和同业投资业务。

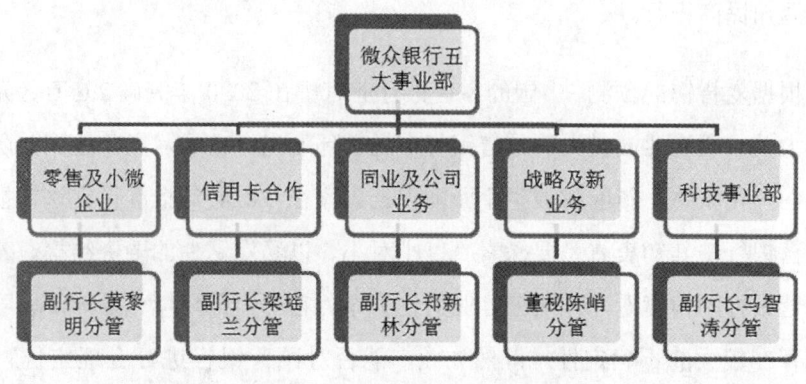

图 3-1 微众银行五大事业部

1. 股权结构

微众银行由腾讯、百业源、立业为主发起人。其中，腾讯认购该行总股本30%的股份，为最大股东。其具体股权结构及出资额情况如下（见图3-2）：

深圳市腾讯网域计算机网络有限公司出资 90 000 万元，出资比例占30%；

深圳市百业源投资有限公司出资 60 000 万元，出资比例占 20%；

深圳市立业集团有限公司出资 60 000 万元，出资比例占 20%；

深圳市淳永投资有限公司出资 29 700 万元，出资比例占 9.9%；

深圳市横岗投资股份有限公司出资 15 000 万元，出资比例占 5%；

深圳光汇石油集团股份有限公司出资 12 000 万元，出资比例占 4%；

涌金投资控股有限公司出资 9 000 万元，出资比例占 3%；

信太科技（集团）有限公司出资 9 000 万元，出资比例占 3%；

深圳市金立通信设备有限公司出资 9 000 万元，出资比例占 3%；

中化美林石油化工集团有限公司出资 6 300 万元，出资比例占 2.1%。

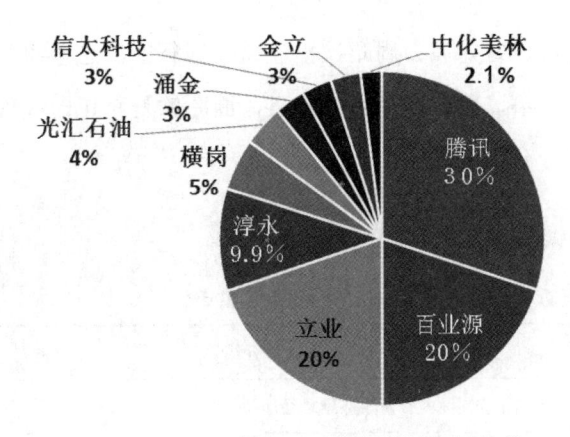

图 3-2　微众银行股权结构

2．开业历程

2014 年 7 月 24 日，微众银行成为全国第一家获准筹建的民营银行。

微众银行的筹备工作可谓十分高效。从人员配置上来说，其行长及相关高管团队很早就得以确定；另外，基于互联网金融业务模式及其人才招聘也准备得非常充分。下面就微众银行开业前高管团队的组建历程进行介绍。

在董事会和监事会的架构上，微众银行分设了 9 席和 3 席。

在最初设立的董事会中，包括 2 名高管董事，分别为董事长顾敏、总经理（行长）曹彤；3 名独立董事，分别为武捷思、周永健、杨如生；4 名股东委派董事，分别为林璟骅、朱保国、林立、黄宇铮。其董事、监事的任职资格都已经获得银监会批准。2015 年 9 月 10 日下午，微众银行已经确认原行长曹彤因个人原因申请辞去微众银行的所任职务，而接任者是现微众银行监事长李南青，下文会予以介绍。

在提及的 4 名股东委派董事中，林璟骅是腾讯集团战略发展部总经理，朱保国是百业源世纪控制人、健康元药业集团董事长，林立是立业集团董事长，黄宇铮是深圳淳永投资法人代表。以上四人也是微众银行的前四大股东。

在监事会中，李南青、曹龙骐、周昭钦担任微众银行的三位监事。在此三人中，李南青是高管监事，曹龙骐是外部监事，周昭钦是腾讯财经现任总经理兼腾讯公益慈善基金会财务总监。

表 3-1 列出了微众银行成立之初的高管名单。

表 3-1　微众银行成立之初高管名单

职　务	人员介绍
董事长	原中国平安集团执行董事兼副总经理　顾敏
行长	进出口银行副行长、原中信银行副行长　曹彤
筹备组组长、副行长	前平安集团陆金所副总经理　黄黎明
副行长	原深圳银监局政策法规处处长　秦辉
副行长	曾任招行、平安银行信用卡中心总经理　梁瑶兰
副行长	原平安银行风险官　王世俊
副行长	原平安科技总经理　马智涛
副行长	原央行深圳支行支付结算处处长　万军
董秘兼首席战略官	原麦肯锡全球副董事　陈峭
监事长	原平安银行董秘　李南春
消费信总监	原平安银行上海分行副行长、零售消费信贷事业部副总经理　方震宇

由此可见，微众银行的第一大股东——腾讯，在微众银行的董事会和监事会中，各占据了一个席位；而百业源、立业集团、深圳淳永投资也各自获得了一个董事席位。

最早曝光的微众银行高管是顾敏，年仅39岁的这位金融才俊将会出任微众银行的董事长。顾敏的金融从业经历丰富，他在2000年前后从麦肯锡公司进入平安集团，在平安集团曾任平安电子商务高级副总裁、全国后援管理中心总经理、平安渠道发展董事长兼CEO、平安数据科技董事长等职务。2012年6月，顾敏担任平安集团常务副总经理。自2012年7月起，顾敏出任公司执行董事。在长达14年的平安集团任职经历里，顾敏负责过平安集团的后台运营及创新业务，因此，他具备非常丰富的金融及创新业务经验，这些经验也将在之后的任职中发挥重要作用。

相比微众银行的"老大"顾敏，在高管团队里的第二名干将——副行长秦辉则显得更加"低调"。秦辉被腾讯民营银行选中而担任副行长一职，主要是因为微众银行看中了他丰富的银行及监管部门的从业经历。从银行基层做起的秦辉对银行业务十分熟悉，他曾任农行一级、二级支行行长，也在农行的分行、总行工作了许多年，积累了很多宝贵的银行工作技能。在此之后，秦辉离开业务条线并进入监管部门，调任中国人民银行银管司。由于银监会与央行"分家"，秦辉后来进入新成立的银监会任职。在此期间，秦辉曾在银监会、北京银监局、深圳银监局任职，主要参与并负责了政策法规、银行准入等方面的事务。除了具备非常丰富的银行业从业经验外，秦辉还获得了五道口金融学院的博士学位，师从刘鸿儒老师。

银监局网站显示，政策法规处主要负责制定或审查辖内有关银行业金融机构监管法规、制度的实施细则和规定；审查行政处罚、承担行政诉讼事务工作；协调开展银行业金融机构合规风险监管工作与业务创新监管工作。而秦辉除了担任政策法规处处长外，还兼任业务创新处处长。作为一名监管部门的代表，秦辉从一开始就参与到微众银行的相关申请、方案制定等具体工作中，可以说，他对微众银行的整体情况非常了解，也因此非常适合副行长的职位。

除此之外，已加入微众银行的还有黄黎明，目前担任筹备组组长。2001

年，黄黎明加入中国平安集团。他任职经历丰富，先后任职于平安集团发展改革中心、集团运营管理中心文档作业部、产险电销事业部呼入及网销业务部、产险网销中心等部门，历任项目成员、运营经理、副总经理、总经理等职务，积累了丰富的经验。

在微众银行的高管团队中，被市场熟知的还有梁瑶兰，在银行信用卡领域，她的"江湖地位"可谓极高。早在1983年，梁瑶兰就开始从事金融工作。她从建行起步，但在招行才趋于成熟。梁瑶兰于1998年担任招商银行个人银行部总经理，参与招行一卡通的创立和运营。2002年，时任招商银行行长的马蔚华以信用卡业务箭头开辟了招商银行零售战略的改革变化之路，梁瑶兰也在此时被委以重任，出任信用卡中心总经理。2004年，在中国信托商业银行顾问团队退出之后，马蔚华将其主要成员仲跻伟留下，任命其出任招商银行信用卡中心总裁，而梁瑶兰退任其副手。2010年，梁瑶兰加入原平安银行（深商行），担任原平安银行信用卡事业部副总经理，可谓再次白手起家拓展信用卡业务；同年，梁瑶兰短暂地担任了深发展（现平安银行）信用卡中心总裁后离职。稍空闲一段时间后，梁瑶兰再次回到平安系，担任平安金融科技公司总经理，并于2013年一度负责筹建平安征信公司。梁瑶兰在加入微众银行后，将会回归老本行，第三次白手起家、从无到有地拓展一家银行的信用卡业务，但与之前有所不同的是，这次的业务开展注入了互联网基因。至此，微众银行信用卡业务已到位的团队，目前主要来自梁瑶兰的老东家，也就是招商银行。

这里也对其他高管的工作经历进行简单介绍。

万军，在微众银行任职之前曾在中国人民银行深圳市中心支行担任支付结算处处长。全国现代化支付系统和深圳同城支付系统等多套支付系统，都是在其任内统筹上线的。因此，可以说，他在支付结算领域具备丰富的理论和实践经验。

马智涛，在微众银行任职之前担任平安科技总经理，十几年里都在负责平安集团的 IT 运营，于 2012 年出任顺丰速运集团 CIO。

王世俊，早期负责风险控制工作，任职于原平安银行（深商行），在其与深发展合并后，他也进入新平安银行（深发展），任职总监级别。

李南青，早期任职于原平安银行，并担任董事长秘书，在平安银行与深发展银行两行合并后，他担任新平安银行的董事长秘书，并于 2013 年年末离任。

方震宇，曾经担任平安银行上海分行副行长，分管零售和运营部门，于 2014 年年初进入平安银行总行消费信贷事业部，负责"新一贷"产品运营。方震宇在此领域已经积累了相当的经验，而且，他在此番加入微众银行所从事的消费信贷业务与平安银行的"新一贷"类似。

3.1.2　微众银行市场定位

银监会批复的微众银行的经营范围具体如下：吸收公众存款，主要是个人及小微企业存款；主要针对个人及小微企业发放短期、中期和长期贷款；办理国内外结算；办理票据承兑与贴现；发行金融债券；代理发行、代理兑付、承销政府债券；买卖政府债券、金融债券；从事同业拆借；买卖、代理买卖外汇；从事银行卡业务；提供信用证服务及担保；代理收付款项及代理保险业务；提供保管箱服务；经国务院银行业监督管理机构批准的其他业务。

普惠金融是微众银行设立之初的奋斗目标，它致力于为普通工薪阶层、自由职业者及进城务工人员等普罗大众提供服务。同时，符合国家政策导向的小微企业和创业企业也是微众银行的服务对象。

在主要经营模式方面，微众银行会针对性地满足目标客户群的需求，充分发挥股东优势，为客户提供有特色、差异化、优质便捷的存贷款、投资理财、支付结算等银行服务。其全力打造的特色品牌可以用"个存小贷"四个字来概括。

具有自身特色的科技平台是微众银行的又一大特点。微众银行可以将各种类别的信息科技和生物科技充分地运用到产品、服务及经营管理的各个方面，因此，微众银行可以显著地提升客户体验，同时降低业务成本。建立数据和先进分析方面是微众银行不断增强的核心竞争力，同时，微众银行也对客户需求具备较为深刻的了解，并在满足此需求的基础上构建更全面、更完整的风险管理机制。

微众银行对自己的运营模式有初步构想。在其发展前期，围绕腾讯大股东的互联网客户和渠道，以此开发和营销产品将会是微众银行的主要选择。在这一阶段，微众银行只会做普通传统银行里的中低端零售业务，小额消费类贷款的单笔额度最低为几千元，最高一般不超过 20 万元。而且，其业务是以纯网络的渠道和方式开展的，外加一部分金融市场业务。而在传统银行的对公业务方面，微众银行基本不会涉入，而唯一可能开展的就是吸收法人股东的部分存款。

事实上，互联网个人用户正是微众银行的目标客户定位，这一定位覆盖了最广大的社会基层人员。具体来说，微众银行主要从三个维度对客群进行划分：其一是年轻白领，其积蓄并不多，但其金融需求十分明确；其二是不同年龄层次的蓝领，如产业工人、服务业从业人员等，这类人群的金融需求更为简单；其三是小城镇非农业从业的互联网用户。

3.1.3　微众银行开业经营情况

互联网银行带来了重大变革，而微众银行作为其中的重要代表，在"互联网+"浪潮中成为一颗闪耀的明星。自正式开业开始，微众银行也有一些重要的时间节点。

2014年12月12日，中国银监会表示，腾讯公司这一国内互联网巨头旗下的民营银行，即微众银行已经正式获准开业。

2014年12月16日，"深圳前海微众银行股份有限公司"完成工商注册工作并领取营业执照。

2014年12月28日，微众银行官网面世，成为第一家上线的互联网银行。

2015年1月4日，李克强总理在微众银行按下了电脑"Enter"键，另一边的卡车司机徐军就拿到了3.5万元的贷款。这笔放贷业务也正是国内第一家互联网民营银行——微众银行所完成的首笔放贷业务。微众银行既没有营业网点，也没有营业柜台，更不需要财产担保，而是创新性地通过人脸识别技术和大数据信用评级来发放贷款。

2015年1月18日，首批民营银行中的微众银行试营业。

2015年5月15日晚间，微众银行的首款产品"微粒贷"上线，面向部分手机QQ用户发布。

2015年8月15日凌晨，微众银行APP上线，这也是中国首家互联网银行应用的上线。

2015年9月10日下午得到微众银行的确认，原行长曹彤由于个人原因申请辞去其在微众银行的职务。

1. 首款产品——微粒贷

2015年5月15日，微众银行推出首款产品"微粒贷"。微利贷是一款"无抵押、无担保、按日计息、随借随还"的小额贷款产品，借款额度在2万～20万元之间，日息为0.05%，年化利率为18%，具有7×24小时的即时贷款服务，从申请到发放最快15分钟即可到账。首批用户为通过一定规则筛选出来的用户，并非面向所有用户，表明腾讯尚在试水小额贷款。作为全国拥有最大用户群的网络公司，势必会引起其他同类拥有用户群的公司跟风，网络小额贷款产品现在仅仅是一个开端。

（1）征信数据主要采集于线上：与传统银行参考个人的收入、流水和资产来确定发放贷款的依据不同，微众银行的贷款额度主要来自用户线上的消费、支付、理财社交、虚拟财产等行为数据，目前主要依托腾讯征信有限公司、央行和第三方的数据征信来确保贷款风险可控。不仅仅是腾讯，阿里巴巴旗下的芝麻征信、京东旗下的花呗借条等互联网公司都采取此类模型对用户进行信用判断。

（2）线上开户势在必行，人脸识别技术即将大规模应用：微众银行是一家无线下网点和柜台的互联网银行，在个人用户的获取上，必须通过线上开户和远程验证来进行，这也是针对传统银行不便实现 7×24 小时服务的重击拳。2015 年年初，中国人民银行下发了《关于银行业金融机构远程开立人民币银行账户的指导意见》，表明央行正在允许银行远程开立人民币账户。在人脸识别技术日臻完善的情况下，远程开户不仅成为互联网银行吸纳客户的重要举措，也将成为传统银行电子化的重要推手。

微粒贷是微众银行的首款产品，也是微众银行落实普惠金融、满足小额融资贷款需求的一种尝试和努力。但这一产品仅仅是一个起点，在微众银行之后的发展过程中，它还会围绕用户展开诸多布局，具体将包含证券、基金、保险、金融理财、外汇、信用卡等业务内容。作为已有金融企业与用户之间的连接器，微众银行的部分资金资源来自与华夏银行、东亚银行及上海银行的合作，微众银行的注册资本 30 亿元加上其他银行的同业授信共计最多 100 亿元可以用于微粒贷业务。

2. 首个上线的网络银行应用——微众银行 APP

2015 年 8 月 15 日，备受瞩目的微众银行推出首款 APP，这是率先以互联网基因诞生的互联网银行打造的全新金融服务平台。这一 APP 的 iOS 版和安卓版都已经上线。在注册后，用户即可获得一个 19 位的微众卡卡号，但并无实体卡，也暂不支持刷卡消费。

微信和 QQ 是微众银行 APP 的两大登录方式。在微众银行开户，与在其他银行基本想同，都需要进行实名认证，并进行绑卡等。如前文所述，在注册完成后，微众银行的用户即可获得一个 19 位数的微众卡卡号，但并没有实体卡。在此需要注意的是，仅通过短信的验证码即可绑定第一张银行卡，但若想绑定第二张银行卡甚至更多，则需要通过人脸验证，这与大多数银行是完全不同的。除此之外，微众银行提示，暂不支持刷卡消费和给他人转账。

目前用户通过微众 APP 能够实现如下功能。

（1）理财功能：购买货币基金、保险资产管理理财、股票型基金。在理财方面，"活期+"和"定期+"是微众银行着重推出的内容。其中，国金通用基金旗下的货币基金是微众银行活期理财的首选，目前其最近 7 日年化收益率为 5.26%；而对应的定期理财目前只有一款 90 天的产品，预期年化收益率为 7%，由太平养老保险提供。

（2）跨行转账功能：仅限微众银行电子账户和已绑定的其他银行同名账户（弱实名账户的限制）。

（3）跨账户（个人）资金转入功能：他人账户可以通过银行柜面、网银向微众银行账户进行转账汇款。

由于目前微众银行仅推出了基于手机端的应用，加之央行对于弱实名电子账户的功能限制，微众 APP 暂不支持刷卡消费、向他人转账、购买银行理财产品等功能。

在搭建好账户的线上转账和支付环境后，虚拟账户将是微众银行银行卡的主要存在形式；其线下支付业务将会主要依托少量实体卡及微众 APP 的 NFC、扫码技术来完成取现或支付结算业务。这表明，无论是近期近场 NFC

支付、扫码支付等技术的快速推广，还是未来可能涉及的人脸及生物特征识别支付，只要微众银行可以打通产业链，并且建立起成熟完备的商业模式，那么在银行体系中，实体银行卡的作用就会逐步淡化。不过，需要注意的是，在推进无卡化的进程中，银行仍然需要解决两个重要问题：①对虚拟账户的限制问题，无论是从监管还是从制度角度；②手机制造商、电信运营商及银行、清算机构这四方的利益链条。第一个问题有较大的不确定性，而第二个问题则明显需要更长的时间才能解决。

在微众银行 APP 中引入了人脸识别模块，在绑定两张及以上银行卡的时候，会提示必须通过人脸识别验证。该人脸识别技术由腾讯相关团队自身开发，可能部分技术也会有外部机构参与合作。所比对的人脸数据库可能主要来自中国人民银行及公安部的相关系统。

目前类似于微粒贷（2015 年 5 月已上线内测）的贷款端产品还未在微众银行 APP 中看到，不过可以预见，后期应该会有类似产品出现在 APP 上，此次仅是微众首个 APP 版本，未来的升级空间很大。

3.2 浙江网商银行

3.2.1 浙江网商银行基本情况

浙江网商银行股份有限公司简称"浙江网商银行"，注册资本为 40 亿元。它是一家以互联网为平台面向小微企业和网络消费者开展金融服务的民营银行，没有实体网点，不经营现金业务，通过网络数据对个人信用进行分析，并实现网商银行的功能。与此同时，"小存小贷"这四个字所概括的业务模式将会是浙江网商银行始终的坚持。浙江网商银行将主要为小微企业和网络消费者这两类群体提供有关贸易及生活方面的金融解决方案，更具体地说，主要指的是为服务对象提供金额在 20 万元以下的存款产品，以及金额在 500 万元以下的贷款产品。

在具体的金融业务方面，浙江网商银行包含以下内容：吸收公众存款；发放贷款；办理国内外结算；办理票据承兑与贴现；发行金融债券；代理发行、代理兑付、承销政府债券；买卖政府债券、金融债券；从事同业拆借；买卖、代理买卖外汇；提供担保；代理收付款项及代理保险业务；经国务院银行业监督管理机构批准的其他业务。

2014 年 9 月 29 日，中国银监会发布公告称，批准在浙江省杭州市筹建浙江网商银行。根据银监会的批文，浙江网商银行在其筹建工作中由浙江银监局进行监督和指导，同时，在其筹建期间不能开展金融业务活动。此筹建工作应该从批复之日起，于 6 个月内最终完成，而且要按照有关规定和程序，向浙江银监局提出开业申请。若最终并未按照计划完成筹建，则浙江网商银行应该在筹建期限届满前 1 个月向银监会提交筹建延期报告。但是，其筹建延期不得超过一次，并且最长期限为 3 个月。

共同发起设立浙江网商银行的公司包括：浙江蚂蚁小微金融服务集团有限公司、上海复星工业技术发展有限公司、万向三农集团有限公司、宁波市金润资产经营有限公司。具体的股权结构如图 3-3 所示。

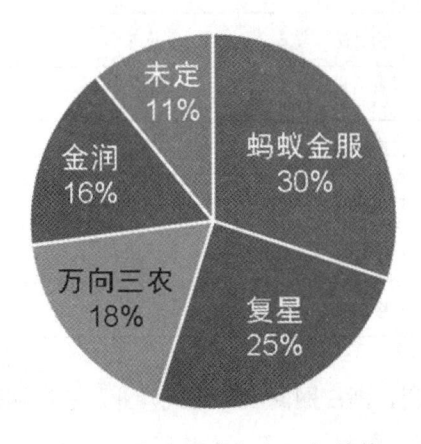

图 3-3　浙江网商银行股权结构

阿里巴巴旗下的浙江蚂蚁小微金融服务集团有限公司是第一大股东，占公司总股本的30%；

上海复星工业技术发展有限公司为第二大股东，占公司总股本的25%；

万向三农集团有限公司为第三大股东，占公司总股本的18%；

宁波市金润资产经营有限公司为第四大股东，占公司总股本的16%。

而剩下的11%股份的股东暂时未定，其他认购股份占总股本的10%以下，企业的股东资格将交由浙江银监局按照有关法律法规进行审核。

2015年5月27日，银监会发布公告称，浙江网商银行股份有限公司获批开业，核准其注册资本为40亿元人民币。与此同时，公布了浙江网商银行股份有限公司的高管成员，具体如表3-2所示。

表3-2 浙江网商银行成立之初高管名单

职务	人员
董事长	井贤栋
董事	井贤栋、辜校旭、韩歆毅、俞胜法、赵卫星、赵颖
独立董事	黄益平、王海明、余春江
董事会秘书	马邦宁
行长	俞胜法
副行长	赵卫星
首席信息官	唐家才
合规总监	童正
财务部门负责人	车宣呈
内审部门负责人	廖旭军

2015年6月25日，浙江网商银行正式开业。浙江网商银行的成立目标有以下4条：

第一，资产规模、利润率等指标并不是浙江网商银行的考核目标，它最看重的其实是所能服务的中小企业客户数和海量消费者。浙江网商银行行长俞胜法提出了"无微不至"的口号，并希望能够在 5 年内服务 1 000 万中小企业和数以亿计的普通消费者。

第二，希望能够从业务模式本身出发，把信用数据作为基础，在开展业务的同时记录点滴信用，有助于缩小城乡差距。

第三，浙江网商银行一直践行拓展普惠金融。浙江网商银行期待利用云计算、大数据等互联网技术，有效区分普惠金融的商业属性和公益属性，进而更有效率地解决借贷双方的错位与不匹配问题。

第四，小银行，大生态。通过浙江网商银行的运营，形成良好的互联网金融生态圈。

3.2.2　浙江网商银行市场定位

对于市场定位，浙江网商银行有着明确的规划和清晰的认识。众所周知，淘宝、天猫、支付宝等平台上的客户正是浙江网商银行的服务对象。同时，浙江网商银行与这些对象发生金融业务必须要求对象在这些平台上从事过一定时长的商事活动。浙江网商银行在对其客户在线上积累的百天大数据进行分析后，才能得出其信用状况。经历了这一过程，浙江网商银行对客户的定位将非常清楚和准确，其大数据应用也将非常集中和有效。

浙江网商银行只服务小微客户，不发放 500 万元以上的贷款，因此，浙江网商银行不会影响四大行的根基。另外，浙江网商银行不开展抵押贷款，也不在线下布点，其目标是做一家"云上"银行。在某种意义上，这也让支付宝成为银行的支付机构，而不受支付新规的影响。

3.3 上海华瑞银行

3.3.1 上海华瑞银行基本情况

2014年9月29日，中国银监会批准上海市筹建上海华瑞银行。自获批筹建后，仅用4个月的时间便获得了开业批复并完成了工商登记。上海华瑞银行的注册地为上海自贸区，并且提出要做"差异化智慧银行"。自2015年2月16日试营业以来，其内部基础建设扎实推进，经营特色探索全面启动，各项核心业务平稳起步，体制机制优势活力初显。

在股权结构方面（见图3-4），上海均瑶（集团）有限公司对该行总股本30%的股份进行了认购；上海美特斯邦威服饰股份有限公司对该行总股本15%的股份进行了认购；其余10家股东的股份比例都在10%以下，而认购股份占总股本10%以下的企业股东资格将由上海银监局按照有关法律法规进行审核。

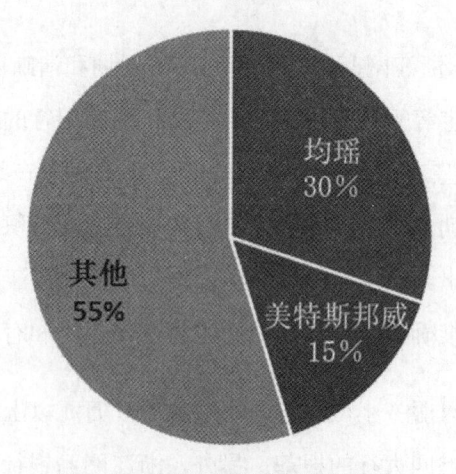

图3-4 上海华瑞银行股权结构

在上海华瑞银行正式开业之初，往来的客户并不多。当然，这是因为银行传统业务仍未全线上轨，在对私业务方面，上海华瑞银行自贸区营业网点在最初所受理的业务都较为简单，如个人开户、存款业务等，尚未涉及贵金属、基金等理财产品。事实上，上海华瑞银行已经拿到外汇和跨境等自贸区业务等牌照，但尚需一段时间进行系统测试，因而在开业之初尚未正式开通。

上海华瑞银行的存款利率比工商银行、中国银行等大型国有商业银行高出很多。上海华瑞银行开业时的一年期存款利率为 3.25%，而工商银行与中国银行均只有 2.75%。除此之外，上海华瑞银行的 3 个月定期存款利率及 6 个月定期存款利率分别为 2.73% 与 2.99%，与工商银行和中国银行 2.35% 与 2.55% 的利率相比，也分别高出 0.38 个百分点及 0.44 个百分点。

3.3.2　上海华瑞银行市场定位

上海华瑞银行的市场定位可以从两方面进行阐述：一为服务对象；二为战略情况。

1. 为小微企业服务的智慧银行

从上海华瑞银行营业大厅的布置来看，很容易发现"以公司业务为主"是它的一大特色定位，即服务于中小微企业。有 3 块液晶显示屏摆在营业大厅的墙上，分别展示了上海华瑞银行的 12 款小微贷款产品，如"租金贷"、"小额联合贷"、"华证通"、"超市贷"等。

由此可见，上海华瑞银行有着较为细致的业务分类。例如，上海华瑞银行和各类优秀的小额贷款公司一同合作，所发放的联合贷款取名为"小额联合贷"。该产品介绍显示，通过上海华瑞银行与小贷公司共同审核认可的企业是其准入标准，原则上，单户授信敞口试行阶段不应该超过人民币 1 000 万元或等值的外币。又如，上海华瑞银行还会为合作的超市供应商提供短期资金融通便利产品，这就是基于应收账款的产品——"超市贷"。该产品可以缩短超市供应商的账款回收周期，使其流动资金的使用频率得以提高。

再如，名为"华证通"的产品是上海华瑞银行与各类证券公司进行合作的一项业务。

上海华瑞银行用心服务小微企业，推出了优惠政策"三免三减半"，即免除各类工本费、账户管理费、结算手续费，同时，其票据承兑手续费减半、票据托收费减半、代理查询费减半。这一优惠政策极大地利好了上海华瑞银行的各位客户。

"差异化的智慧银行"也是上海华瑞银行的特色定位。上海华瑞银行能够发挥自贸区特色，建成面向区内，涵盖"结算、投资、融资、交易"的专属金融产品和服务体系，进而成为先行先试的窗口。

王均金（上海华瑞银行主发起人股东、均瑶集团董事长）对上海华瑞银行有过这样的评价："华瑞银行将充分发挥民营企业机制优势，针对小微企业的特点和需求，积极探索新技术、新模式和发挥自贸区的创新优势，为融资难、融资贵、融资慢探寻解决方案，更好地服务小微企业和社会大众，努力打造可持续发展的百年银行。"

不过，需要注意的是，目前上海华瑞银行自贸区营业网点并不能直接办理这些业务。若客户有这几项业务需求，营业网点会先行记录下客户的具体信息，然后由公司总部的客户经理与客户对接。另外，营业网点一般来说只能开展营销，只有陆家嘴总部才能开展一些金额较大的业务。

2. 战略定位于普惠金融

不同于"不要网点、主打网络银行模式"的前海微众银行和背靠阿里巴巴的浙江网商银行，作为另一家国内首批获准开业的民营银行，上海华瑞银行的战略定位为普惠金融。具体来说，即"服务小微大众、服务科技创新、服务自贸改革"。

与上文提及的"三免三减半"政策相对应，凌涛（上海华瑞银行董事长）

也表示:"面对经济的新常态,对支持实体经济发展负有责任的也有民营银行,而上海华瑞银行将会全心全意致力于服务小微企业。"

主发起人股东王均金也对上海华瑞银行有明确的定位。他认为,上海华瑞银行股东所具备的"民营基因"使它相比于其他银行能够做到更了解民营企业、小微企业的需求和痛点。这一点也一定会结合到上海华瑞银行的未来业务发展和框架设计中。上海华瑞银行将对组织流程进行创新,并对专门产品进行设计,帮助小微企业解决"融资难、融资慢、融资贵"的疑难问题。

事实上,随着民营银行在今后的进一步发展壮大,同时面对线上线下的海量用户,"怎样才能以低价格吸引客户并实现普惠金融"正是摆在民营银行面前的一大课题,这也将是上海华瑞银行需要着重努力之处。

3.3.3 上海华瑞银行开业经营情况

1. 授信情况

自开业以来,已有十多家中外资银行启动了对上海华瑞银行的同业授信,其第一批授信额度已经超过 100 亿元。虽然由于它的负债成本高,外界对此已经表示担心,但是朱韬(上海华瑞银行行长)却提出了完全不一样的观点。他认为,曾经的"存款立行"的时代已经逝去,银行应当扭转曾经"负债先导"的理念。随着越来越明显的负债理财化趋势,银行的核心竞争力将是以资管能力为核心的综合管理能力。

在上海华瑞银行试营业期间,其利用自贸区的政策优势,完成了一笔跨境保函项下的内保外贷业务,一家总部在上海、分支在中国香港的民企正是这笔业务的贷款对象。该企业香港分支机构由于在当地存续时间较短,无法得到香港金融机构的授信,于是上海华瑞银行协助企业和银行同业合作,在海外为企业进行保函项下融资。

2. 互联网+新零售

在 2015 年 5 月 11 日降息后，中国人民银行把存款利率的上浮空间扩大为 1.5 倍的基准利率，利率市场化已经实质推开。为了能够补齐网点稀少、吸储困难的天生短板，上海华瑞银行的做法是：紧抱互联网"大腿"。在具体做法上，上海华瑞银行积极开发、测试网上银行等业务，还将与线下网点配合服务，用"互联网+新零售"打造华瑞零售金融的差异化特色。

尽管"垄断"的指责经常被银行业遇到，然而，传统银行业务早就被业内人士视作"红海"，其竞争可谓相当激烈。面对这样的情况，民营银行刚刚拿到"门票"，它又有怎样差异化的竞争优势呢？无疑，"互联网+"正是一个不可多得的重要机会。上海华瑞银行的董事长凌涛认为，很多机遇正是由"互联网+"所带来的，其中包括云计算、大数据等应用，这些正是民营银行可以用来"抢跑"的绝佳机会。

根据麦肯锡 2014 年度中国零售银行调研报告，当被问到"您是否使用过在线金融服务，包括网络银行、手机银行或由互联网公司提供的金融服务平台"这个问题时，60%左右的受访者给出了肯定回答。同时，麦肯锡的调查报告显示，会考虑开办纯互联网银行账户的中国消费者超过了 7 成。更有趣的是，会考虑将纯互联网银行作为其主要银行的中国消费者比例竟然接近 70%。这种趋势将指导上海华瑞银行坚定零售业务互联网化的方向。

上海华瑞银行零售业务的互联网化战略已经逐渐清晰。2015 年 5 月 18 日，胡佳（上海华瑞银行公司零售金融部总经理助理）提及该行会把"个人互联网经营平台"作为核心平台，并且在个人金融 O2O 创新服务模式方面积极探索。另外，上海华瑞银行的零售业务方面希望能够达到"线上线下"的双线运行，其中，线上希望达成手机 APP 内个人结算账户的手机开户，线下希望在智能自助银行终端达成现场开户及发卡（借记卡）。

正如前文介绍前海微众银行和浙江网商银行时所提及的市场定位，这两家银行将自己定位于纯网络银行,可以说在创新看点方面最为突出。而上海华瑞银行自成立开始,就着重开展互联网化业务。因此,可以说,不管上海华瑞银行的优势怎样,它已经比前两家银行更快一步。

3. 成败看服务

作为民营银行的上海华瑞银行意识到,在与传统银行的激烈竞争中,服务质量具有决定性作用。"完善用户体验"和"在服务上下功夫"因此成为上海华瑞银行的重要目标。

上海华瑞银行与传统银行在许多方面都有所不同。

我们可以在上海华瑞银行营业网点的设计、装修上看出不同。以其自贸区网点营业大厅为例,这一网点大厅与其说是一个银行大厅,倒不如说是苹果的实体体验馆,因为首先映入眼帘的就是桌上的两台 iMac 和两台最新的 iPad Air,在桌子的周围还有几只橙色沙发,像极了金融机构的贵宾休息室。

而除了硬件方面,上海华瑞银行还有一个颇有新意的巧思。吉祥数字是中国人图个吉利的体现,而在上海华瑞银行进行活期存折的办理就可以图个吉利——自己选择喜欢的吉祥存折号码。上海华瑞银行的存折号码共有 12 位,并且都由 8 作为第一位数字,顾客自己可以选择之后的 11 位数字。最酷炫的 12 个 8 的号码已被挑选走。

在审批程序上,上海华瑞银行针对贷款采取的是"极简"程序。众所周知,前端越简洁,后台需要做的功课就越多。

民营银行等中小金融机构能够立足于当地,而且在服务中小企业方面具备交易成本低和信息成本低的比较优势。正因如此,这些民营银行才可以深入到传统金融机构不容易触及的角落。这样,民营银行对实体经济的融资渠道具有拓宽作用,而且能够对那些因金融供给不足造成的资金缺口进行填补,促成一个更为多样、丰富和完整的金融市场。不过,目前中小型金融机构依然是金融体系中的短板,一个重要原因就是它们的公信力相对有限。但随着改革的推进,这种状况已经开始有所改善。

3.4 天津金城银行

3.4.1 天津金城银行基本情况

全国首批 5 家民营银行试点之一的天津金城银行是天津首家民营银行,由中国银监会获准筹建。它的总部就安置在天津自贸区滨海新区的中心商务片区。批准筹建天津金城银行可谓中国银监会的一项重要举措,鼓励了民间资本流入银行业。与此同时,天津金城银行也是天津自贸区内注册设立的唯一一家法人银行,足见此银行的特殊地位。

2014 年 7 月 11 日,经过天津本地企业——天津华北集团有限公司和麦购(天津)集团有限公司的共同努力,帮助天津金城银行股份有限公司筹备组(以下简称"筹备组")向中国银监会上报了《关于筹建天津金城银行股份有限公司的请示》(津金城银行筹字〔2014〕7 号)。

2014 年 7 月 25 日,"天津金城银行股份有限公司"被中国银监会正式批复筹建,其英文名称为 KinCheng Bank of Tianjin Co., Ltd.,简称 KCB。前文提及的天津华北集团有限公司和麦购(天津)集团有限公司为天津金城银行的主发起人。在股权结构上(见图 3-5),天津华北集团和麦购(天津)集团分别认购了总股本 20% 的股份和 18% 的股份,其余 14 家横跨多个产业领域的高成长民营企业作为股东,均只占 10% 以下的股份,这些认购股份占总股本 10% 以下企业的股东资格由天津银监局按照有关法律法规审核。

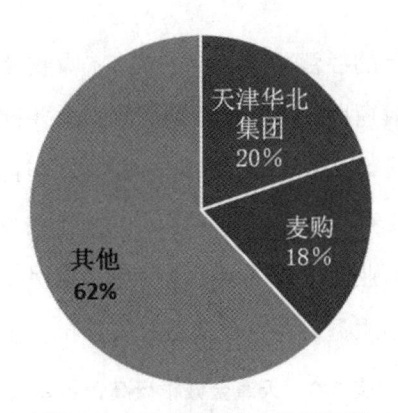

图 3-5　天津金城银行股权结构

天津金城银行（筹）发起人大会于 2014 年 12 月 17 日召开。会议审议通过并签署了《发起人协议》和《风险自担合同》等重要法律文件。同时，该会议也敲定了新的筹建组织机构，标志着筹建工作进入了发展的"快车道"。

天津金城银行的创立大会暨首次股东大会、第一届董事会、监事会第一次会议于 2015 年 2 月 11 日召开。会议审议通过并签署了《公司章程》、《三会议事规则》及《恢复与处置计划》等议案。同时，该会议还选举产生了董事会、监事会和高级管理层。其中董事会由 17 名董事构成，含 2 名执行董事，由拟任董事长高德高先生和拟任行长吴小平先生担任；12 名股东董事；3 名独立董事。聘任高级管理人员 9 名。监事会由 3 名监事构成，杨光启先生拟任监事长。

天津银监局于 2015 年 3 月 27 日下发了《天津银监局关于天津金城银行股份有限公司开业的批复》（津银监复〔2015〕136 号）。该批复文件也让天津金城银行的一系列高管人员名单首次"亮相"，具体如表 3-3 所示。继深圳前海微众银行、上海华瑞银行、温州民商银行 3 家民营银行之后，天津金城银行成为正式获批开业的第 4 家民营银行，也是天津自贸区内注册设立的唯一一家法人银行。该银行的注册资本为 30 亿元，共同发起设立的机构有天津华北集团有限公司和麦购（天津）集团有限公司等 16 家民营企业。批复文件也对天津金城银行的经营范围进行了核准：吸收公众存款，主要是法人及其他组织存款；发放短期、中期和长期贷款，主要针对法人及其他组织发放贷款；办理国内外结算；办理票据承兑与贴现；发行金融债券；代理发行、代理兑付、承销政府债券；买卖政府债券、金融债券；从事同业拆借；买卖、代理买卖外汇；银行卡业务；提供信用证服务及担保；代理收付款项及代理保险业务；提供保管箱服务；经银行业监督管理机构批准的其他业务。

表 3-3　天津金城银行高管名单

职　　务	人员介绍
董事长	中国建设银行天津市分行原行长　高德高
副董事长	天津华北集团有限公司董事长　周文起
董事	周文起、凌玉兰、胡时俊、任毅、罗海平、张捍东、阚冬冬、刘顺兴、刘云峰、李万斌、郭向阳、季宗明、高德高、吴小平
独立董事	汤东林、曾刚、郭田勇
行长	中信银行上海分行原行长　吴小平
监事长	杨光启

从天津金城银行的设立可以看出其中所体现的"民营银行试点五项原则"：其一，具备自己承担剩余风险的制度安排；其二，具备办好银行的条件、资质及抵御风险的能力；其三，有股东接受监管的协议条款；其四，有差异化的市场定位和特定战略；其五，有可行而合法的风险处置和恢复计划。而天津金城银行将以落实五项原则为前提，与其他民营银行一道，积极探索特色化、差异化的发展道路，尤其在京津冀协同发展、天津自贸区建设、一带一路、滨海新区开发开放、国家自主创新示范区建设等方面起到了助推作用，建机制、试制度，为推进全国民营银行健康发展积累了试点经验。

天津金城银行于 2015 年 4 月 8 日由天津银监局正式核发了《金融许可证》。天津金城银行在一周后的 2015 年 4 月 16 日，由天津市滨海区市场和质量监督管理局颁发了《工商营业执照》。2015年4月27日，天津金城银行开业。

3.4.2 天津金城银行市场定位

天津金城银行定位于"公存公贷"。天津金城银行是一家刚刚设立的民营银行，并不会在传统业务的战场上与传统银行"硬碰硬"。如今，打造主流互联网公司银行成为天津金城银行对公业务的定位。天津金城银行希望借助互联网、物联网等科技的进步，利用互联网思维和互联网金融的方式，将以公司银行业务为主的银行传统业务进行拓展，转而推动以金融市场、投行业务等为重点的创新金融业务，最终成长为国内主流、一流的互联网化公司银行。

周青松（天津金城银行股份有限公司副行长）认为，在这一领域，传统商业银行的竞争只是看似激烈，但实际上，在这一业务层面，各家银行并没有真正形成垄断竞争和特色竞争，未来的竞争应该是差异化竞争。

民营银行作为银行界新的进入者，其发展自然也要面临诸多方面的考验。首先要面对的就是同业竞争，天津金城银行也不例外。前文提及，天津金城银行定位于"公存公贷"。然而，传统银行的优势业务正是对公业务。不过，天津金城银行面对传统银行在此领域根深蒂固的地位及激烈的同业竞争，自然有着吸引客户的重要法宝，那就是"成立事业部，深耕细分市场"。

天津金城银行将专注于六大细分市场，分别是：节能环保、财政金融、航空航天、汽车金融、旅游养老、医疗卫生。天津金城银行之所以选定这6个行业细分市场，是因为这些战略性新兴产业都十分符合国家的政策导向，其特点是抗经济周期、高成长、市场前景广阔，因此非常有利于银行对信贷结构进行优化，以及对风险进行防范。天津金城银行还专门针对以上六大细分市场设立了 6 个事业部，并在这些事业部内推行"1+1+1+N"的营销细分战略，具体来讲，即"1 个区域+1 个行业细分市场+1 款特色产品+高度可复制"。

天津金城银行将在以上 6 个行业中，主要针对优质中小企业及民营经济提供服务。在大、中型国有客户方面，天津金城银行就目前的实力、能力而言，不但很难与传统银行进行竞争，而且在资本金方面受到约束，因而在与大客户进行谈判时，天津金城银行很难受到平等待遇。而传统银行的情况就会好很多，因为传统银行往往具备庞大的资本规模，还具有较为丰富的银行经营牌照及产品种类，同时，其单笔项目授信额大，故而在为大型企业服务时，这些传统银行会更具优势。天津主流大集团具备庞大的规模和负债，然而天津金城银行如今的资本金只有 30 亿元的规模，如果按照"对单一客户授信余额不应超过资本净额 10%"的标准，则其授信额度只有 3 亿元，即使按照"单一集团客户授信余额不应超过资本净额 15%"的标准，额度也只有 4.5 亿元，毫无疑问，这样的小规模对大企业来说仅仅是杯水车薪。当前，天津金城银行在与这些大、中型企业客户合作时，其方案就是将这些企业的下属子公司作为服务的核心企业，同时以它们的交易大数据作为保障，为其上下游企业提供供应链金融服务。对于天津金城银行来说，这些中小微企业更加符合该行的目标客户群定位，因而资源匹配度更高。

3.4.3　天津金城银行开业经营情况

在开业后，天津金城银行把"专注、稳健、创新、融合、凝聚、共赢"作为其核心价值观，其战略目标是"打造公司治理完备、商业模式先进、管理体制健全、经营理念领先、客户体验最佳的一流商业银行"，进而成为价值银行的创造者，以及细分市场的领先者。天津金城银行把北方门户——天津直辖市作为它的市场定位，同时希望能够辐射京津冀、环渤海，将本地市场、区域市场做深做大，最后放眼整个中国，把全国市场做活。在具体行动上，天津金城银行以"三个更加"来开展业务。

一为更加凸显特色。天津金城银行的经营理念是"以市场为导向"，它致力于"四轮驱动"的综合金融服务，即以公存公贷为主的传统金融业务、零售金融业务、创新型金融业务和互联网金融业务。另外，天津金城银行还以客户为中心，重点关注节能环保、财政、航空航天、汽车、旅游、医疗卫生等细分市场，致力于把便捷、高效、专业、特色的金融服务提供给广大民众和中小微企业。

二为更加注重安全。天津金城银行把风险管理作为基石，把银行风险管理的核心价值地位树立得更加牢固，并且处理好业务发展与风险管理之间的均衡关系，达到质量、效益和规模三者的协调发展，传承"金城汤池，永久坚固"的历史经营理念，培育"价值银行、百年老店"的企业文化。

三为更加重视服务。天津金城银行把促进国家和区域经济发展当作自己的使命，把服务广大群众及实体经济当作自己的重要责任，与此同时，还要争取为股东创造最大价值，为员工提供具有吸引力的薪酬福利待遇、股权激励方案及公开、公正、公平的职业发展平台，建设一支具备过硬专业素质，同时具备互联网思维、投行思维和底线思维，饱含创造力和激情的团队。

3.5 温州民商银行

3.5.1 温州民商银行基本情况

2014年7月25日，温州民商银行作为首批5家获准试点的民营银行之一，正式获批筹建。

温州民商银行股份有限公司创立大会暨首次股东大会于2015年1月27日在温州民商银行总部大楼召开。在此次会议上，全体股东对该行的筹建工作报告、章程、议事规则、战略规划、董事会及监事会成员等有关议案进行了审议，并且最终形成决议。

温州民商银行在获得浙江省银监局的开业批复前，就已经完成了系统和网点验收工作，同时，董事、高管任职资格审查和考试及开业申请资料审核等工作也已经完成。2015年3月20日，温州民商银行获得开业批复。继深圳前海微众银行、上海华瑞银行之后，温州民商银行成为获批开业的第三家民营银行。

温州民商银行正式开始对外营业是在2015年3月26日。它是自首批5家民营银行试点获批以来，首家正式营业的民营银行，同时也就成为全国首家正式开业的民营银行。就在开业当场，温州民商银行向以生产、经营电气铝箔等产品为主业的温州江达电气有限公司发放了首笔小微企业纯信用贷款，金额为30万元。这笔贷款的年利率为6.96%，期限为一年。

温州民商银行租用了同人·恒玖大厦上万平方米的物业。目前使用的物业共为两层：一楼为营业区，大门面朝市府路，设有前台及等候区，业务办理区域分为非现金区与现金区；二楼为办公区，需从惠民路一侧大门进入，有电梯直通二楼。

温州民商银行的注册资本金额为20亿元。南存辉是温州民商银行的第一任董事长，同时也是正泰集团的董事长、浙江省工商联主席。侯念东为温州民商银行行长，他曾任工商银行浙江省分行原副行长、温州分行原行长。公司高管中有多人曾在温州市金融机构任职。具体高管名单如表3-4所示。

表 3-4　温州民商银行高管名单

职　务	人员介绍
董事会成员	董事长南存辉　正泰集团董事长、浙江省工商联主席
	侯念东　工商银行浙江省分行原副行长、温州分行原行长
	徐志武　正泰集团副总裁、温州民商银行筹备组组长
	翁奕峰　华峰集团副总
	姜捷　森马集团高管
	余雄平　奥康集团高管
	孙一沿　浙江富通科技集团高管
	曹绍国　力天集团董事长
监事长	李建民　浙江电气开关有限公司董事长
监事会成员	李建民、姜瑜、施毓文
行长助理	施正会　曾任中国人民银行温州市中心支行科技科负责人
	程林光　曾任温州银监分局监管二科科长
董事会秘书	江茜　曾任温州银行董事会办公室主任
独立董事	丛培国、姚先国
首席信息官	袁斌

温州民商银行董事会组成情况及相关规定如下：温州民商银行董事会设董事长 1 名（必要时可设副董事长或名誉董事长 1 名），董事长为法定代表人；董事会拟由 13 名董事成员组成，其中执行董事 4 名（占比为 30.77%，不多于 1/3）、非执行董事 4 名（占比为 30.77%，不多于 1/3）、独立董事 5 名（占比为 38.46%，不低于 1/3），同一股东及其关联人提名的董事不得超过董事会成员总数的 1/3；股东大会对董事进行选举或更换，每任的任期为三年；待董事任期届满后，允许连选连任。

温州民商银行监事会组成情况及相关规定如下：监事会拟由 7 名成员组成，其中股东监事 2 名、职工监事 3 名（占比为 42%，不低于 1/3）、外部监事 2 名。监事会成员由职工代表出任的监事、股东大会选举的外部监事和股东监事组成，其中职工代表出任的监事不得少于监事人数的 1/3。董事、行长、副行长、财务部门负责人不得兼任本行监事。监事会设监事长 1 名，监事长由全体监事过半数选举产生，监事长由专职人员担任。监事任期三年，可连选连任。

温州民商银行有 13 个主要发起人，其中正泰集团出资 5.8 亿元，股份占比为 29%；华峰氨纶出资 4 亿元，股份占比为 20%；森马集团、奥康国际、力天房产、富通科技 4 家公司均出资 1.98 亿元，股份占比均为 9.9%；浙江电气开关出资金额为 6 400 万元，股份占比为 3.2%；温州宏丰出资金额为 5 000 万元，股份占比为 2.5%；另有 5 家发起人企业，出资总额为 1.14 亿元，股份占比为 5.7%。

以上提及的这些股东所涉及的行业包括电气、氨纶、鞋服、光纤、复合材料、机械等。它们更加熟悉本地的市场情况，同时也非常了解目标客户的资信水平和具体的经营状况，因此可以与中小微企业客户群建立起较为稳定的合作关系，同时也有助于预防和解决贷款的逆向选择风险。在发展初期，温州民商银行将依托股东资源优势来进行业务拓展，通过建立特色区域社区银行来对企业的创业创新提供支持。图 3-6 显示出温州民商银行的具体股权结构。

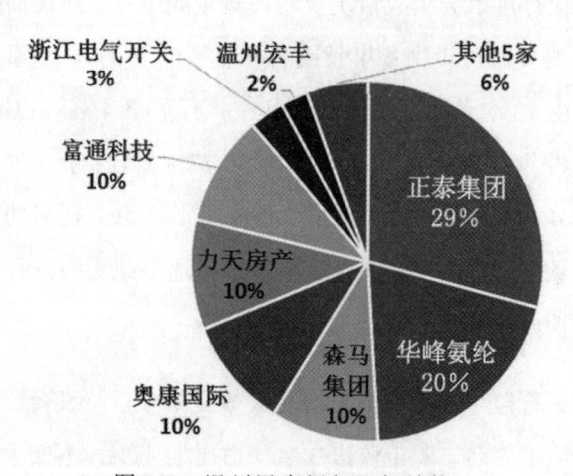

图 3-6　温州民商银行股权结构

3.5.2　温州民商银行市场定位

温州民商银行是一所特色区域银行,"立足温州、服务温商、服务中小微企业和小区居民"是其市场定位。温州民商银行将立足温州本土经济,服务温州中小企业,为其提供融资,也为民间资本提供投资渠道,填补大型商业银行信贷的"空白点",与已有银行错位竞争,把产业链金融当作其特色,做"两小"群体的综合金融服务商("两小"指的是"中小微企业、小区居民")。

温州民商银行将在具体经营措施上充分发挥民营企业效率高、服务好、经营活的优点,并且根据温州的城市经济特点,与已有银行错位竞争,走一条具有自身特色、具备差异性的道路,并且将产业链金融等作为特色,为客户提供丰富而灵活的产品,同时奉上便捷而优质的服务。

在市场定位方面,温州民商银行将自己的定位与温州的经济特点联系起来,力求做到立足温州。我国的民间资本和民营经济最活跃的地方就是温州,然而,民间资本一直都没有找到有效的投资出口,甚至出现了"炒煤团"、"炒房团"等不良团体,在一定程度上扰乱了市场的秩序。

在此种情况下,温州人很早就希望利用这些民间资本建立银行。事实上,温州人"建银行"的故事可以追溯到 20 世纪 80 年代。1984 年 9 月 25 日,在温州市苍南县钱库镇,年仅 32 岁的方培林创办了中国首家私人钱庄,即方兴钱庄。该钱庄主要从事存贷业务。这位名为方培林的创始人"一直奔走在成为银行家的道路上"。1986 年,杨嘉兴等共计 8 人共同筹资 31.8 万元,创办了"鹿城城市信用社",这一信用社也被视作全国第一家股份制的"民间银行"。2004 年,包括温州奥康集团、神力集团在内的 9 家企业共同组建了中瑞财团,并申请筹建"建华民营银行",然而并未得到浙江省银监会的批复。2006 年,又有政协委员向该市"两会"提交了《关于建立"华侨银行"的建议》,然而银监会温州监管分局仍然没有批准,原因是"时机还不成熟"。

2012 年，国务院批准建立了温州市金融综合改革试验区，并将"加快发展新型金融组织"作为其主要任务之一。

在追寻银行梦的路上，温州最多的时候有超过 20 支团队都在申请建立民营银行。因此，可以说，温州民商银行的开业圆了温州人的银行梦。

3.5.3　温州民商银行开业经营情况

截至 2015 年 7 月，温州民商银行已经开业 4 个月，经营显露成效。

"做小做微"是温州民商银行始终坚持的自身市场定位，在这一市场定位下，温州民商银行的各项业务稳步增长。截至 2015 年 7 月末，温州民商银行的各项存款达 4.53 亿元，其中储蓄存款为 0.56 亿元；其各项贷款达 1.48 亿元，其中小微企业贷款达 1.31 亿元；平均来看，其户均贷款达 222 万元。据统计，其贷款用途主要是企业的生产经营，具体涉及的行业有汽配、五金、电子、电器、阀门等。

"助力小微"是温州民商银行的努力方向，其经营理念是服务经济实体。温州有 15.7 万家小微企业，温州民商银行力求从中寻找发展空间，拓展金融业务。总结来看，该行具备如下 4 条突出表现。

第一，提升了与温州经济转型的联系。温州民商银行针对小微金融有"四进"战略，即"进园、进圈、进链、进村"，从而增加了对温州经济结构转型的支持与鼓励。

第二，温州民商银行坚持以创新来驱动公司发展。在专属信贷产品方面，温州民商银行将产品做到了差异化，分别针对小微企业开发了"旺商贷"，针对个体工商户开发了"商人贷"。在纯信用贷款方面，温州民商银行向那些具有良好发展潜力、强大创新能力及高盈利能力的成长型小微企业发放贷款。截至 2015 年 7 月末，温州民商银行共计发放贷款 60 笔，合计金额达 3 833

万元。与此同时，温州民商银行计划将产业链金融做细、做精，并把服务目标锁定在股东上下游企业中的第三圈以上企业，可以借助股东内部信息的优势，挖深其客户资源。温州民商银行的主要目标客户群定位在授信敞口在 200 万元（含）以内的优质小微企业、个体工商户和个人客户。

第三，去掉所有不必要收费，把利润让给客户。如今，在温州民商银行所开展的业务中，其贷款业务是不会征收任何附加费用的，从而最大限度地降低了企业的实际融资成本。

第四，对贷款手续进行简化，加快贷款的审批效率。温州民商银行将包括客户信息复核、客户开户、担保手续办理、签约放款在内的 4 个环节进行了有效整合，这种"四合一"的业务模式使得客户办理贷款的来行次数由三次减少到一次。在大多数情况下，信贷流程在两个工作日内就可以结束。

温州民商银行的高效可以用 2015 年 4 月 22 日上午的一个实际业务为例来展示。温州民商银行的某位客户经理收到乐清市某一电器公司的电话，该公司表示，他们收到一笔订单，然而暂时没有充裕资金来购买原材料。由于其不具有合适的担保人和抵押物，因而始终无法找到可以为其提供贷款的银行，导致其业务无法顺利开展。该客户同时表示，他偶然看到温州民商银行在开业典礼现场发放首笔贷款的报道，据说贷款可以不需要抵押，也不需要担保，是纯信用贷款，而且贷款利率也比较低。因此，这一客户就试着与温州民商银行联系，希望温州民商银行可以帮助他解决资金短缺的燃眉之急。

温州民商银行的这位客户经理与客户进行电话沟通后，就此客户的贷款用途进行了初步判断，认为其符合授信准入条件，于是邀请他来温州民商银行签署征信授权书。当日下午，该行的这位客户经理在拿到征信授权书之后，立即提取了这家企业的征信报告并进行了严格审核。第二天上午，两位客户经理前往这家贷款企业进行实地调查，收取贷款审批所需的资料，全面了解了客户的实际经营状况。两位客户经理通过双人交叉检验，评估了这家企业的综合信用状况。经过调查后发现，这家企业具有良好的经营情况，其实际情况也与征信报告等资料的描述相符。于是，温州民商银行就与客户商定了 100 万元的贷款，年利率为 6.42%。

当天中午，重新返回银行的客户经理开始起草授信调查报告，并报送授信审批部。相关授信人员对这一客户的资料进行审查后，出具了授信审批意见，并报行领导审批。当天下午 3 点，就通知客户签订授信合同、开立账户，同时，柜台人员按照放款通知单为该客户及时出账。结果就是，客户在申请的次日就拿到了金额为 100 万元的贷款。客户表示，他根本没有想到可以如此之快、如此顺利地拿到贷款，这样，他就可以用这笔钱购买原材料并及时进行生产，如期完成订单。这位客户还开玩笑地说，他获得这笔贷款的唯一成本就是电话费及往返的油费。

由此可见，温州民商银行的确在业务效率方面表现出色。以上数据事实也均体现出温州民商银行优异的阶段性经营成果，以及其未来发展的强大生命力。

第 4 章

民营银行申请

中国银监会主席尚福林 2015 年 6 月 26 日出席国务院新闻办的新闻发布会表示，有 40 多家要申请设立民营银行。进入 2016 年，根据银监会对外发布的消息，已经有 12 家进入论证阶段，其中包括重庆富民银行在内的两家民营银行已经首先获批。

尚福林在会上指出，考虑到银行是特殊行业，因此需要相应辅导。具体包括两个方面。一方面是帮助有意向的主发起企业开展可行性研究，主要是看主发起的民营企业是否符合相关要求，是否具有办好银行的主观愿望和良好动机，是否有足够的自有资金；有意发起设立银行的民营企业是否具有良好的公司治理结构和有效的组织管理方式，是否具有良好的社会声誉、诚信记录和纳税记录、无不良记录。另一方面是看发起设立银行的方案是否科学完善，本地的市场资源能否支撑银行的可持续发展。

尚福林同时提到，要帮助相关市场主体做好前期论证。为了提高行政审批质量和效率，由各省银监局与银监会相关部门就拟设民营银行的可行性、合法性、完善性进行讨论论证。主要看风险承担制度、股东接受监管的协议条款等是否可行；资质条件和财务状况是否符合法定条件；拟设银行的业务范围、市场定位、经营方针和计划是否合理。通过前期论证，及时向意向申请人反馈修正意见，方便申请人修改完善申请材料，提高申请方案的可行性。

4.1　申请阶段的时间安排

4.1.1　民营银行申办的许可程序

银监会发布的《关于促进民营银行发展的指导意见》（以下简称"指导意见"）指出，第四部分许可程序规定：根据《中华人民共和国商业银行法》、《中国银监会中资商业银行行政许可事项实施办法》等法律法规规定，不断提高银行业市场准入透明度，加强对各地民营银行发起设立工作的指导和服务。

（一）筹建程序。筹建申请由发起人共同向拟设地银监局提交，拟设地银监局受理并初步审查，报银监会审查并决定。银监会自收到完整申请材料之日起4个月内做出批准或不批准的书面决定。民营银行筹建期为批准决定之日起6个月，未能按期筹建的，筹建组应当在筹建期限届满前1个月向银监会提交延期筹建报告。筹建延期不得超过1次，筹建延期的最长期限为3个月。筹建组应当在规定期限届满前提交开业申请，逾期未提交的，筹建批准文件失效，由银监会办理筹建许可注销手续。

（二）开业程序。民营银行开业申请由筹建组向所在地银监局提交，由所在地银监局受理、审查并决定。银监局自受理之日起2个月内做出核准或不予核准的书面决定。民营银行在收到开业核准文件并按规定领取金融许可证后，根据工商行政管理部门的规定办理登记手续，领取营业执照。民营银行应当自领取营业执照之日起6个月内开业，未能按期开业的，应当在开业期限届满前1个月向所在地银监局提交开业延期报告。开业延期不得超过1次，开业延期的最长期限为3个月。民营银行未在规定期限内开业的，开业核准文件失效，由所在地银监局办理开业许可注销手续，收回金融许可证，并予以公告。

该指导意见同时指出，坚持公平、公正、公开原则，成熟一家设立一家，防止一哄而起；由民间资本自愿申请，监管部门依法审核，民营银行合规经营，经营失败平稳退出。在促进民营银行稳健发展的同时，坚守风险底线，引导民营银行建立风险防范长效机制，着力防范关联交易风险和风险外溢，确保守住不发生系统性区域性金融风险的底线，保障金融市场安全高效运行和整体稳定。

根据目前5家试点民营银行申请、筹建、开业情况看，××银行筹建过程大致可以分为三个阶段。

1. 准备阶段

准备阶段起于发起人有建立××银行的意向，止于向银监会上报筹建申请文件。其中，银监会将在收到筹建申请后 4 个月内给出批复或不批复的答复。

2. 筹建阶段

筹建阶段自获得银监会筹建批准文件起，到向银监会提交开业申请文件为止，为期 6 个月。若逾期未提交，则筹建批准文件失效，由决定机关办理筹建许可注销手续，银行的筹建将失败。银监会将在收到开业申请后 2 个月内给出批复或不批复的答复。

3. 开业阶段

开业阶段自获得银监会开业核准文件起，到正式开门营业为止，为期 6 个月。若逾期未开业，则开业批准文件失效，由决定机关办理开业许可注销手续，收回其金融许可证，并予以公告。

4.1.2　申请阶段主要工作

准备阶段从发起人有建立××银行意向起至取得银监会筹建批准文件止，主要工作包括：

（1）提交发起人资料，申请发起人资格审查。

（2）各发起人分别召开股东大会或董事会，通过其发起设立××银行的决议。

（3）组织和召集发起人大会（本项为《公司法》第四章"股份有限公司"第 79 条要求的），通过和签署《发起人协议书》，达成筹建期间合同由主发起人

××集团代为签署，费用暂由主发起人××集团代为垫付，日后由设立的××银行偿还（筹建成功并开业）或者由各发起人按比例分摊承担（筹建失败）的协议（详见《发起人协议书》）。

（4）授权成立筹建工作小组和筹建工作小组办公室。

（5）编写筹建工作方案和筹建申请各项文件，搜集各项资料。

（6）向监管部门提交筹建申请书、可行性报告、筹建工作方案、发起人决议书等材料。

4.2 主发起人需要具备的条件

截至 2015 年 5 月末，首批试点的 5 家民营银行，即深圳前海微众银行、上海华瑞银行、温州民商银行、天津金城银行、浙江网商银行已全部开业，总体运行平稳，社会各界给予了积极评价，应该说试点工作是比较顺利的。这些试点的民营银行主要具有以下几个特点：

一是有专致办银行的良好动机，立足长远发展和稳健经营。

二是有差异化的市场定位和业务特色。

三是有较为完善的公司治理和风险管理机制。

四是有较强的风险承担能力。发起人股东具有良好的社会声誉、诚信记录和纳税记录，具有较长的发展期和稳定的经营表现，具有较强的经营管理能力和资金实力，财务状况、资产状况良好。发起人股东明确承担银行的发展责任并支持银行持续补充资本。

五是发起人股东都是境内纯民营企业。

六是有先进的现代科技支持和全新的经营模式。

由此可以看出，申请筹办民营银行的发起人股东目前需要是境内纯民营企业，并且具有良好的社会声誉、诚信记录和纳税记录，较长的发展期和稳定的经营表现，较强的经营管理能力和资金实力，财务状况、资产状况良好。

4.2.1　指导意见相关规定

指导意见第三部分准入条件规定，根据《中华人民共和国银行业监督管理法》、《中华人民共和国商业银行法》、《中国银监会中资商业银行行政许可事项实施办法》等法律法规的规定，积极支持民间资本与其他资本按同等条件进入银行业。

（一）坚持依法合规，鼓励符合条件的民营企业以自有资金投资银行业金融机构。投资入股银行业金融机构的民营企业应满足依法设立、具有法人资格，具有良好的公司治理结构和有效的组织管理方式，具有良好的社会声誉、诚信记录和纳税记录，具有较长的发展期和稳定的经营表现，具有较强的经营管理能力和资金实力，财务状况、资产状况良好，最近 3 个会计年度连续盈利，年终分配后净资产达到总资产 30% 以上，权益性投资余额不超过净资产 50% 等条件。

（二）防范风险传递，做好民营银行股东遴选。拟投资民营银行的资本所有者应具有良好的个人声望，奉公守法、诚信敬业，其法人股东的公司治理结构与机制符合《中华人民共和国公司法》的要求，关联企业和股权关系简洁透明，没有关联交易的组织构造和不良记录。

（三）夯实发展基础，严格民营银行设立标准。设计良好的股权结构与公司治理结构，确定合理可行的业务范围、市场定位、经营方针和计划，建立科学有效的组织机构和管理制度、风险管理体系及信息科技架构等。发起设立民营银行应制订合法章程,有具备任职所需专业知识和业务工作经验的董事、高级管理人员和熟悉银行业务的合格从业人员,有符合要求的营业场所、安全防范措施和与业务有关的其他设施。民营银行注册资本要求遵从城市商业银行有关法律法规规定。

(四)借鉴试点经验,确定民间资本发起设立民营银行的五项原则。有承担剩余风险的制度安排;有办好银行的资质条件和抗风险能力;有股东接受监管的协议条款;有差异化的市场定位和特定战略;有合法可行的恢复和处置计划。

4.2.2 境内非金融机构作为中资商业银行法人机构发起人资质

中国银监会令 2015 年第 2 号《中国银监会中资商业银行行政许可事项实施办法(修订)》第十二条规定,境内非金融机构作为中资商业银行法人机构发起人,应当符合以下条件:

(一)依法设立,具有法人资格。

(二)具有良好的公司治理结构或有效的组织管理方式。

(三)具有良好的社会声誉、诚信记录和纳税记录,能按期足额偿还金融机构的贷款本金和利息。

(四)具有较长的发展期和稳定的经营状况。

(五)具有较强的经营管理能力和资金实力。

(六)财务状况良好,最近 3 个会计年度连续盈利。

(七)年终分配后,净资产达到全部资产的 30%(合并会计报表口径)。

(八)权益性投资余额原则上不超过本企业净资产的 50%(合并会计报

表口径），国务院规定的投资公司和控股公司除外。

（九）入股资金为自有资金，不得以委托资金、债务资金等非自有资金入股，法律法规另有规定的除外。

（十）银监会规章规定的其他审慎性条件。

第十三条规定，有以下情形之一的企业不得作为中资商业银行法人机构的发起人：

（一）公司治理结构与机制存在明显缺陷。

（二）关联企业众多、股权关系复杂且不透明、关联交易频繁且异常。

（三）核心主业不突出且其经营范围涉及行业过多。

（四）现金流量波动受经济景气影响较大。

（五）资产负债率、财务杠杆率高于行业平均水平。

（六）代他人持有中资商业银行股权。

（七）其他对银行产生重大不利影响的情况。

第十四条表示，中资商业银行法人机构设立须经筹建和开业两个阶段。

4.2.3　设立商业银行的基本条件

1. 中外合资银行设立的基本条件

《中华人民共和国公司法》和《中华人民共和国商业银行法》规定的章程；注册资本为实缴资本，最低限额为 10 亿元人民币或等值可兑换货币，城市商业银行法人机构注册资本最低限额为 1 亿元人民币；有符合任职资格条件的董事、高级管理人员和熟悉银行业务的合格从业人员；有健全的组织机构和管理制度；有与业务经营相适应的营业场所、安全防范措施和其他设施；建立与业务经营相适应的信息科技架构，具有支撑业务经营的必要、安全且合规的信息科技系统，具备保障信息科技系统有效安全运行的技术与措施，具备有效的资本约束与资本补充机制。

2．中资商业银行设立的基本条件

《中华人民共和国公司法》和《中华人民共和国商业银行法》规定的章程；注册资本为实缴资本，最低限额为 10 亿元人民币或等值可兑换货币，城市商业银行法人机构注册资本最低限额为 1 亿元人民币；有符合任职资格条件的董事、高级管理人员和熟悉银行业务的合格从业人员；有健全的组织机构和管理制度；有与业务经营相适应的营业场所、安全防范措施和其他设施；建立与业务经营相适应的信息科技架构，具有支撑业务经营的必要、安全且合规的信息科技系统，具备保障信息科技系统有效安全运行的技术与措施。

4.2.4　其他相关规定

银监会相关领导讲话摘要：

（1）择优确定发起主体，科学合理设计股权结构和治理机制对保证试点银行的优质性至关重要。总的导向是支持公司治理结构完善，社会声誉、诚信记录和纳税记录良好，经营管理能力和资金实力较强，财务状况良好，有效控制关联交易的民营企业入股。

（2）本次试点发起的企业应是在中国境内注册，初选是不易受经济周期影响的行业，具备相当实力、处于行业领先地位的民营企业集团，在集团下设立了多家企业实体。在入股银行时，应选择持续经营的良好主体，以自有资金入股，避免代持的情况。

（3）发起企业的主要控股、控股股东或实际控制人，作为试办民营银行的终极受益人和剩余风险承担者，应为中国公民且不得持有绿卡（外国永久居留权），保证试点能够经受监管部门和社会公众的监督与检验。为了保证股权稳定性，我们将要求发起主体承诺5年的股权锁定期，5年内发起主体持股不得转让。

（4）试点中相关方案应做到"三有"：有风险意识、有制度安排、有承担实力。

根据银监会办公厅《关于加强中小商业银行主要股东资格审核的通知》（银监办发〔2010〕115号），对于主要股东，还需遵守审慎性条件（一控两参，五大承诺）。

（一）中小商业银行主要股东，是指持有或控制中小商业银行5%以上（含5%）股份或表决权且是银行前三大股东，或非前三大股东但经监管部门认定对中小商业银行具有重大影响的股东。

（二）对于中小商业银行主要股东应坚持以下审慎性条件：

（1）同一股东入股同质银行业金融机构不超过两家（两参），如取得控股权只能投（或保留）一家（一控），并应出具与其关联企业情况、与其他股东的关联关系及其参股其他金融机构情况的说明。

（2）主要股东包括战略投资者持股比例一般不超过20%。对于部分高风险城市商业银行，可以适当放宽比例。

（3）要求主要股东出具资金来源说明。

（4）要求主要股东董事会出具正式的书面承诺（五大承诺）：

一是承诺不谋求优于其他股东的关联交易，并应出具银行贷款情况及贷款质量情况说明（经银行确认）。

二是承诺不干预银行的日常经营事务。

三是承诺自股份交割之日起5年内不转让所持该银行股份,并在银行章程或协议中载明到期转让股份及受让方的股东资格应取得监管部门的同意。

四是作为持股银行的主要资本来源,应承诺持续补充资本。

五是承诺不向银行施加不当的指标压力。

股权管理相关规定 [《关于加强城市商业银行股权管理的通知》(银监办发〔2003〕105号)]:

(1) 一些城市商业银行在增资扩股后,由于股权结构不合理,接连发生部分股东操纵银行高级管理层并恶意进行关联交易的事件,严重影响了城市商业银行的健康发展。

(2) 加强对城市商业银行增资扩股工作的监督和指导,严格审查城市商业银行的股权结构、股东资格及其关联关系,对股东的关联交易加强监督和管理。

(3) 银监会各级派出机构审核城市商业银行增资扩股时,对单个股东或存在关联关系的股东合并持股比例超过10%、异地投资者入股、股东资格欠缺但又确有必要入股的要详细说明理由,逐级审核并出具明确意见后报银监会核准其股东资格。

(4) 城市商业银行董事会对增资扩股工作负有组织领导责任,应按照《股份制商业银行公司治理指引》的要求和股权多元化、分散化原则,合理设置股权结构及其比例,并有义务向股东和当地银行监管部门及时、完整、真实地披露新入股企业的经营管理状况及其关联关系。对于未按要求披露或隐瞒相关信息的,银监会各级派出机构应依照有关规定对董事会负责人和直接责任人给予行政处罚;对于造成经营管理混乱或损失的,应取消其高级管理人员的任职资格。

4.3 申请筹备需要准备的文件

4.3.1 主要包括的资料

（1）关于筹建××银行股份有限公司的请示。

（2）××银行可行性研究报告。

（3）××发起人基本情况。

（4）××发起人的股东及实际控制人基本情况。

（5）××银行发起人协议书。

（6）××发起人与××银行其他股东不存在关联关系的声明。

（7）××银行恢复与处置计划安排、风险管理与处置预案。

（8）××发起人自担××银行剩余风险承诺书。

（9）××发起人自有资金来源真实性承诺书。

（10）××发起人同意接受监管以及危机发生时执行恢复与处置计划的承诺书。

（11）××发起人与××银行不发生违规关联交易、不谋求超越股东权利的承诺书。

（12）××银行筹建工作方案。

（13）关于筹建工作小组负责××银行筹建事宜的授权书。

（14）筹建工作小组联系人通讯录。

（15）发起人关于转让退出其他银行股权的承诺书。

（16）发起人经过工商年检的营业执照复印件。

（17）发起人组织机构代码证复印件。

（18）发起人最近三年及最近一期的财务报告。

（19）发起人拟外聘的咨询机构（会计师事务所、律师事务所）资质材料及人员的背景和联系方式。

（20）律师事务所对各发起人股东大会或董事会各项决议的法律意见书。

（21）律师事务所关于主要发起人承担剩余风险的法律意见书。

（22）公安机关出具的发起人的实际控制人为中国公民且无外国国籍或永久居留权的证明。

（23）会计师事务所出具的最近三年的年度财务报告的审计报告。

（24）会计师事务所出具的发起人所在集团公司最近一年的年度财务报告的审计报告。

（25）征信部门提供的发起人和其实际控制人的征信报告。

（26）税务机关出具的发起人的纳税记录。

（27）会计师事务所或律师事务所对发起人是否符合发起设立民营银行资质的第三方评估意见。

（28）地方政府出具的支持当地设立民营银行及出现挤兑、破产倒闭情况时参与处置的文件。

其中，可行性研究报告、筹建工作方案为重中之重。

4.3.2 相关材料介绍

（1）关于筹建××银行股份有限公司的请示：这是一份概述性文件，主要是提出申请意愿，简要介绍拟筹备银行的名称、拟设地、注册资本金、股权结构、机构性质、业务范围、设立目的、恢复与处置计划（即"生前遗嘱"）、自担剩余风险制度等情况。

（2）××银行可行性研究报告：主要是对拟筹建银行所在省市进行基本情况介绍，分析经济与金融的发展状况，从而论证筹建××银行的必要性、可行性、紧迫性，说明筹建××银行的有利条件和可能遇到的风险。同时还应介绍拟筹建银行的拟经营范围与业务、市场前景、未来三年财务预测、业务拓展策略、内部控制、风险管理和自担剩余风险的制度等方面的内容。

（3）××发起人基本情况：该文件主要包括发起人的基本信息、主要财务指标（近三年盈利状况、资产负债率、权益性投资余额等）、经营状况（业务构成、业务版块介绍等）、所在行业状况及自身竞争优势，以及发起人的诚信状况、未偿还金融机构贷款本息状况和纳税记录等信息。

（4）××发起人的股东及实际控制人基本情况：发起人的股东和实际控制人介绍分两种情况。一是发起人为集团，则只需要介绍其股东及实际控制人的情况、发起人组织治理情况（组织结构、治理运行及内控制度等）、权益投资情况、发起人控股子公司和参股公司情况简介及发起人之间的关联状况等。二是发起人为集团子公司，则需要在第一种情况的基础上，介绍发起人集团的基本情况、集团的实际控制人、集团的组织结构图、集团与发起人的股权关系结构图、集团的控股子公司和参股公司情况及集团的近三年财务数据、诚信状况及纳税记录等。

（5）××银行发起人协议书：除了介绍拟筹建银行的基本信息、经营期限与机构性质、组织结构、经营宗旨与范围、注册资本和认购方式，还会与各位发起人详细约定股本结构、股权设置及转让限制、发起人享有的权利与承担的责任和义务、利润分配预案、违约责任及开办期间费用等事项。

（6）××银行恢复与处置计划安排：即"生前遗嘱"，主要是为了应对××银行可能出现的实质性财务困难或经营失败而导致停业或倒闭的生存性危机，提前做好快速有序的应对处置预案，以促使恢复本行日常运营能力，或者实现部分业务分拆乃至有序破产，切实保障存款人、债权人、消费者和纳税人的合法权益，维护金融体系稳定和社会稳定。恢复与处置计划主要包括激励性薪酬延期支付、限制分红及红利回拨、业务分割与恢复、机构处置、自担剩余风险等重要方面[参见陕国投（000563）于2014年6月28日、安信信托（600816）于2014年6月20日的公告]。

（7）××银行筹建工作方案：主要包括筹建工作小组情况简介、拟筹建××银行概况（基本信息、股权结构、经营宗旨、市场定位、发展规划、合规与监管、利润分配等）、"三会一层"的治理结构设计、组织结构设立、从业人员的配置计划及薪酬设计、××银行可能面对的主要风险及应对措施、风险处置与恢复计划、同业竞争与关联交易状况、内部控制、××银行筹建与开业计划安排等。

4.4 注意事项

可行性研究报告是发起设立民营银行申请阶段需要准备的重要文件之一，民营银行的特色定位和股权设置都是可行性研究报告的重要内容，需要根据当前的监管政策，结合主发起企业的实际情况进行综合分析。

4.4.1 特色定位

银监会要求设立的民营银行要与现有的大型国有银行、股份制银行、城市商业银行等错位竞争，要有特色化定位，实现可持续发展。如对于阿里巴巴、腾讯等互联网企业，选择了设计"互联网+直销银行"模式进行设计与定位。对于其他企业来说，在发起设立民营银行时，同样需要考虑设计具有特色的定位和发展模式。

1. 区域定位分析

银监会将民营银行定位为按股份制银行的标准设立，按照城市商业银行序列进行监管。因此，民营银行的区域定位要立足本地，在本省（市）内布设物理网点，开展业务，服务当地经济社会发展。除了互联网银行模式，拟设立的民营银行筹建方案要充分考虑当地的经济金融发展现状，在详细梳理和分析本地区现状后，确定自身的战略选择，将通过何种方式与其他银行机构竞争。

2. 客户定位分析

首批获准筹建的 5 家民营银行都充分利用了主发起人的优势资源，在市场定位和业务模式上各具特色，如表 4-1 所示。

表 4-1　首批试点民营银行业务模式与市场定位比较

银行名称	注册资本	注册地	业务模式	市场定位
深圳前海微众银行	30 亿元	深圳	"个存小贷"（个人消费者、小微企业）	以"普惠金融"为概念，通过互联网为个人消费者和小微企业提供金融服务
温州民商银行	20 亿元	温州	温州区域小微、个体、居民、三农	为温州区域的小微企业、个体工商户和小区居民、县域三农提供普惠金融服务
天津金城银行	30 亿元	天津	"公存公贷"（天津地区对公业务）	重点发展天津地区的对公业务
上海华瑞银行	30 亿元	上海	自贸区金融服务	面向自贸区的，涵盖"结算、投资、融资、交易"的智慧银行
浙江网商银行	40 亿元	杭州	"小存小贷"（主要提供 20 万元以下的存款产品和 500 万元以下的贷款产品）	以互联网为主要手段和工具，全网络化营运，为电子商务平台的小微企业和个人消费者提供金融服务，提供有网络特色、适合网络操作、结构相对简单的金融服务和产品

数据来源：根据上市公司公告、银监会网站公告等公开资料整理。

作为纯民营资本发起设立的民营银行,持有"有限"的银行牌照,应及时地让金融资源服务本地公众和当地实体企业,避免再次出现金融虹吸现象,否则就违背了发起设立民营银行的初衷。在选择好细分市场,明确客户群体之后,始终坚持做精、做专、做透本地市场,深挖本地客户价值,而不应再走大规模或跨区域布设网点的粗放式发展的路子。而上述 5 家民营银行都充分利用了主发起人的背景优势。

3. 业务定位分析

参考首批试点的 5 家民营银行的业务模式,民营银行可以通过存款业务的"大、小、公、个"和贷款业务的"大、小、公、个"进行逐一对比,分析其优劣势,寻找与拟设民营银行相适应性的"某存某贷"的业务模式,如表 4-2 所示。

表 4-2　业务模式定位分析表

业务模式		优　点	缺　点
存款业务	公	能带来大额存款	大型企业公司存款竞争激烈,中小企业公司存款人力成本较高
	个	存款稳定,能扩大品牌影响力	规模发展较慢,营销成本较高
	大	快速做大规模,节省人力与时间成本	竞争激烈,波动大
	小	利率低,节约资金成本	增长速度较慢
贷款业务	公	能迅速打开市场,扩大市场占有率	大型企业贷款利率低;中小企业利率高,但风险较大
	个	客户群体较多,扩大品牌影响力	个人信用体系不健全,授信审批难度大
	大	能迅速打开市场,扩大市场占有率	竞争激烈,受资本约束
	小	客户群体较多,节约资本金,收益较高	耗费人力,需较高的风险控制水平

因此,民营银行要根据所在地区、市场和主发起人资源能力与竞争优势等方面的特点,以及注册资本、高管团队等因素,在符合监管要求的前提下,选择合适的业务模式。

4.4.2 股权设置

民营银行试点的目的主要是试行国家信用退出、股东自担风险的新机制，即建立"四民四同"（"民有、民治、民责、民益"，"同股同权、同股同利"）的公司治理机制、让民营出资者进行经营管理的决策机制和让资本所有者承担风险损失的市场约束机制，因此股权结构与治理结构就显得尤为重要，既不能缺乏制衡机制形成"一股独大"、一家包办，也不能过度分散、缺乏主人形成经理层"内部人控制"。在其他行业，由于股权结构或治理结构不合理，导致在实际运营中纷争不断、影响正常经营发展的例子屡见不鲜。

审批通过的5家民营银行的股权结构都充分体现了股权制衡的原则。股权制衡是指控制权由几个大股东分享，通过集中与分散的合理安排和内部相互牵制，使得任何一个股东都无法单独控制民营银行的决策，形成股东间相互监督的股权安排模式，既能保留股权相对集中、决策相对高效的优势，又能有效抑制大股东对公司利益的侵害、对中小股东权利的剥夺。5家民营银行的股权结构对比评述如下。

1. 股权结构合理设置的四条原则

首批获准筹建的5家民营银行均有两家以上的主发起人（指持股比例不低于10%的股东，下同），主发起人的股权结构及优缺点分析如表4-3所示。

表4-3 5家试点民营银行主发起人股权结构及优缺点分析

民营银行	注册资本	股权结构	分权制衡机制	优缺点综评
温州民商银行	20亿元	正泰集团29%；华峰氨纶20%；其余11家股东均为10%以下	（1）两家主发起人持股比例累计只有49%，小股东联合起来足以制衡； （2）第二大股东联合9.01%的股权，即可制衡第一大股东； （3）第一大股东需要联合4.34%的股权、第二大股东需要联合13.34%的股权，才能达到1/3以上否决特别事项	既避免了形成50:50对峙的可能性，又杜绝了两个大股东串通包办的可能性，是最佳比例

续表

民营银行	注册资本	股权结构	分权制衡机制	优缺点综评
天津金城银行	30亿元[1]	华北集团20%；麦购集团18%；其余14家股东均为10%以下	(1)两家主发起人持股比例累计只有38%，小股东联合起来足以制衡； (2)第二大股东联合2.01%的股权，即可制衡第一大股东	两家主发起人持股比例相差太小，大股东未形成25%以上相对控股，存在被第二和第三大股东挟制的可能，16家股东股权过于分散，也存在50:50对峙或内部人控制的可能性
深圳前海微众银行	30亿元	腾讯30%；百业源20%；立业集团20%；其余7家股东均为10%以下	(1)三家主发起人持股比例累计有70%，已超过2/3以上多数，小股东联合起来也无法制衡； (2)第一大股东只要与第二或第三大股东之一联合，就累计有50%的股权，但仍达不到过半数； (3)第二、第三大股东联合起来有40%的股权，可制衡第一大股东； (4)第一大股东需要联合3.34%的股权、第二和第三大股东需要联合13.34%的股权，才能达到1/3以上否决特别事项	存在50:50对峙的可能性，股权过于集中，也存在两三家股东串通包办、排挤其他股东的可能性
上海华瑞银行	30亿元	均瑶集团30%；美邦服饰15%；其余10家股东均为10%以下	(1)两家主发起人持股比例累计有45%，小股东联合起来足以制衡； (2)第二大股东联合15.01%的股权，才能制衡第一大股东；第二大股东需要联合18.34%的股权，才能达到1/3以上否决特别事项	第一、第二大股东持股比例相差过大，小股东股权分散，大股东"一股独大"，存在大股东完全控制的可能性
浙江网商银行	40亿元	蚂蚁小微30%；复星工业25%；万向三农18%；金润资产16%；其余股东均为10%以下	(1)四家主发起人持股比例累计有79%，已超过2/3以上多数；第一、第二大股东持股比例达到55%，已过半数；小股东联合起来也无法制衡； (2)第二、三、四大股东任意两家联合，均累计有34%以上的股权，足以制衡第一大股东，但仍达不到半数； (3)第一大股东需要联合3.34%的股权才能达到1/3以上否决特别事项	存在50:50对峙的可能性，股权过于集中，也存在两三家股东串通包办、排挤其他股东的可能性

1注：根据中国香港上市公司中国风电集团有限公司（00182.HK，现已更名为协合新能源）于2015年2月11日的公告，天津金城银行的注册资本已降至30亿元。

从上述对比可以看出，温州民商银行的主发起人的股权结构设置最好，深圳前海微众银行和浙江网商银行的股权结构设置次之，天津金城银行的股权结构设置又次之，上海华瑞银行的股权设置相比最差。

在实务中，为达到较好的股权结构并合理安排董监事席位，建议民营银行的股权结构设置可参考的"四条原则"如下：

（1）相对控股原则。主发起人中，最好有一家持股比例达到25%以上的相对控股；其中最大的主发起人股权比例上限可达到30%。

（2）不低于半数原则。两家或两家以上的主发起人持股比例之和不低于50%。

（3）股权差异化原则。主发起人之间持股比例不能对等，适当拉开差距（建议相差不低于5%、不大于10%）；股东最好来自不同行业。

（4）有限股东原则。主发起人 2~3 家，主要股东（指持股比例不低于5%的股东，下同）3~6 家，全体股东 10~20 家。

2. 股权差异化需考虑的三个因素

在发起设立民营银行时，两家以上的主发起人必须实现股权差异化，在持股比例谁大谁小的问题上，一般是各家关注的焦点。在实务中，我们建议股权差异化需要考虑如下三个因素：

（1）股权大小与企业规模、风险承受能力、持续增资能力相匹配。

从已通过审批的 5 家民营银行主发起人的主要财务指标来看（见表4-4），第一大股东的总资产、净资产、收入、净利润 4 项指标均明显高于第二大股东，总资产和收入一般都达到或者超过百亿量级，体现了股权大小与企业规模、风险承受能力、持续增资能力的匹配性，有利于自担剩余风险。

表 4-4　已审批通过的 9 家合格发起人主要财务指标一览表

	温州民商银行		深圳前海微众银行			天津金城银行		上海华瑞银行	
	正泰集团	华峰氨纶	腾讯	百业源	立业集团	华北集团	麦购集团	均瑶集团	美邦服饰
总资产（亿元）	275.15	27.77	1 072.35	173.74	193.50	71.70	50.90	180.89	67.07
净资产（亿元）	92.94	18.60	574.95	65.13	97.79	—	27.80	59.16	37.74
资产负债率	66.22%	33.03%	46.38%	62.5%	49.46%	—	45.4%	67.29%	43.73%
收入（亿元）	166.29	23.72	788.37	62.48	28.62	159.20	—	152.92	78.90
净利润（亿元）	15.66	2.77	215.95	6.71	7.67	—	—	5.92	4.05

数据来源：根据公开资料搜集整理。浙江网商银行的 4 家主发起人的财务资料暂时无法获得。

(2) 股权大小与公司治理规范性、财务透明度相适应。

在上述 9 家合格主发起人中，正泰集团、腾讯、百业源、均瑶旗下均有上市公司，华峰氨纶、美邦服饰本身是上市公司，且正泰集团、百业源、均瑶集团等都在资本市场发行过债券，披露过募集说明书、信用评级报告等，并定期披露财务审计报告、信用评级报告。主发起人的治理结构较为规范，财务透明度较高，有利于监管部门对股东的日常监管和延伸监管。

(3) 股权大小与公司及实际控制人的社会声誉、知名度相契合。

在上述 9 家合格主发起人中，正泰集团、腾讯、均瑶集团等都成立较早，经营年限长，是社会知名企业，历年来都在民营企业 500 强中名列前茅。实际控制人的社会声誉好、知名度高，这些都有利于提升社会公众对民营银行的信心。

3. 公司治理结构合理安排的五条原则

公司治理结构重点体现在"三会一层"中的董监事席位安排和提名权，就微众银行、民商银行和华瑞银行三家民营银行而言，股权结构及董监事席位安排如表 4-5～表 4-8 所示。

表 4-5 深圳前海微众银行（10家股东）股权结构与董监事席位安排

序号	股东名称	持股比例	董事席位	监事席位
1	深圳市腾讯网域计算机网络有限公司	30.00%	1	1
2	深圳市立业集团有限公司	20.00%	1	
3	深圳市百业源投资有限公司	20.00%	1	
4	深圳市淳永投资有限公司	9.90%	1	
5	深圳市横岗投资股份有限公司	5.00%		
6	深圳光汇石油集团股份有限公司	4.00%		
7	涌金投资控股有限公司	3.00%		
8	信太科技（集团）有限公司	3.00%		
9	深圳市金立通信设备有限公司	3.00%		
10	中化美林石油化工集团有限公司	2.10%		
		100.00%		
			执行董事2	职工监事1
			独立董事3	外部监事1

数据来源：全国企业信用公示系统（广东）。表格中带阴影的为主要股东。

表 4-6 温州民商银行（13家股东）股权结构与董监事席位安排

序号	股东名称	持股比例	董事席位	监事席位
1	正泰集团股份有限公司	29.00%	2	
2	浙江华峰氨纶股份有限公司	20.00%	1	
3	森马集团有限公司	9.90%	1	
4	浙江奥康鞋业股份有限公司	9.90%	1	
5	浙江力天房地产开发有限公司	9.90%	1	
6	浙江富通科技集团有限公司	9.90%	1	
7	浙江电器开关有限公司	3.20%		1
8	温州宏丰电工合金股份有限公司	2.50%		
9	浙江长城减速机有限公司	1.00%		

续表

序号	股东名称	持股比例	董事席位	监事席位
10	常安集团有限公司	4.70%		
11	浙江东华电器股份有限公司			
12	温州市三和机械有限公司			
13	浙江中安金属件制造有限公司			
		100.00%		
			执行董事1	职工监事1
			独立董事1	外部监事1

数据来源：全国企业信用公示系统（浙江）及媒体报道。表格中带阴影的为主要股东。

表4-7 上海华瑞银行（12家股东）股权结构与董监事席位安排

序号	股东名称	持股比例	董事席位	监事席位
1	上海均瑶（集团）有限公司	30.00%	3	
2	上海美特斯邦威服饰股份有限公司	15.00%	1	1
3	上海凯泉泵业（集团）有限公司		1	
4	赣商联合股份有限公司		1	
5	上海骋宇实业有限公司			
6	上海建桥（集团）有限公司			
7	上海国大建设集团有限公司			1
8	上海熊猫机械（集团）有限公司			1
9	德邦控股集团有限公司			
10	上海众恒信息产业股份有限公司			
11	上海快鹿投资（集团）有限公司			1
12	上海汉神投资有限公司			
		100.00%		
			执行董事3	职工监事0
			独立董事3	外部监事3

数据来源：全国企业信用公示系统（浙江）及媒体报道。上海华瑞银行仅披露了前两大股东（主发起人）的股权比例。

表 4-8　三家民营银行的董事会、监事会构成对比表

		深圳前海微众银行	上海华瑞银行	温州民商银行
董事会	股东董事	4	6	7
	执行董事	2	3	1
	独立董事	3	3	1
	合计	9	12	9
监事会	股东监事	1	2	1
	职工监事	1	2	1
	外部监事	1	3	1
	合计	3	7	3

在董事会方面，微众银行和温州民商银行的董事会席位均为 9 席（单数），优于上海华瑞银行的董事会席位 12 席（双数，较不常见）。在构成比例上，只有微众银行的外部独立董事达到了《商业银行公司治理指引》规定的"外部独立董事不低于 1/3"的要求，上海华瑞银行的外部独立董事只有 1/4，温州民商银行更是低至 1/9。具体来看，持有微众银行 5%股权的主要股东深圳市横岗投资股份有限公司既无董事席位，又无监事席位，为唯一美中不足之处；温州民商银行董事会中，因 4 名股东均保持 9.9%的股权，没有差异化，安排了 4 名股东董事，股东席位过多，如果安排两名董事、两名监事更佳；上海华瑞银行董事席位中，均瑶集团占据 3 席，且独立董事中有一人独立性存疑（查询公司信息，其曾担任过均瑶集团 CEO），如果再算上执行董事 3 席，均瑶集团在董事会 12 席中基本能够保证占据 7 席，实现了过半数的绝对控制，达不到《商业银行公司治理指引》要求的"同一股东及其关联人提名的董事原则上不得超过董事会成员总数的 1/3"。因此，在董事会结构方面，微众银行最佳，温州民商银行次之，上海华瑞银行最差。

在监事会方面,微众银行和温州民商银行的董事会均为 3 席,股东监事、职工监事和外部监事各占 1/3,结构较为合理;上海华瑞银行的监事会共有 7 席,但股东监事 4 席,外部监事 3 席,满足外部监事比例不低于 1/3,但无职工监事,结构不合理,且较多的监事沟通协调成本较高。

上述三家民营银行的董事会与监事会开业后实际运作效果如何,有待未来检验。按照《公司法》、《商业银行公司治理指引》等法律法规,较为公平、公正、合理的董事会、监事会结构和席位设置建议参考如下五条原则:

(1)奇数席位原则。董事会席位最好为奇数,以免在表决时出现僵局。如果董事会席位为偶数,有些银行的《公司章程》里规定,如果投票结果恰为赞成与反对各半,出现僵局,董事长可以多投一票。

(2)三个"1/3"原则。独立董事建议不低于董事会成员总数的 1/3,外部监事不低于监事会成员总数的 1/3。同一股东及其关联人提名的董事原则上不超过董事会成员总数的 1/3。

(3)董事、监事席位互斥原则。《商业银行公司治理指引》规定,"商业银行应当在章程中规定,同一股东及其关联人不得同时提名董事和监事人选"。

(4)保护中小股东权益原则。提名委员会具有董事提名权,中小股东也可以行使累积投票权,单独或者合计持有 3%以上(含 3%)表决权的股东可提名董事(监事),单独或者合计持有 1%以上(含 1%)表决权的股东可提名独立董事(外部监事),主要股东不能剥夺其他股东的提名权。

(5)三长分设原则。董事长、行长、监事长三长分设,一人不得兼任两职,特殊情况下,董事长可以临时性兼任行长。

第 5 章

民营银行筹建与开业

银监会发布的 2015 年年报指出，民间资本进入银行业有序推进。出台促进民营银行发展的指导意见，制定民营银行准入政策和操作细则，奠定了民营银行常态化发展的制度基础。首批试点 5 家民营银行全部开业，总体运行平稳。此外，已有 100 余家中小商业银行的民间资本占比超过 50%；全国农村合作金融机构民间资本占比接近 90%，村镇银行民间资本占比超过 72%；已开业民营控股非银行业金融机构 62 家，其中 2015 年新开业 16 家。

通过分析发现，民营银行从一开始就应该恪守"为实体经济特别是中小微企业、'三农'和社区，以及大众创业、万众创新提供更有针对性、更加便利的金融服务"这一特色市场定位，避免走同质化竞争的老路。城市商业银行、民营银行与大型银行同质化竞争没有任何优势，只有差异化竞争才能立于不败之地。差异化竞争也是城市商业银行和民营银行的唯一选择。

据了解，民营银行筹建过程大致可以分为三个阶段，分别是：

（一）准备阶段。准备阶段起于发起人有建立××银行的意向，止于向银监会上报筹建申请文件。其中，银监会将在收到筹建申请后 4 个月内给出批复或不批复的答复。

（二）筹建阶段。筹建阶段自获得银监会筹建批准文件起，到向银监会提交开业申请文件为止，为期 6 个月。若逾期未提交，则筹建批准文件失效，由决定机关办理筹建许可注销手续，银行的筹建将失败。银监会将在收到开业申请后 2 个月内给出批复或不批复的答复。

（三）开业阶段。开业阶段自获得银监会开业核准文件起，到正式开门营业为止，为期 6 个月。若逾期未开业，则开业批准文件失效，由决定机关办理开业许可注销手续，收回其金融许可证，并予以公告。

5.1　准备阶段

准备阶段从发起人有建立××银行意向起至取得银监会筹建批准文件止，主要工作包括：

（1）提交发起人资料，申请发起人资格审查。

（2）各发起人分别召开股东大会或董事会，通过其发起设立××银行的决议。

（3）组织和召集发起人大会（本项为《公司法》第四章"股份有限公司"第 79 条要求的），通过和签署《发起人协议书》，达成筹建期间合同由主发起人××集团代为签署，费用暂由主发起人××集团代为垫付，日后由设立的××银行偿还（筹建成功并开业）或者由各发起人按比例分摊承担（筹建失败）的协议（详见《发起人协议书》）。

（4）授权成立筹建工作小组和筹建工作小组办公室。

（5）编写筹建工作方案和筹建申请各项文件，收集各项资料。

（6）向监管部门提交筹建申请书、可行性报告、筹建工作方案、发起人决议书等材料。

5.2　筹建阶段

5.2.1　政策规定

在取得银监会同意筹建××银行的批准文件后，进入开业前的筹建阶段，在筹建期 6 个月内必须完成开业前各项准备、提交开业申请。如无法按期提交开业申请，可在筹建期届满前 1 个月再申请一次筹建延期，筹建延期的时限最多 3 个月。逾期未提交延期申请的，筹建批准文件失效，由决定机关办理筹建许可注销手续，本行的筹建设立将失败。

在获得筹建批准文件后的 30 日内，本行必须申请公司名称预先核准，开设临时账户，刻制"××银行股份有限公司筹建工作小组"或"××银行股份有限公司（筹）"印章，组织各发起人进行资金划转和会计师事务所验资工作。筹建工作小组需起草公司章程和主要管理制度、经营方针及发展计划，选聘高管人员并进行任职资格审查，装修营业场地，准备营业用设施，召开创立大会暨第一次股东大会，并向银监部门提交开业申请。

5.2.2　主要工作

（1）银监会收到筹建申请后，将在受理之日起 4 个月内做出批准或不批准的书面决定。

（2）申请公司名称预先核准。在获得筹建批准文件后的 30 日内，本行必须申请公司名称预先核准。

（3）刻制"××银行股份有限公司筹建工作小组"或"××银行股份有限公司（筹）"印章，抽调或招聘筹建小组全职工作人员，筹建工作小组正式运作，可以代替未来设立的××银行对外签署各种合同和协议、招聘人员等。

（4）开设本行临时账户，组织各发起人进行资金划转，组织会计师事务所验资工作，出具《验资报告》。

（5）开始物色和选聘确定董事、监事及高级管理人员，必要时可委托猎头公司在全国范围内寻找，对候选人的品行、业务能力、管理能力、工作业绩等方面进行综合鉴定，并与银监部门沟通任职资格事宜。

(6)向中国人民银行提交有关筹备工作的报告,接洽金融管理与服务事宜,开展申请加入中国人民银行金融基础设施服务系统的各项准备工作,向中国人民银行申请行号,接入中国人民银行境内外支付系统、跨行清算系统、结算账户管理系统、票据影像系统、征信系统及现金供应、存款准备金缴存、反洗钱等各种系统。

(7)设计银行 Logo、VI 手册等。

(8)租赁营业场所,组织装修和施工。按照简洁、安全、方便服务客户的原则,筹备工作组确定××市××区××路为××银行的营业场所。银行装修需要符合一系列的安全标准和规范,如需要配置消防系统,以达到消防部门的要求;需要加入 110 联网报警系统,安装监控录像系统,以达到公安部门的要求;需要进行强电增容,以满足用电负荷的要求;需要双备份网络布线,以解决计算机通信问题等。因此,网点装修应该在监管部门、公安部门、消防部门的指导下进行,并需要公安部门、消防部门出具验收报告,确认营业场所符合金融机构的营业要求。

(9)组织银行业务信息化系统招标、选型与安装调试。银行业电子化的进程,对于银行业产生持久的竞争优势、降低操作风险,具有决定性的意义。××银行需要对信息系统配置的选择进行仔细论证,使××银行可以开展存、贷、汇等核心业务,支持支付系统往来、网上银行、银行卡等各类传统及最新开发的产品。筹备工作小组将组织信息化系统的招标、选型与安装调试,并对相关人员进行培训。

(10)起草《公司章程》草案和三会议事规则。筹备工作组需根据《公司法》、《中资商业银行行政许可事项实施办法》和相关法律法规,经过充分研究和论证,制定《××银行公司章程》,明确××银行的企业性质、独立法人地位、经营宗旨和业务范围、注册资本金额、股权设置及股本构成、股东权利和义务,组织机构、股东会、董事会、监事会、经营班子的组成及其职能，财务会计规定等事项。

（11）制定发展战略规划、部门设置、岗位职责和编制基本管理制度与流程。为了确保××银行开业后能够依法合规地开展经营活动，逐步实现审慎经营和规范化、制度化、科学化管理的目标，按照内控先行的原则，××银行筹备工作组需要制定部门设置、确定岗位职责，并编制包括财务、信贷、审计、人力资源、安全保卫等在内的基本制度和流程。必要时，可以聘请咨询公司等第三方机构进行协助。

（12）招聘并培训中层管理人员和员工。打造一支拥有理想和信念、业务娴熟、富有团队精神的员工队伍，是办好××银行的关键所在。获得批准以后，××银行应着手招聘员工，并组织其学习业务知识和操作技能，在××银行获得开业许可后，保证可投入正常工作。

（13）编制《筹建工作报告》和开业申请文件等。

（14）召开创立大会。筹建工作小组召集各发起人召开创立大会暨第一届股东大会（本项为《公司法》第四章"股份有限公司"第八十九条要求的），参会人员为××银行全体股东代表；列会人员包括筹建工作小组成员、会计师事务所代表和律师事务所见证律师；特邀人员应包括银监会、××市银监局领导，中国人民银行××中心支行领导，××市委、市政府有关领导。

创立大会暨第一届股东会需要审议和表决如下文件：《筹建工作报告》；《××银行公司章程》；《××银行股东大会议事规则》；《××银行董事会议事规则》；《××银行监事会议事规则》；《××银行经营发展规划》。

创立大会暨第一届股东会根据《公司章程》选举董事长、监事长和董事会、监事会成员，并选聘高级管理人员。

创立大会暨第一届股东会全程由律师见证，并出具律师见证函。

（15）提交开业申请。

筹建工作至此告一段落。筹建工作小组需向银监会报送开业申请各项材料，申请开业。

5.2.3 筹建过程的难点

（1）地方政府干预过多：当地主要是政府施加大量的影响，加上金融办的推动，企业发起人被动性参与，关系协调困难。

（2）股权结构：由于规定单一股东或其关联方最大持股比例不能高于30%，因此需要凑齐十几家在同一区域内具有资金实力、满足要求的合格发起人，难度很大。

（3）风险自担问题：要求剩余风险自担，制定"生前遗嘱"，但目前尚无指引，有原则无细则。如果刺破法人的面纱，直接上溯追责到实际控制人，以及实际控制人的资产悬空问题。一些民营企业担心这个问题，不愿意认购。

（4）投资回报问题：每隔两三年增资一次，成立初期三年不分红、五年不转让，并对关联交易进行严格限制，对民营企业缺乏吸引力。

（5）市场定位与差异化竞争的问题：民营银行是不是所有制特殊的另一种城市商业银行、村镇银行？差异何在？如何找到自己的特色？必须要有自己独特的定位和模式。

（6）股东合规的问题：股东必须要合规，披露信息要充分，股东的股东也要充分披露，一直披露到实际控制人，类似于一个小型IPO。

（7）材料质量的问题：不能有错误和硬伤。

（8）多从监管者的角度考虑问题：让领导了解企业，给他一个理由。

（9）与省、市政府的关系：与省、市政府建立联动机制、定期沟通机制。

（10）秘密动员：参与各方和筹建领导小组及工作组要保守秘密，以免引起炒作和过度关注。

5.2.4　相关建议

（1）要建立起一个联席会议制度。推动发起设立民营银行，需要得到当地政府的大力支持。同时按照目前的试点情况，一般一个省份只能获得一个试点名额，在与同省份内其他有意发起设立民营银行的企业竞争时，怎样体现优势是一个较大的问题。发起设立过程中需要得到当地政府金融办、银监局和人民银行的支持与指导，要争取建立起一个联席会议制度，或者成立推动民营银行发起设立的协调工作小组。

（2）需要有银行业的高管人才担任项目筹备组组长。考虑到大部分发起设立民营银行的企业对银行领域还比较陌生，民营银行要进行市场定位、发展规划和战略、财务预测、内控制度等筹建工作方案设计，需要聘请具有银行业从业经验的高管人才担任项目筹备组组长。

（3）在进行股权比例设置时，应该体现监管部门的股权制衡原则。控制权由几个大股东分享，通过内部牵制，使得任何一个大股东都无法单独控制决策，形成大股东相互监督的股权安排模式，既能保留股权相对集中的优势，又能有效抑制股东对民营银行利益的侵害。

5.3　民营银行开业

在取得银监部门开业核准文件后，进入开业准备阶段，应按规定领取金融许可证，根据工商行政管理部门的规定办理工商登记手续，领取营业执照，并自领取营业执照之日起 6 个月内必须完成各项准备并开始正式对外营业。未能按期开业的,应当在开业期限届满前 1 个月向银监部门提交开业延期申请。开业延期的最长期限为 3 个月。逾期未提交延期申请或未在规定期限内开业的,开业核准文件将失效,由决定机关办理开业许可注销手续,收回其金融许可证,并予以公告,本银行将开业失败。

本阶段的主要工作如下:

(1) 到银监部门领取金融许可证。

(2) 根据工商行政管理部门的规定办理工商登记手续,领取营业执照;筹建工作小组解散,到本行新的工作岗位就职或回归原有岗位。新设立的××银行立即偿还主发起人××集团前期垫付的所有费用。

(3) 到税务机关办理税务登记证及税务手续。

(4) 刻制各种印章,印刷各种单证。

(5) 向人民银行申请支付系统行号、同城交换号,领购票据凭证,IT 生产系统开始试运行并接入人民银行大额、小额、支付、结算、反洗钱等各种系统。

(6) 制订年度经营计划和预算。

(7) 进行市场营销、品牌宣传。

(8) 策划开业典礼,对外试营业。

筹建设立和开业工作全部结束,进入正常营业状态。

第6章

民营银行经营策略

6.1 目前城市商业银行的经营策略

6.1.1 城市商业银行二十多年的风雨路

2015年9月22—23日,由中国银监会指导、中国银行业协会城市商业银行工作委员会主办、徽商银行承办的2015年城市商业银行年会在安徽合肥召开。此次年会以"新常态新发展新服务"为主题,发布了《变革与发展——城市商业银行20年发展报告》。报告显示,截至2014年年末,全国城市商业银行总资产达18.08万亿元,为1995年的40倍;城市商业银行总资产占银行业金融机构的比例为10.49%,市场份额稳步提升,已经成为我国金融体系中,尤其是银行业的不可残缺的重要组成部分。

我国城市商业银行自成立以来业务规模和营业利润得到了快速成长和成熟。在盈利方面,2014年全国城市商业银行实现利润1 859.46亿元,为1996年城市商业银行组建初期的43倍。存贷款规模方面,截至2014年年末,全国城市商业银行各项存款达12.04万亿元,各项贷款余额达7.84万亿元,分别比1995年增长35倍和41倍。

我国城市商业银行历经风风雨雨二十载,跌跌绊绊探路前行,在市场与监管的层层考验中,沿着"组建规范—创新发展—转型升级"的轨迹,克服了体制障碍与管理落后的先天性不足,实现从传统金融机构粗放式经营到现代化商业银行集约化管理的转变。经过二十多年的探索和发展,如今城市商业银行竞争格局基本已定,2014年盈利前20的城市商业银行净利润总和已经占到全部城市商业银行利润的一半以上。盈利超过50亿元的分别是北京银行(156亿元)、上海银行(114亿元)、江苏银行(87亿元)、徽商银行(57亿元)、南京银行(57亿元)、宁波银行(56亿元)及盛京银行(54亿元)。

城市商业银行如今有如此成就实属不易,未来发展之路仍任重而道远。

我国城市商业银行的发展目标是要在坚持走差异化发展、特色化经营、精细化管理之路的基础上，努力建设一流现代化的商业银行。

专业化、精细化发展是我国城市商业银行的必经之路，城市商业银行只有集结优势资源、合理配置人员和资金来打造自身在某一业务领域的专家地位，与大型银行的多元化优势相抗争，以形成核心竞争力。

6.1.2 城市商业银行特色化经营策略

业务同质化是整个银行业面临的普通问题，城市商业银行情况更为突出。由于业务规模、所拥资源和管理水平等因素的限制，城市商业银行的业务结构比较单一，大部分银行依然以对公存贷业务为主，而零售业务和金融市场业务刚刚起步。

城市商业银行目前面临的最大挑战就是未找准市场定位。一是市场定位与大中型银行还较趋同，发展方向不够清晰、准确；二是专业化、特色化程度不够完善，层次化、差异化不够明显。如今在利率市场化及互联网金融的冲击下，城市商业银行将面临来自行业内外的更大的生存挑战。

城市商业银行年会发布的报告也认为，专业化是中国多数城市商业银行在未来经营形式下的战略首选，城市商业银行只有集结优势资源来打造自身在某一领域的专家地位，才能有效应对大型银行的多元化攻势，最终形成自身的核心竞争力。例如北京银行加强科技战略定位、福建海峡银行以电子商务为重要服务对象、哈尔滨银行利用区位优势大力发展对俄金融业务、潍坊银行重点发展艺术金融等。北京银行副行长赵瑞安认为，"中小银行不应该紧随大银行综合化的发展道路，而应在各自擅长的目标市场深耕细作，打造特色业务品牌，最终获得银行业百花齐放的局面"。

1. 扎根地方

实体经济是金融的根基。城市商业银行生于地方,长在基层,反哺社区,与地方经济一荣俱荣、一损俱损。扎根地方经济、服务地方人民,是城市商业银行作为地方性商业银行的天然使命和市场选择,更是城市商业银行在地方经济和区域经济建设中履行必要社会责任的体现。

在战略定位方面,各家城市商业银行自组建以来,就将服务地方经济、服务中小企业、服务城市居民作为基本市场定位,主动将支持地方经济融入到银行的中长期发展战略规划、年度经营计划和日常业务拓展中,确保战略定位落地生根。20年来,城市商业银行植根地方,围绕当地产业特点,积极探索创新,在金融支持地方经济发展中发挥了重要作用。在业务重心方面,城市商业银行充分利用"本乡本土"和"地缘人缘"优势,坚持专注当地、沉下身子,不断向县域和乡镇拓展机构、延伸服务,不断向薄弱环节和空白领域倾注金融资源,努力做深、做精、做透本土市场,以优质的服务培育壮大本地客户群体,为地方经济发展注入了新鲜活力。在经济周期波动出现回调的时期,各地城市商业银行恪守服务宗旨,克服各种困难,向处于困境的地方中小企业伸出援手,与企业共渡难关,获得了社会大众的普遍赞誉;积极响应国家区域经济发展战略,参与京津冀、长三角、珠三角、西部大开发等国家重点区域建设,制订切实可行的规划,加快网点建设,加大资金投入,支持了大批重点项目建设。仅2014年,各家城市商业银行贷款总规模达7.38万亿元,在地方经济发展中发挥了重要作用。

2. 异地扩张

随着经济的快速增长,经济一体化程度不断加深,企业经营领域和范围不断扩大,金融服务方面的需求日益提高,对城市商业银行的要求也越来越高。

城市商业银行在自身发展中也遇到了一些问题和挑战。由于在当地已经占据较高的市场份额,不论是贷款还是存款,本地的市场份额占比边际上继续提升的空间已经不大，还需要受到外来股份制银行分行开设对已有市场份额的蚕食。然而城市商业银行业务局限于当地，规模增速受制于本地经济发展速度；客户集中度和行业集中度较高，应对风险冲击能力较弱；收入结构较为单一，不具备增加手续费收入的条件。总体而言，业务局限于当地的城市商业银行随着未来的利率市场化逐步深入，将面临巨大挑战。

为解决发展瓶颈问题，同时为响应国家经济发展的战略规划，更好地为客户提供服务，城市商业银行开始探索实践区域性发展。

2004年，哈尔滨银行收购双鸭山城市信用社，在此基础上成立了全国第一家省内异地分行——双鸭山分行，成为全国第一家收购行政区域内城市信用社、设立县域分支机构的城市商业银行。通过整体收购城市信用社，也成为省内区域发展的典型方式。

此时，监管机构考虑到全国各地区（不同省份之间，不同城市之间）金融发展程度不均衡，城市商业银行作为补充来为区域经济发展和中小企业提供金融服务；而且市场的割裂对于城市商业银行经营是一种相对的不公平，风险可控前提下的异地扩张可以作为对城市商业银行经营能力和风险管理能力的一次检验。在部分城市商业银行已经达到异地扩张条件的基础上，监管机构开始逐渐放开对于城市商业银行异地开设分支机构的要求。2006年，银监会发布了《城市商业银行异地分支机构管理办法》，明确规定将按照"合理布局、严格标准、稳步推进、注重效益"的基本原则，审批城市商业银行分支机构设立，为城市商业银行区域发展提供了制度支持和依托。

2005年，上海银行获准筹建宁波分行，拉开了城市商业银行跨区域经营的序幕。2006年4月，上海银行宁波分行正式开业，这是城市商业银行第一家跨省市经营的分行。随后，北京银行、天津银行、南京银行、宁波银行等一批经营管理状况较好、满足审慎监管条件的城市商业银行开始着手进行区域布局。同时，各城市商业银行响应国家政策导向，加大对县域经济和支农金融服务力度，将网点和分支机构设立下沉至县市发达乡镇。

2009年，银监会下发《关于中小商业银行分支机构市场准入政策的调整意见（试行）》，符合条件的中小商业银行在相关地域范围下设分支机构，不再受数量指标限制，并将省内分支机构审批权限下放给各省银监局，异地扩张进入狂热阶段。2010年，有62家城市商业银行跨区域设立103家异地分支行（含筹建）。在147家城市商业银行中，异地分行（省内分行和跨省设立）的数量已经接近300家。

2010年，齐鲁银行骗贷案引起监管层对于城市商业银行疯狂扩张的担忧。随后，城市商业银行的异地扩张被监管机构叫停。

2013年起，整顿后的城市商业银行异地扩张再出发。2013年银监会下发《关于做好2013年农村金融服务工作的通知》，允许城市商业银行在省内扩张；2014年年初，银监会发布152号文，规定单一城市单年新设分行总数不超过2家，金融服务明显不足地区可适当放宽，并积极推动社区支行、小微支行的设立。部分城市商业银行重新开始了省内的积极布局。截至2014年年底，共有46家城市商业银行在省（直辖市）外设立了124家分行；共有106家城市商业银行在省内设立了584家分行。按照异地扩张的深度，可将已经上市或拟上市的12家城市商业银行的扩张模式分为4类：全国范围内布局、经济圈内+一线城市扩张、经济圈内扩张、合并重组。一方面，异地扩张对于城市商业银行来说可以带来规模增长空间、收入结构多元化、风险分散化；另一方面，异地扩张也会带来资本消耗和ROE被摊薄，盈利水平能否保持成为关键。

3. 大力发展非银业务

2003年，《商业银行法》修订，取消了全面禁止商业银行跨业经营的规定，允许在一定条件下从事综合化经营活动。国有银行和股份制商业银行综合化进程不断加速：部分城市商业银行在坚持"服务中小、服务市民、服务地方"战略定位的基础上,也积极争取各类市场资格。例如:(1) 2009 年 5 月,南京银行参股江苏金融租赁有限公司,持股比例达 35%,在国内率先探索城市商业银行"银租合作";(2) 2009 年,徽商银行和奇瑞汽车合作成立了汽车金融公司——奇瑞徽银汽车金融公司,奇瑞徽银汽车金融公司注册资金 10 亿元,是国内第一家自主品牌汽车厂商与本土银行联合成立的汽车金融公司;(3) 2010 年,北京银行成功收购北京首创集团持有的首创安泰人寿 50%的股权,将其更名为中荷人寿保险公司,成为国内第一家入股保险公司的中小银行,开创了城市商业银行进军保险业的先河;(4) 2010 年 3 月,由北京银行独资设立的国内首家消费金融公司——北银消费金融公司正式成立;(5) 2013 年 3 月,第一家由城市商业银行入股的基金公司——中加基金管理公司成立,该基金公司由北京银行会同加拿大丰业银行、北京有色金属研究总院共同出资设立;(6)作为第一家城市商业银行筹建金融租赁公司,2014 年 1 月,北京银行全资子公司——北银金融租赁有限公司正式成立;(7) 2013 年下半年,北京银行、哈尔滨银行和台州银行 3 家城市商业银行入围第二批信贷资产证券化试点,成为资产证券化再度开闸后首获发行的城市商业银行。截至 2015 年 6 月,共有 25 家城市商业银行获得资产证券化资格。

4．服务中小企业

城市商业银行自成立之初就确立了服务中小企业这一市场定位,在 20 多年的发展历程中,城市商业银行担任了银行业服务中小企业的中坚力量,与中小企业共成长、同患难,有力地支持了中小企业的发展,推动了实体经济的增长。全国城市商业银行普遍设立为中小企业金融服务专营机构,根据"六项机制"落实建立了解决中小企业融资难的制度保障,不断改善贷款审批规范流程,根据中小微企业"短、小、频、急"的融资需求,加强技术平台支持力度,优化人力资源配置,效果显著。台州市各城市商业银行在 2008 年金融危机时对中小企业雪中送炭;浙江泰隆银行数次受到国家领导人接见;哈尔滨银行是最早开展小额信贷业务的城市商业银行之一,并成为国内首家向其他银行同业机构输出小额信贷及技术的城市商业银行。

江苏银行与江苏省科技部门合作，共同创新开展了"科技之星"业务；北京银行在中关村国家自主创新示范区设立国内金融业第一家科技分行，为近 6 000 家科技型小微企业提供贷款超过 1 000 亿元；汉口银行在武汉东湖国家自主创新示范区设立全国首家科技金融服务中心，搭建"1+N"的一站式服务平台，显著提高了科技金融的服务效率；杭州银行开展文创产业小微企业金融业务，推出一整套适合文创小微企业的产品。截至 2014 年年底，城市商业银行小微企业贷款余额为 3.21 万亿元，占银行业小微企业贷款余额的 14.7%。城市商业银行小微企业贷款连续 6 年实现"增量不低于上年、增速不低于各项贷款平均增速"的"两个不低于"目标。服务小微企业客户数达 110.12 万户，占银行业服务小微企业总数的 9.62%。

5. 积极探索互联网金融

面对互联网金融给传统金融带来的巨大挑战和发展机遇，银行业全面加快了战略调整步伐，城市商业银行顺应互联网金融发展趋势，全面推广电子银行，推出网上银行、手机银行、自助银行、电话银行、短信银行、微信银行等一系列产品的电子渠道体系，并陆续涉足直销银行业务。2013 年，北京银行在国内首家推出直销银行业务。此后，上海银行、南京银行、江苏银行、重庆银行、包商银行、珠海华润银行和广东南粤银行等城市商业银行均推出直销银行条线。城市商业银行向互联网金融方向迈出了关键性的步伐。

互联网金融的兴起促进了城市商业银行加快调整经营模式、推进战略转型，同时有利于弥补城市商业银行在经营地域和服务范围上的限制，为城市商业银行进一步发展提供了空间。城市商业银行立足实际，抓住机遇，主动变革，推出创新互联网金融产品，为自身发展创造了良好机遇。

在提供特色化产品创新方面，一些城市商业银行已经进行了探索，并取得了成功。比如宁波银行在宁波市具有良好的品牌认知度和客户忠诚度，主要是因为其通过一些特色金融产品，成功打造出极具竞争力的零售业务产品体系。在利率市场化改革过程中，城市商业银行应立足于地方经济发展情况和自身特色，明确市场定位，在某一业务领域或某一客户群体中建立不可替代性，开辟新的利润增长点。另外，城市商业银行应坚持实行服务特色化。与大型银行相比，城市商业银行由于自身历史条件的原因，在网点分布、技术力量、人才资源、内部治理等方面仍处于落后地位。因此，城市商业银行可以另辟蹊径，创新服务手段，做到靠"特色"取胜。例如，北京银行加大对客户数据的收集和挖掘力度，形成客户统一视图，给客户提供更为贴心的业务。

6.1.3　城市商业银行差异化经营策略

虽然成立伊始城市商业银行都定位为"服务地方经济、服务城市居民、服务中小企业"，但每家城市商业银行具体的经营状况截然不同。面对利率市场化改革的大潮，采取同质化战略并不有利于城市商业银行在竞争日益激烈的银行市场上形成强有力的核心竞争力和比较优势。因此，城市商业银行应依托自身优势，找准定位，采取差异化经营策略。

城市商业银行必须根据自身优劣势确定自己的战略定位。每家城市商业银行所在的地理区域不同，经营质量有高低之分，因此，城市商业银行应根据自身所处环境和特点，明确战略定位，不能一味地跟风和在经营规模上进行无谓的攀比。结合发达国家的相关经验和我国城市商业银行的发展现状，城市商业银行的战略定位大致可以分为4类：一是经营水平较高的城市商业银行可以全方位发展，成为全国性的股份制银行，如北京银行；二是立足于区域，发展成在某一地理或经济区域内具有较强品牌优势的区域性银行，如宁波银行；三是细分市场并进行深耕细作，发展成在某一领域具有特色和核心竞争力的银行,如哈尔滨银行、包商银行;四是发展成社区银行,如龙江银行。城市商业银行一旦明确发展战略定位、找准发展方向,就应该随之制订与其相关的愿景、使命和战略目标,并保持对坚持发展战略不动摇,确保其长久性。

除战略定位外,各城市商业银行还在着力打造独具特色的业务领域和展业模式。有些城市商业银行率先将服务小微企业作为利润增长点、战略制高点和未来生存点,目前已经形成一批服务小微企业的专业品牌银行;有些城市商业银行结合当地经济特色和地区优势,积极助推科技创新创业企业发展,有了一定的品牌竞争力;有些城市商业银行错时营业、上门服务,获得了当地居民和企业客户的广泛赞誉,为城市商业银行的特色发展树立了标杆。

北京银行

2015年上半年,面对复杂严峻的经济金融形势,北京银行积极抢抓战略机遇、加速转型升级、坚持创新驱动、严守风险底线,实现规模、效益、质量和结构的均衡协调发展,经营业绩稳健增长。截至2015年年底,公司资产总额达到1.84万亿元,较年初增长21%;贷款总额达7754亿元,较年初增长15%;存款总额达10 223亿元,较年初增长11%,经营规模持续、稳健、均衡增长。报告期内,公司实现归属于母公司股东净利润168亿元,同比增长7.78%;资产利润率为1.00%,资本利润率为15.85%,盈利能力稳步提升。成本收入比为24.99%,人均创利122万元,经营效率保持行业优秀水平,继续蝉联"人均最赚钱银行"。

2015年9月16日,"中国银行家(重庆)高峰论坛暨2015中国商业银行竞争力评价报告发布会"在重庆举行。评价报告自2005年首次发布以来,评价指标体系在科学性、权威性、公正性等方面受到业内外的普遍关注和认可。2015年,第十一次发布的竞争力年度报告——《2015中国商业银行竞争力评价报告》以2014年度中国银行业的基本业绩和表现为主,结合近几年的实际表现,通过基于竞争力指标体系的分析评估,全面地反映全国商业银行竞争力格局的最新进展，从而为全面提高商业银行的竞争力提供参考。在城市商业银行单项奖中，北京银行被评为最佳品牌城市商业银行（见表6-1）。

表6-1　城市商业银行单项奖

奖　　项	银行名称
最佳城市商业银行	郑州银行
最佳品牌城市商业银行	北京银行、南京银行
最具盈利能力城市商业银行	台州银行、承德银行
最佳风险管理城市商业银行	盛京银行、西安银行
最佳管理创新城市商业银行	富滇银行、包商银行
最佳产品创新城市商业银行	南昌银行、德州银行
最佳小企业服务城市商业银行	浙江稠州商业银行、哈尔滨银行
最佳新锐城市商业银行	石嘴山银行、自贡市商业银行
最佳战略管理城市商业银行	邯郸银行、徽商银行
最佳公司治理城市商业银行	重庆银行、晋城银行
最佳直接融资服务城市商业银行	天津银行、青岛银行
最佳创新资产交易城市商业银行	江苏银行

北京银行大力依托"京津冀一体化"的发展快车，拓展深耕优质企业客户资源，借助区位优势，继续发挥"财富1+1"公司金融服务的品牌精神，配合客户发展的阶段和需要，为企业整个成长周期量身提供金融服务。在公司银行方面，持续打造大中客户平台营销模式，大力提升产品创新和交叉销售，重点支持本行债券承销、银团贷款、结构融资、并购融资等投行业务板块均衡发展。在个人银行方面，积极推动"赢在网上"项目，落实向移动金融转型、营销服务转型，全面提升电子渠道的作用。在金融市场方面，在确保资金安全性、流动性、力争较高收益的基础上，以市场为导向，积极开展各项资金业务、同业业务和国际业务。在直销银行方面，持续推进直销银行建设，助力全行战略转型，坚持规划先行，不断探索直销银行的特色化发展路径、销售模式和价值主张，完成《北京银行直销银行2014—2016发展规划》；加强合作发展，与ING集团联合开展直销银行调研项目。在特色品牌方面，坚

持特色化、差异化发展，对科技、文化等新兴领域或行业给予更多关注、更多投入。

1. 股权结构分散，资源优势凸显

北京银行是一家中外资本融合的新型股份制银行，其多元化经营在一定程度上取决于其较为分散的股权结构。根据2014年三季报，荷兰ING银行持股13.64%，为公司第一大股东；第二大股东北京市国有资产经营有限责任公司（持股比例为8.84%）和第三大股东北京能源投资（集团）有限公司（持股比例为5.08%）为一致行动人，代表北京市国资委。另外，民营资本也参股公司，其中华泰汽车集团有限公司持股4.47%，中信证券股份有限公司持股3.86%。北京银行股权结构比较分散，前十大股东占比为46.56%，为16家上市银行中的最低水平。

第一大股东ING集团是全球范围内的金融集团，拥有综合金控的成熟经验；北京市国资委通过下属企业持股北京银行超过ING，为实际大股东。北京银行充分利用京津冀区位优势和股东资源，公司不良率和成本收入比两项指标均低于上市同业，未来有望继续保持良好资产质量和经营效率。

2. 聚焦大中城市，兼顾全国布局

在经济增速放缓、外部风险隐患不断积聚的形势下，银行业资产质量压力持续加大。面对严峻的外部形势，北京银行坚持审慎经营、牢筑风险防线，不断完善全面风险管理体系，强化对各类风险的全流程嵌入式管理和全方位网状化覆盖；进一步强调"零容忍"风险文化，坚持"源头严防、过程严管、后果严惩"，大力推进不良"双控"工作，切实防范化解风险隐患，风险控制的核心优势得到持续加强。北京银行的资产质量在16家上市银行中表现出明显优势，不良贷款率位居同业水平的底部。2015年中期末，北京银行的不良贷款余额为67.88亿元，比2015年年初增加了10.05亿元，2015年前两个季度分别环比增加5.83亿元和4.22亿元；半年末的不良贷款率为0.94%，比2015年年初增加了7个基本点，整体不良贷款率的绝对水平在上市银行中属于较低的。从关注类贷款的情况看，2015年中期末，北京银行关注类贷款的余额为75.42亿元，比2015年年初下降了11.76亿元，关注类贷款的占比也从期初

的 1.31%下降到 1.05%，这在上市银行中属于较为罕见的情况；从逾期贷款的情况看，2015 年中期末，北京银行逾期贷款的余额为 106.64 亿元，比 2015 年年初增加了 17.68 亿元，逾期贷款的占比为 1.48%。关注类贷款和逾期贷款的占比处于历史高位但是行业较低水平。

北京银行不良贷款率连续保持同业最低水平，是由于其经营风格严谨审慎（总部人员空降分行以维持风控战略执行），战略执行得力。预计未来一段时间，其资产质量将保持稳定，不良贷款率继续维持低位。具体原因如下：

信贷业务集中于一线城市及重点城市，例如北京、上海、西安、深圳等城市，如图 6-1 所示。观察过去几年的地区贷款结构数据，一些经济水平相对较低并且距离北京总部相对较远的城市和地区在贷款中的占比呈现下降趋势——贷款逐渐向一线大城市聚集，江浙两湖等地区占比逐渐下降，这显示了北京银行提高贷款地区集中度以便于严格把控资产质量的决心。另外，企业贷款以中大型企业为主，这类客户在公司贷款中的占比通常在 60%以上；借助北京国资委等股东资源开拓优质客户，不良生成率低。

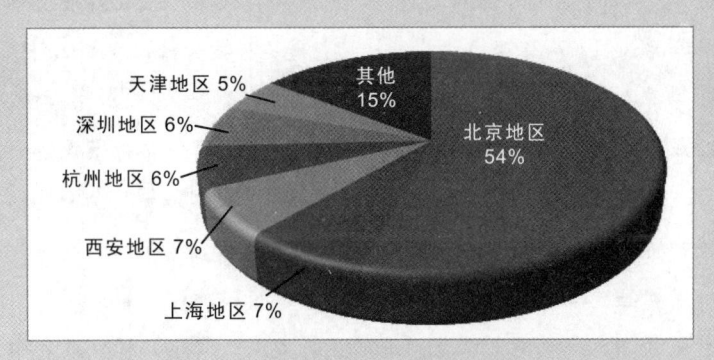

图 6-1　2015 年中期末北京银行各地区贷款余额

北京银行积极抢抓"一带一路"、京津冀协同发展等国家战略机遇，与天津市政府签署千亿元全面战略合作协议，大力推动石家庄分行、保定分行业务发展，基本完成蠡县农村信用社改制重组工作，不断打造金融支持京津冀协同发展的新亮点；积极推进管理架构和管理机制的变革，创新设立两个专营机构——资金运营中心和信用卡中心，推动业务专业化，涵养业务竞争力。与 ING 集团续签战略合作协议，开启中外资本合作的新十年；成功发行 180 亿元二级资本债，有效提升资本实力，为业务拓展和改革创新提供资本支持。

目前，北京银行不仅重视大中城市布局，在北京、天津、上海、西安、深圳、杭州、长沙、南京、济南、南昌十大中心城市设立了 240 多家分支机构；同时兼顾城镇规划，发起设立北京延庆、浙江文成及吉林农安村镇银行；而且展开国际化业务，成立中国香港和荷兰阿姆斯特丹代表处。在综合化经营方面，发起设立国内首家消费金融公司——北银消费金融公司，首批试点合资设立中荷人寿保险公司，第三批首家设立银行系基金公司——中加基金公司，开辟和探索了中小银行创新发展的经典模式。

3. 特色金融业务

作为差异化经营、特色化发展的一个重要方向，北京银行坚持打造科技金融、文化金融等特色品牌。北京银行紧密围绕北京市科技、文化双轮驱动战略，加快实施面向科技、文化等高成长产业领域的小巨人行动计划，加快专营机构建设，深化与国家重点孵化器、创新孵化器的合作，推动自身科技金融、文化金融加快发展，特色优势持续彰显。

2015 年上半年，北京银行坚持差异化、特色化、专业化发展道路，不断丰富金融产品，创新金融服务方式，持续打造"科技金融"、"文化金融"、"绿色金融"等特色品牌。创新设立全国银行业第一家"创客中心"，打造创业、创新企业成长平台，积极探索股权投资和信贷投入的联动新模式，全力支持"大众创业、万众创新"。截至 2015 年 6 月末，科技金融贷款余额达到 698 亿元，较年初增长 60 亿元，增幅为 9%，通过设立专营机构、创新设计产品、组建创新实验室、制定文创企业评级标准等举措，加大对影视制作、新闻出版、设计服务、文化旅游等文化产业的支持力度；文化金融贷款余额达 258 亿元，较年初增长 38 亿元，增幅为 17%，倡导绿色信贷，持续加大对绿色经济、低碳经济、循环经济的支持力度；绿色金融贷款余额达 222 亿元，较年初增加 39 亿元，增幅为 19%。在中国人民银行营业管理部信贷政策执行效果评估中，北京银行荣获高新技术、文化创意、节能减排三个单项信贷政策导向效果评估一等奖。

4. 互联网金融助力

受股东 ING 集团的影响，2013 年以来公司在互联网金融领域不断探索，从设立直销银行到与小米、360、腾讯等开展一系列跨界合作。互联网金融与北京银行的线下业务紧密结合，有效拓展了公司的客户资源、拓宽了业务渠道，品牌影响力不断提升。2015 年，北京银行荣获《金融时报》与社科院共同评选的"年度十佳互联网金融创新银行"奖、中国金融认证中心颁发的"最佳电子银行"奖。

2013 年 9 月 18 日，我国第一家直销银行——北京银行直销银行正式开通，这是城市商业银行开通直销银行的代表。北京银行直销银行将目标客户定位于大众零售客户和小微企业，通过"互联网平台+直销门店"这种线上渠道和线下渠道相结合的方式，提供全天候、不间断的金融服务。线上渠道由互联网综合营销平台、网上银行、手机银行等多种电子化服务渠道构成；线下渠道以便民直销门店的形式，布放 VTM、ATM、自助缴费终端等各种自助设备。开业以来，北京银行持续推进直销银行建设，助力全行战略转型，各项业务实现快速增长。截至 2015 年中期末，直销银行客户达 15.5 万名，储蓄余额近 6 亿元，累计销售额达 9 亿元。北京银行不断探索直销银行的特色化发展路径、销售模式和价值主张，与 ING 集团联合开展科技系统建设调研项目，为双方合作设立直销银行奠定基础；与 360、陆金所等互联网企业初步达成合作意向，为下阶段线上宣传推广、合作开发金融产品做好充分准备，并逐渐展开全方位合作，提升产品设计能力，拓展互联网营销渠道。在《银行家》杂志举办的"中国金融创新奖"评选中，北京银行直销银行荣获"十佳互联网金融创新奖"。

2014 年 2 月 19 日，北京银行与小米签署移动金融全面合作协议，携手探索基于小米互联网平台的综合金融服务，双方在移动支付、便捷信贷、产品定制、渠道扩展等多方面进行合作。借助小米庞大的手机出货量和用户"米粉"效应，北京银行的互联网金融业务重点目标拓展客户包括个人和小微零售客户。中国手机网民数量在 2014 年年底达到超 5 亿的规模，小米手机的销量在 2014 年达 6 112 万台，同比增长 227%。小米庞大、快速增长的忠实用户群将会为公司移动金融产品的植入提供持续的增量点。

2015 年 4 月，北京银行与腾讯签署全面战略合作协议，根据协议，北京银行将向腾讯提供意向性授信 100 亿元，双方将围绕京医通项目、第三方支付、集团现金管理、零售金融等领域开展业务合作。京医通微信公众账号的开通是京医通平台首次与第三方支付平台进行对接，也被视为"互联网+医疗"的一次重要尝试。用户在京医通中充值后给北京银行带来稳定的低息存款，期待北京银行凭借先入优势随互联网医疗范围扩容获得持续增量业务。

在与互联网巨头和移动终端分别合作之后，北京银行将加快在互联网金融和移动金融上的布局，互联网金融业务是北京银行未来的重要看点。2015年6月与芝麻信用的合作也验证了北京银行在互联网金融领域做大做强的决心。北京银行和芝麻信用签署战略合作协议，成为其首家合作银行，双方将开展信用信息查询和应用、产品研发、商业活动等多方面合作。北京银行此次联手芝麻信用主要看中的是公司的大数据及云计算、场景结果匹配度高等数据处理能力。北京银行表示将不断深化与芝麻信用的合作，争取拓展到更多业务领域，逐步探讨与蚂蚁金服的整体合作。

未来我们还会看到北京银行在互联网金融领域更多的布局和创新。

宁波银行

宁波银行持续推进"拓展盈利渠道、严控不良资产、升级营销模式、加快人才培养"四项重点工作，业务保持健康发展，盈利能力不断提升，资产质量保持稳定，资本充足继续保持在良好水平。

总体来看，宁波银行的优势在于：(1)规模小，在未来2~3年内有望保持比股份制商业银行更快的增长速度；(2)绝大部分贷款客户（96%~97%）是小企业客户，重点扶持先进制造业和高端个人客户，房地产开发贷款和按揭贷款占比较小，既符合国家的经济结构调整政策，又能够有效地防范房地产市场风险；(3)公司完成定向增发补充资本，同时也公告了优先股及二级资本债发行计划，基本能够支持公司未来三年发展的资本金需要；(4)公司未来定位于大零售业务，收入渠道逐渐多元化，正在逐步培育差异化竞争优势。

1. 以小博大

宽松货币政策环境促使宁波银行业绩释放、估值抬升。作为城市商业银行的代表，宁波银行获得中国人民银行额外定向降准100个基点（Basic Point，BP），提高银行流动性，实现业绩释放，预计业绩将增长1.5%，抬升银行股估值；另外，财政部下达 1 万亿元地方政府债券置换存量债务额度，宁波银行平台贷款占比较高，受益更大，通过债务甄别或置换，可以解决地方政府债务的流动性风险和信用风险问题，降低潜在不良率，提高经营质量。

2014年两会结束后，金融改革提速，银行业转型节奏也在加快。自2014年起，宁波银行的公司银行业务、票据业务、投行业务、资产托管业务、个人银行业务、零售公司业务、金融市场业务和信用卡业务的八大利润中心建设得到深化和协同发展。净息差稳健，中小贷和个人贷收益率优势显著；收入结构进一步优化，费用收入比缩减，非利息收入逐年增长；在2015年净利润增速仍处于较高水平，ROE（净资产收益率）未来发展空间稳健。宁波银行规模较小，依托于中小企业和个人客户的核心竞争力已经日渐显现，船小好掉头，未来通过进一步再造发展模式和深化盈利模式，将会更大程度地受益于转型推进。一是经过多年的磨炼，公司已经成为一家市场化程度较高的银行，能够在面临变化时及时地调整策略和方向，以满足客户和市场的需要；二是在管理模式上，公司实行矩阵式管理与垂直集中式管理相结合的管理模式，能够充分发挥自身管理层次少、管理半径小的优势，在保证各项业务经营稳定的同时，对市场的新变化实现快速反应；三是在总分联动上，公司已经建立起一套较为成熟的总分支行联动管理体系，面对新的市场环境和业务机会，能以最快的速度响应市场需求；四是在发展基础上，公司有战略投资者新加坡华侨银行的指导，能够为公司适应利率市场化之后的新时代提供经验、产品和智力支撑。

2. 创新业务

与北京银行相似，宁波银行的混合所有制基因赋予其强劲活力。华侨银行作为战略投资者带来价值提升，联合打造"跨境盈金融服务平台"为本土企业"走出去"提供全方位金融支持。宁波银行充分借鉴华侨银行深耕区域、走差异化道路的经验，明确强化以中小企业为主体的公司业务，大力发展小企业业务，全面推进个人业务发展方向。

宁波银行首创循环资产池个人消费贷为基础资产的证券化产品，支持零售业务发展，使额度滚动，取消零售信贷规模意识。

直销银行方面，宁波银行自 2014 年开始探索直销银行业务，由于其资金安全程度高、参与门槛低等优势，宁波直销银行受到市场和用户的广泛好评。迄今为止累计发布 2 300 多个直投项目，借款规模多在 50 万元以下，收益率多在 6%～7%之间；截至 2015 年年底，直销银行业务交易量已经超过 200 亿元，累计融资客户超过 18 万人。直销银行推行使其通过互联网突破地域和网点限制而拓展新客户。

微信银行方面，宁波银行推出微信银行并广泛应用微信订阅号等新工具，客户体验持续提升，微信矩阵形成。据大浙网信息，宁波地区微信公众号为 2014 年 12 月的阅读量第一名，高于第二名的工商银行宁波分行约 29%的阅读量。

资管业务方面，公司密切把握市场形势和客户需求变化，持续提升资产管理能力。截至 2015 年年底，开放型和净值型产品规模达到 680 亿元，较年初增长 185%；托管资产总规模达到 19 338 亿元，较 2014 年年末新增 9 856 亿元，增幅为 104%。

3. 区域经营

宁波银行的异地扩张与其他采取此战略的城市商业银行（如北京银行、南京银行、杭州银行等）有所不同。一般情况下，城市商业银行在异地扩张时，或是在具有类似企业文化和金融生态的同一经济圈积极扩张，或是在北上广深一线城市布局，或是二者兼备。南京银行和杭州银行更侧重在省内经济圈，北京银行则侧重于全国一线城市布局；而宁波银行折中考虑，跳出浙江省，在整个长三角地区布局。宁波银行下设 11 家分行和 20 家一级支行，总行营业部及支行设在浙江省宁波市区、郊区及县（市），分行设在上海市、杭州市、南京市、深圳市、苏州市、温州市、北京市、无锡市、金华市、绍兴市及台州市。

一方面，宁波银行良好的资产质量很大程度上得益于区域性的经济优势和自身风险管理能力的保障。其资产结构具有鲜明的区域特色，得益于长三角地区平稳的经济发展态势、民营经济的高度活跃和居民较高的收入生活水平。在未来海外经济复苏的预期下，公司客户盈利能力将持续回升，资产质量将进一步改善。

另一方面，随着异地分支机构的开设和业务的展开，宁波银行可以有更大的自由度来调整信贷的结构，从而降低行业集中度和客户集中度，且其规模增长不再局限于宁波本地的经济发展速度。据券商研究测算，宁波银行的异地扩张对净利润的平均贡献率达到 58%，其中利息收入贡献 52%，手续费收入贡献 6%。2014 年宁波银行分行区域盈利占总盈利的 55% 以上，在规模占比超过宁波地区之后，盈利占比首次超过宁波地区。这是具有重要意义的转变，过去宁波银行的业务增长需要依靠宁波地区业务增长来带动，现在转变成分行区域反过来可以支撑宁波地区业务的发展，整个银行的增长动力更加均衡。

宁波银行已经建立了较为成熟的中小企业贷款风控体系，并总结经验运用到个人业务的发展。客户准入方面，以严格为准；信贷审批方面，以全面为准；风险监控方面，借力大数据。此外，在新兴产品的风险管控领域，宁波银行也思在前行在后，对直销银行等业务深入布局。

西安银行

作为内陆中心城市，西安市经济金融发展在一定程度上代表了西部地区经济金融的发展前景。依托"一带一路"战略，西安在"一带一路"战略中具有融通东西的特殊战略地位，正处于内陆型改革开放新高地的重要战略期，以投资拉动和金融支撑为动力的西安未来将成为可持续发展的西部经济金融中心，在一带一路的长期建设中发挥文化传播、金融支持的作用。

为跟随西安市金融发展脚步、满足金融需求，西安银行近年来加快转型创新步伐，监管评级持续提升，跻身全国城市商业银行排头兵行列；新一轮增资扩股将募集资金 30 亿元，二级资本债发行获批；参股汽车金融公司获批筹建，多元化经营实现突破；信用卡破冰试运行，首次发行同业存单；两家异地分行获批筹建，渭南分行实现开业；圆满完成"同城双中心"核心系统灾备切换演练，组织机构改革取得阶段性成果。

一是探索互联网金融模式，零售银行战略深入推进。实现"金丝路"信用卡试运行、金融 IC 卡发卡，开通移动银行、微信银行及财富论坛微信账号，开通财付通快捷支付、微信支付等功能，自主开发"社区管家"手机 APP 产品，完成"销售与服务标准化流程导入"，加大非保本理财发行，为客户提供贴身便捷的金融服务，改善了客户体验。

二是公司金融业务创新发展，小企业业务蓄势待发。"盈管家"现金管理等系统上线，开办"土地拍卖保证金"等新业务。成立小企业部，逐步向"信贷工厂"模式迈进，有效提高审批效率，创新小微企业担保方式，开发了订单融资、中小企业履约保证保险、助保金贷款等业务，并不断加大对科技金融贷款的投入。

三是信贷业务能力持续提升。推出"中小企业履约保证保险贷款"业务，规范"经营性物业贷款"，成功办理首笔服务平台融资业务和省内第一笔支小再贷款业务，丰富了授信产品，同时继续完善制度建设。

四是金融市场业务资产配置优化，投资银行业务持续拓展。投资重点转到标准化资产上，资产流动性和资金收益率显著提升，同时债券市场交易活跃度大幅提升。积极参与优质银团项目，加大债券发行承销力度，创新结构化融资，满足客户多元化的金融需求。

五是国际业务创新发展加快。发挥外资股东优势，提升短债指标，推出"加拿大留学直通车业务"，延伸福费廷业务，跨境联动等新业务贡献度日益提高。

六是人力资源管理深化项目取得阶段性成果，干部队伍建设再上新台阶。完成组织架构、岗位和职责的优化，完成薪酬和绩效体系优化。通过公开竞聘提拔了14名助理级中层干部，招聘近200名新员工，开展培训70余期近7829人次，员工整体素质显著提升。

在各项业务稳步发展、经营业绩持续增长的同时，西安银行的社会影响力不断提升，在英国《银行家》杂志的世界千强银行榜单中位列第632名；连续荣获中国《银行家》杂志城市商业银行竞争力综合排行榜第五名；连续被省市政府评为支持西安经济最佳金融机构，并被授予"纳税先进企业"荣誉。西安银行将加快发展战略的推动与实施，在建设国内优秀区域性商业银行的道路上迈出更大步伐。

城市商业银行的经营策略对民营银行来讲有一定的借鉴意义，这是由于二者在发展路径、战略定位、历史使命上有一定的相似性。与国有银行、全国性股份制银行和外资银行相比，城市商业银行从诞生开始就一直属于弱势群体。无论是实力还是规模，抑或提供的金融产品和服务，城市商业银行都不宜与这些大型银行正面交锋，而是尽快形成"人无我有，人有我新，人新我特"的特色化市场定位战略。城市商业银行成立初期，也经历过一段时间单纯模仿国有银行的过程。现如今，随着利率市场化下存货利率的放开，银行生存空间缩窄，城市商业银行坚持差异化的市场定位，避开红海市场、找准发展方向，错位竞争，走差异化、专业化、特色化的发展道路，依托一方水土，服务一方百姓，开展普惠金融服务。因此，同样处于弱势地位的民营银行应当确立科学发展方向，明确差异化发展战略，制定切实可行的经营方针，发挥比较优势，坚持特色经营，与现有商业银行实现互补发展、错位竞争。监管部门应大力鼓励民营银行着力开展存、贷、汇等基本业务，为实体经济特别是中小微企业、"三农"和社区，以及大众创业、万众创新提供更有针对性、更加便利的银行金融服务。

北京银行着力于全国布局和互联网金融，宁波银行着力于区域布局和创新业务，西安银行着力于能力提升和转型发展。三家各具特色的城市商业银行分别代表了三个地区、三档规模、三种经济发展水平下的银行经营策略。未来申请设立的京津冀地区、长三角地区或珠三角地区的民营银行，可参考北京银行和宁波银行；而民营银行的下一步发展，将会拓展到内陆地区，这时西安银行的经营策略将成为对比或参考对象。

另外，只有地方将自己的城市商业银行做好做精，才能证明当地的银行发展环境良好，民营银行在该地区的成功设立才有希望；只有当地城市商业银行发展态势乐观，培育更多的民营企业做大做强，才能为民营银行的发起人助力。

城市商业银行、民营银行与其他商业银行共同组成了我国银行业全国性与地方性两级金融机构体系，形成了大中小商业银行市场竞争、共同发展的良好局面。

6.2 民营银行的经营策略

6.2.1 首批5家试点民营银行经营策略

2013年9月,国务院办公厅发布的《关于金融支持经济结构调整和转型升级的指导意见》明确提出,扩大民间资本进入金融业,"尝试由民间资本发起设立自担风险的民营银行、金融租赁公司和消费金融公司等金融机构"。2014年3月,国务院批准5家民营银行试点方案;同年7月份,银行业监督管理委员会首先批准深圳前海微众银行、温州民商银行和天津金城银行3家民营银行的筹建申请;随后9月份批准成立浙江网商银行、上海华瑞银行。不到一年时间,5家银行均成功办立:2014年12月,全国第一家民营银行"深圳前海微众银行股份有限公司"在前海成立;截至2015年5月,5家试点民营银行全部获准开业,民间资本进入银行业取得历史性突破。引导民间资本进入银行业,有利于进一步引入市场竞争机制,改变市场结构,提高金融机构服务水平;促进金融机构股权结构多元化,提高资本配置效率,激发金融机构市场活力;有利于增加金融服务供给,缓解中小企业融资难,扶植实体经济,符合我国金融业长远改革方向。

从首批5家民营银行的定位思路和业务类型来看,其经营策略主要有以下几个特点:(1)客户定位主要集中在个人消费者和小微企业;(2)业务类型方面基本涵盖存贷款业务,以及结算、代理担保、交易及投行等一般业务资格;(3)非互联网民营银行的盈利模式与传统银行相近,主要来自利息收入和非息收入两方面,而互联网民营银行在互联网平台模式下通过与同业高度合作来连接金融机构和小微企业或个人,通过提供平台收费的模式产生新的盈利点。

首批获准筹建的5家民营银行都充分利用了主发起人的优势资源,做了大胆的创新和突破,在市场定位和业务模式上也各具特色,较为充分地体现出与现有银行的差异性,如表6-2所示。

表 6-2 首批试点民营银行业务模式与市场定位一览表

银行名称	注册资本	注册地	市场定位	业务类型
深圳前海微众银行	30 亿元	深圳	"个存小贷"（个人消费者、小微企业） 以"普惠金融"为概念，通过互联网为个人消费者和小微企业提供金融服务	(1) 存贷款业务；结算、代理担保、交易及投行等一般业务资格； (2) APP 上线，目前所包含功能：理财功能（购买货基、保险资管理财、股基）；跨行转账功能；跨账户（个人）资金转入功能
温州民商银行	20 亿元	温州	为温州区域的小微企业、个体工商户和小区居民、县域"三农"提供普惠金融服务	(1) 个人金融：存贷款业务； (2) 企业金融：存贷款业务，票据和汇兑业务
天津金城银行	50 亿元	天津	"公存公贷"（天津地区对公业务） 重点发展天津地区的对公业务	吸收公众存款，主要是法人及其他组织存款；发放短期、中期和长期贷款，主要针对法人及其他组织发放贷款；办理国内外结算；办理票据承兑与贴现；发行金融债券；代理发行、代理兑付、承销政府债券；买卖政府债券、金融债券；从事同业拆借；买卖、代理买卖外汇；银行卡业务；提供信用证服务及担保；代理收付款项及代理保险业务；提供保管箱服务；经银行业监督管理机构批准的其他业务
上海华瑞银行	30 亿元	上海	面向自贸区的，涵盖"结算、投资、融资、交易"的智慧银行。服务小微大众、服务科技创新、服务自贸改革。成为小微企服务的智慧银行：以公司业务为主，为中小微企业服务	(1) 公司业务："小额联合贷"、"租金贷"、"超市贷"、"华证通"等 12 款小微贷款产品； (2) 对私业务：较为简单的个人开户、存款业务，并没有涉及基金、贵金属等理财产品； (3) 外汇和跨境等自贸区业务等牌照
浙江网商银行	40 亿元	杭州	"小存小贷"（主要提供 20 万元以下的存款产品和 500 万元以下的贷款产品） 以互联网为主要手段和工具，全网络化营运，为电子商务平台的小微企业和个人消费者提供金融服务。提出"无微不至"的口号，希望在 5 年内服务 1 000 万中小企业	以"自营+平台"的模式来开展业务： (1) 自营（承接蚂蚁金服小贷业务，上线个人信贷产品等）产生一定的利润。 (2) 平台模式（通过和同业高度合作的方式，定位为一个连接平台，连接金融机构和小微企业或个人）会通过收费方式产生盈利

数据来源：根据上市公司公告、银监会网站公告等公开资料整理。

银监会要求民营银行的筹建方案要充分把握三大原则，即精准化定位、差异化竞争和可持续发展。各个地方金融办和银监局也多次强调，民营银行经营策略应与我国的城市商业银行、农村商业银行、农村信用社甚至村镇银行等地方性银行业金融机构有所区分，应通过特色化、差异化的手段切市场"存量"、做市场"增量"。民营银行如果没有差异性、没有特色，与现有银行机构同质性过强，那么民营银行发起设立的可行性就不充分，筹建方案也不具有试点意义。因此，民营银行选择何种经营策略、市场定位和业务模式成为一个不可避免的话题。

1. 错位竞争，服务小小微企业

现有 5 家民营银行的发展思路虽各辟蹊径、略有差异，但核心基础还是以小微企业为落脚点，如电商平台的商家、供应链上下游的小企业等。从客户定位角度，与传统银行无直接冲突，从而实现与传统银行错位竞争，正如此次政府开办民营银行的初衷就是为了解决小微企业等主体的融资问题。

传统商业银行虽然在逐渐重视小微企业发展，但由于资源有限，在各个业务板块均需要资源的情况下，无法将小微企业的业务放在重点发展之列，因此无法像民营银行一样专注小微企业。再加上门槛的存在，还存在一些更小规模无法达到传统银行要求的小小微企业，无法获得传统金融机构的服务。民营银行目前所了解到的服务对象口径，以网商银行为例，其主要模式为，把蚂蚁微贷（原阿里小贷）业务逐步整合纳入，对互联网上的个人消费者及小微客户吸收 20 万元以下存款、发放 500 万元以下贷款，其中 100 万元以下贷款的占比要达到 80%。传统银行服务小微企业的门槛仍然很高，与网商银行的定位于发放 500 万元以下贷款、80%为 100 万元以下，差了一个量级，可谓定位于小微企业和定位于小小微企业的对垒。民营银行定位于小小微企业，定位于传统银行通常不会服务的领域，适应小小微企业小额、频繁、快速的资金周转需求。例如，一些电商小微企业可以在网商银行的支持下，慢慢由小微企业成长为中型甚至大型企业，这就是现有银行可以服务的对象。

上海华瑞银行董事长凌涛在 2015 陆家嘴论坛的《浦江夜话一：金融支持中小企业发展和促进"大众创业"》分论坛上曾指出，"小微、大众基本上都是民营，而民营银行就是来自民间，所以对小微、大众的需求，尤其是金融需求，有切身的感受，更为了解，有能力提供更好的金融服务"。过去在固定利差的情况下，根据二八原则，银行 20%的高端客户贡献了 80%的营业利润，银行将这 20%的客户作为服务重点。而现在，余下的 80%客户的金融需求逐渐旺盛，要求提高，无论是现有的银行还是新生的银行，都必须接受和面对发展中的变化给银行带来的压力。民营银行恰好在这个时候诞生，瞄准 80%的长尾客户。

2．竞争中寻求合作

徽商银行行长助理兼首席投资官盛宏清博士表示："民营银行的成立，是中国金融体制的最新突破，是经济转型发展的必然要求，也体现了监管层对控制金融体系系统性风险的信心和改革的决心。刚刚成立的几家民营银行，包括民商、华瑞、微众，均代表了历史的开端，后续最重要的是嵌入金融组织体系之中，开拓自己独特的市场疆土。"

与大中型银行相比，民营银行的劣势在于资本金较少，市场融资能力较为欠缺，市场接受度和信任度较低，客户群体主要集中在小微企业及大中型银行不愿触及的"中间地带"或"夹缝"，成立初期的人才实力和管理能力也较为薄弱。但是，民营银行可以充分认清自身优劣和市场环境，变劣势为优势，把自己嵌入大中型银行的尾部链条之中，打造自己的特色产品和服务，在承接大中型银行的订单中谋划自己"接地气"的"小"客户，在服务中小微企业、个人消费金融和普惠金融等业务中发挥独特作用，争取在沙里淘金。

因此，民营银行和现有传统银行之间不应该只是单纯的竞争，而更多的是竞合关系。尤其是具有互联网基因的民营银行，一方面具有较深厚的互联网精神，如网商银行表示，其定位于做成轻资产、平台化的交易银行，不是和同业抢生意，而是共享客户；另一方面账户体系的难以落实，且其互联网特性下的不设网点等因素，需要民营银行同现有银行合作，这样开展业务也会更加有力。微众银行也表示，其轻资产的平台业务，对微众银行而言，既能发挥自身核心竞争力的优势，又能弥补民营银行资本金不足的缺陷，还能通过同业合作的方式，让同业金融机构在实现金融互联网化的同时获得收益。这种合作而非竞争的关系，也使得微众银行很快地融入银行业，在原有的行业格局中找到立足之地。此前，微众银行已先后与华夏银行、平安银行、东亚银行、华融湘江银行等签署战略合作协议，还有十几家银行正在商谈合作过程中，从兴业银行加盟的副行长郑新林或将兴业银行银银平台的模式、资源也一同搬入微众银行。

5 家试点民营银行的市场定位和业务模式不仅给小微企业和个人消费金融带来了美好的期许，也给希望在未来申请试点的民营银行带来了有益的启示。

在银行零售贷款业务方面，单笔贷款数额越小，其平均费用和边际成本就会越高。因此，很多大中型银行对零售客户的贷款数额至少是 50 万元。而在"大众创业，万众创新"的潮流中，在逐步形成的"纺锤形"社会财富结构中，贷款在 50 万元以下的客户数量逐渐增多，预计将占总客户数的 60%；50 万元以下贷款市场规模约为 10 万亿元，约占总贷款规模的 11%。所以小额零售贷款市场潜力相当于一家大型银行的规模。

在财富管理业务方面，与机构繁杂的传统银行相比，民营银行能够更容易、更迅速地利用 IT 技术建立起"直销银行"的模式，将财富管理业务从万元级别下沉到百元级别，进行"沙粒淘金"。该市场规模约在 20 万亿元的水平。在直销银行平台上，储蓄存款吸收、理财产品销售、资产管理计划和委托投资等业务可以自如开展。民营银行既可设计销售自己的产品，也可充当大中型银行理财产品的"零售超市"。并且直销银行的高度互联网化可以让所有消费者在自己的手机端口进行自助服务，极大地降低了民营银行的运营成本。

从对公融资领域看，民营银行不必瞄准大中型银行在大中型企业贷款、发债领域的优势去进行替代性竞争，倒可以调转车头，在基层金融服务、交易银行业务、PPP 项目融资等领域与大中型银行走合作共赢模式。这些领域可以带来约 10 万亿元的"蛋糕"。一是针对部分项目贷款采取共同贷款方式，尤其是在普惠金融领域，基层金融机构的经验往往比大中型银行更为丰富。二是很多大中型银行在逐步剥离一些交易类业务，民营银行可以抓住机会与大中型银行签订战略合作协议，将贸易融资、供应链融资、保理、应收账款等业务承接过来，充分运用大中型银行的庞大资金池滚动运作短期资产和融资业务。三是参与资产管理公司的 PPP 项目计划，这些项目的资金来源多元，民营银行可以进入项目的优先级部分，从而打下稳固的客户基础。

从客户群体看，由于边际成本上升和规模效应递减等原因，我国大中型银行都在缩减基层分支机构和小型客户，而这些正是民营银行的主要服务对象。大中型银行的体制和系统只能支撑一定数量的客户，提供差强人意的服务效率，其服务无法无限向底层延伸。民营银行体量小、发展灵活，可以在整个金融布局中充分发挥补充作用，走出差异化经营道路。民营银行可以通过以下三个方面积累客户群体：（1）将技术远程终端 APP、微信银行等与社区银行结合；（2）完善信用记录系统，制定差异化的征信标准；（3）为大中型银行制定个性化、专业化的业务板块，作为大中型银行与基层客户相连接的渠道。

3．5 家银行各有千秋

从区位选择上来看，5 家民营银行从南到北，覆盖整个沿海地区和三大经济圈。其中，天津金城银行位于京津冀经济圈，深圳前海微众银行位于民营经济发达的珠三角地区，上海华瑞银行、浙江网商银行、温州民商银行 3 家民营银行位于经济实力最强的长三角经济圈。5 家民营银行的地域分布反映了我国经济分布特定的现实，经济最发达的长三角、珠三角及环渤海地区均有民营银行落户。

从专注的领域差异来看，不同的发起人和大股东背景决定了不同的思维方式和经营战略。温州民商银行以温州区域内的民营经济为出发点，主要为温州的小微企业、个体工商户和小区居民、县域"三农"提供普惠金融服务。华瑞银行立足上海自贸区，主攻对外贸易金融业务，建立面向自贸区的、涵盖"结算、投资、融资、交易"的专属金融产品和服务体系，打造"智慧银行"。天津金城银行虽然与上海华瑞银行一样立足自贸区，但业务范围并不重合，主要以"公存公贷"为主，为中小微企提供特色金融服务，注重汽车、医疗卫生、旅游、财政、节能环保、航空航天等领域。不同于前3家非互联网银行，另外两家银行——浙江网商银行与深圳前海微众银行立足互联网，发挥自身互联网优势，打造纯网络银行，不设物理网点，没有传统高低柜台和信贷员，更没有现金业务，凭借网络系统进行数据化的运营，为客户提供在线服务。其中，网商银行是我国第一家将核心系统架构在金融云上的银行。根据规划，网商银行将基于云计算的技术、大数据驱动的风险控制能力，采取"轻资产、交易型、平台化"的运营思路。

从战略定位、市场定位及服务客户群体的角度看，5家民营银行都已提出了符合自身特点的鲜明主张。**微众银行**以"普惠金融为目标，个存小贷为特色，数据科技为抓手，同业合作为依托"，是一家致力于服务小微企业和普罗大众的互联网银行；**网商银行**的定位是"网商首选的金融服务商、互联网银行的探索者、普惠金融的实践者"，目标客户是小微企业、大众消费者、农村经营者与农户、中小金融机构。二者都以重点服务个人消费者和小微企业为特色。出身制造业的**民商银行**以产业链和互联网金融为经营特色，定位是"助力小微、服务三农、扎根社区"，为实体经济发展提供高效和差异化的金融服务。落户上海自贸区的**华瑞银行**，大股东出身零售贸易行业的背景，决定其市场经营定位于贸易相关，着力满足"跨境业务需求"，突出定位"三个服务"——服务小微大众、服务科技创新、服务自贸改革。**天津金城银行**则将业务重点放在天津地区，特色是"公存公贷"，服务中小企业，致力于构筑"一主两翼"的发展格局,"一主"即互联网金融,"两翼"即传统金融和创新型金融。不过天津金城银行与其他四家民营银行的最大不同在于业务模式上强调"公存公贷",这意味着个人存贷款业务不被接受。

从业务模式看,5家民营银行都在酝酿差异化、特色化的新模式,在小微企业融资领域各寻突破口。微众银行想搭建平台成为"连接者";华瑞银行以"资产管理"为主线,打造智慧银行;民商银行创新"信用贷款"模式化解小微融资难题;金城银行将主打财政金融、汽车金融等"六大细分市场";网商银行将利用独有的电商资源、平台与大数据技术等,创造"互联网金融"的新篇章。

从组织架构看,5家民营银行也各有特色和新意。其中,金城银行与微众银行采取了事业部制结构,华瑞银行、民商银行与网商银行所采取的形式可暂称为"精简部门制"。也就是说,与传统银行的众多部门相比,民营银行的部门设置更为精简、人员安排更为精准,将传统银行的多个职能部门合并为一个。总体而言,民营银行都选择了扁平化的管理模式,且都看重灵活与高效原则。

4. 诸多发展仍受限制

新批准的民营银行在业务发展方面仍然有诸多限制。

其一,根据试点方案要求,民营银行只有4种经营模式,分别是"小存小贷"(限定存款上限,限定财富下限)、"大存小贷"(限定存款下限,限定贷款上限)、"公存公贷"(只对法人不对个人)和"特定区域存贷款"(限定业务和区域范围)。这就决定了第一批民营银行的业务辐射范围十分狭小,不大可能在金融市场中形成一支生力军。

其二,民营银行客观存在的规模劣势和信用劣势降低了其风险抵御能力,削弱了其市场竞争力。随着利率市场化程度的不断提高、银行业竞争的进一步加剧，民营银行将面临一些挑战。《香港商报》副总编、深圳城市研究会专家顾问颜安生表示，自改革开放以来，银行业领域民营资本的影响力十分有限，国有资本一统天下，这与民营经济在整个国民经济中的地位极不相称。形成这一格局的原因当然是多方面的，既有国家对民营资本进入银行领域的门槛要求过高等原因，也有民营资本本身势单力薄，难以胜任银行大任的现实情况。北京师范大学金融研究中心主任钟伟表示，国有大行的存款优势使其资金成本相对较低，民营银行无法与之相比，对其竞争力会有所影响。以后随着民营银行设立进一步放宽，风险问题会逐步浮现。

其三，民营银行公信力不足降低吸储能力。民营银行的试点强调探索民资在银行的治理机制、业务范围、甚至风险管理中发挥主导作用。需要注意的是，鼓励民间资本进入银行业的前提是"自担风险"，对民营企业来说，这是难以避免的压力和挑战。根据《中国经营报》报道，经营银行需要大量资本和资金投入，一般民营企业虽然可以拿出十几亿元乃至几十亿元来开办银行，让银行运转起来，但这仍不足以达到比较理想的规模。民营银行的前途仍旧坎坷难测。据专业人士估算，投资几十亿元开办银行，一般 3~5 年内难以盈利，10 年也难以完全收回本金。根据《中国经济导报》报道，公众对银行的信任度和认可度大小将直接影响一家银行未来的生存和发展空间。民营银行规模小、资本少、起步晚、抗风险能力弱，在存款保险制度尚未完善的情况下，民营银行与现有商业银行相比存在诸多不足和缺陷，短时间内很难在公众心目中建立起充足的信任度。

6.2.2 民营银行特色化经营分析

民营银行的发展与当地经济发展水平密切相关，既以强大的民营经济为基础和前提，又不能脱离当地的经济文化。合理地进行市场定位对于民营银行的发展至关重要，民营银行的设立应结合地区经济发展状况、地区政府政策和客户特点等因素进行合理定位，制定特色化、差异化战略。

其差异化战略主要包括：产品差异化、成本差异化、服务差异化、业务差异化。

第一，民营银行产品差异化主要是针对不同的客户群体设计出个性化的理财产品，甚至是针对个人设计出符合客户利益最大化、风险最小化的理财产品，这就要求民营银行具有更高的创新能力。比如，开发大学生这一潜力群体，目前大型银行很少关注，如果民营银行在大学期间为他们设计一些理财方案，培养他们的理财观念，未来这一群体将成为民营银行重要的富矿群体。

第二，成本差异化与服务差异化有相通之处，服务质量的高低直接影响着成本的高低，但民营银行可以通过更加灵活精简的管理机构降低成本，同时提高服务质量。民营银行在经营过程中必然会与国有股份制银行竞争，但在市场价格方面仍然采用跟随策略，以避免价格战，但可以变相的价格竞争为客户提高更高质量的附加服务，让客户享受更多的实惠。

第三，民营银行业务差异化主要是民营银行的核心业务的差异化。民营银行的核心业务应该帮助地方中小企业成长，从企业的成长中获益。而对中小企业的帮助不是简单的放贷，而是民营银行对地方潜力企业的挖掘，跟踪了解企业的发展轨迹，满足企业的资金需求，同中小企业一同成长。这样一来，民营银行对地方企业的经营情况将非常了解，大大减少了信息不对称带来的交易成本。中小企业客户的特点是需求杂、批次多、金额小，但中小企业数量多，所以总需求量极大，通过以上方式，民营银行能够把这些巨量的中小客户变为丰富的优质资源。

在未来的民营银行申请筹建中，民营银行如何设计经营特色与业务模式呢？清控三联创业投资（北京）有限公司金强、吴泽权给出了较为具体的答案，值得学界和商界借鉴。他们认为，民营银行经营和定位可以按"四大原则"、"三大维度"来选择和设计。

1. 民营银行特色定位选择的四大原则

民营银行的市场定位和业务模式选择可以遵循"三为一不为"四大原则，即：

（1）深耕本地，不盲目跨区，有所不为。

（2）创新业务模式，量力而为。

（3）积极响应和贯彻国家、地区政策，顺势而为。

（4）深入了解和探讨银行业发展前沿，有所作为。

总的来说，民营银行应该首先充分分析当下和未来的经济形势、行业环境和政策倾向，找准业务着力点和增长点，顺应时代号召和社会需求，这样才能站稳脚跟；其次应该充分认清自身优势和劣势，发现与大型银行、股份制银行、城市商业银行等传统银行的区别所在，大胆创新和实践，深耕蓝海；最后，民营银行要利用区位和股东优势，开展与其他民营银行不同的个性化业务，不照抄照搬，在符合监管要求的基础上提高产品和服务的适用性与可行性。

2. 民营银行特色定位选择的三大维度

民营银行在定位决策时要从区域、客户、产品三个维度来讨论和思考，依据"市场定位模型图"（见图6-2）综合考量。

其中，区域维度从小到大依次为本市（县）、本省（市）、全国乃至国际；客户维度包括大中型客户、小微企业客户、个人客户、"三农"客户等；产品维度包括银行机构最基础的存款、贷款，以及各项中间业务。

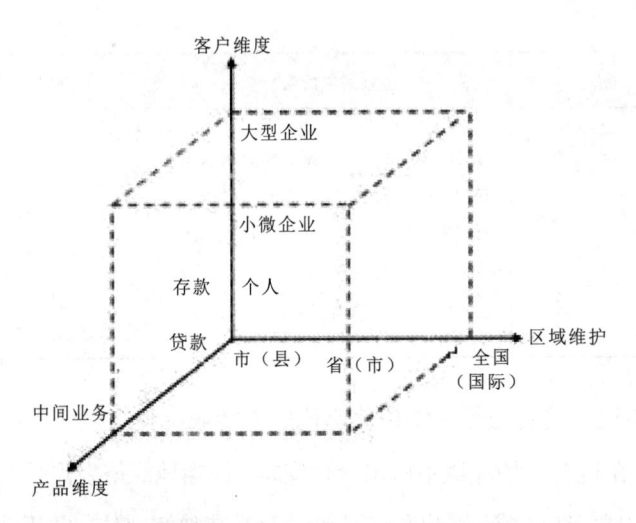

图 6-2　经营特色与市场定位模型图

表 6-3 进行了客户类型分析。

表 6-3　客户类型分析表

类　　别		金融需求特点	适应的银行
大中型企业	包括规模大、信誉佳、效益显著的国有和民营大中型企业	拥有较大市场份额，而且在价格升降、新产品导入及促销强度方面都占据同行业的主导地位，市场增长率高，资金流量大，效益好，对银行的需求旺，是银行效益增长的主要来源	比较适合国有商业银行。民营银行资金规模小，大型客户资金需求较大，存在信贷结构较为集中的风险
小微企业	依托大型企业的上下游产业链的小型企业、微型企业，以及个体工商户等	生产周期短，产品更新换代快，具有较强的市场适应能力；同时经过市场大潮的残酷筛选，具有较强的发展活力和较好的发展前景	有较强的金融需求，对利率不敏感，周期性比较明显；客户群体较多，存在资金需求"短、小、频、急"的特点，是民营银行的重点发展群体
个人	社区、小区居民	在我国的城市化和社区化发展进程中，社区金融服务一直较为滞后，存在服务盲区。小区居民人均可支配收入较大，有储蓄、理财需求，同时也有消费金融需求	比较容易获取，可以带来稳定的储蓄及核心存款，有利于降低流动性风险

续表

类别		金融需求特点	适应的银行
三农	农村、农业、农民	抵押物较少，资金需求和还款具有季节性和周期性。随着农村金融改革创新的推进及农村宅基地使用权和土地承包经营权抵押贷款试点工作的开展，"三农"金融有很大的发展空间	管理不规范，贷款难度较大。目前银行"三农"贷款种类少、手续繁杂，流程时间长，操作成本高，并且竞争不充分。若民营银行股东熟悉农业产业，能较好地控制风险，则是民营银行开展业务的良好机遇

综上所述，民营银行的特色化定位应当持续细化，经营策略应根据定位量身定制，在现有市场环境中做出合理安排，使当地经济发展优势和银行自身优势相辅相成，在区域、客户和产品等维度找准独特定位，并不断适应瞬息万变的金融环境，搭乘"互联网金融"大趋势的顺风车，调整和完善经营策略。

3. 特色化经营策略总结

特色化经营策略之一：定位中小微企业，充分利用现有客户资源。从参与第一批民营银行的 10 家试点民营企业来看，阿里巴巴和腾讯两家均积累了海量线上客户资源，万向、百业源、均瑶、复星等实体企业也凭借多年经营和产业工业链积攒了广泛的上下游客户群。因此，考虑到开办和发展的可行性，首批民营银行的定位是大股东现有客户——中小微企业和个人消费者，从网商银行和微众银行的"小存小贷"、"大存小贷"模式也可以得到证明。

融资难和融资贵是我国中小微企业贷款普遍遇到的难题。针对这两大问题，民营银行的经营发展主要依靠其"接地气"、对小微群体熟悉、信息掌握充分的优势，着重对信用记录好、市场评价高、产品质量优的小微企业提供信用贷款，从而建立区别于大型银行客户的"黏性"很强的客户群。民营银行在小微企业信贷和服务中的优势主要体现在客户定位准确细致、服务和手续更加便捷快速、创新能力和学习能力强。民营银行应保持自身经营特色，并从特色出发创新产品，提供优质便捷的服务，更多地承担起服务小微企业的社会责任。

与此同时，由于民营银行的服务对象大多为资质并不十分完善的中小微企业，经营风险尤其需要警惕。温州金融研究院副院长缪心毫认为，民营银行的差异化经营在另一方面也意味着民营银行只是对传统商业银行暂时不愿意介入的业务领域的一种补充。传统银行之所以未涉足这些领域，通常意味着这些领域的利润也相对较差或风险较高，因此摸石头过河的民营银行将面临严峻挑战。需注意，定位于小微企业的民营银行要想长久发展下去，需要国家健全的征信系统的支撑。

特色化经营策略之二：充实当前银行贷款薄弱地带。民营银行初期的市场定位应该是专注服务现有银行，尤其是大型银行不愿发展的基层金融，即服务中小企业及个人。例如，网商银行把自己的经营模式阐述为"轻资产、平台化、交易型"。所谓轻资产，是指不走依赖资本金、物理网点、人员扩张的传统发展模式；所谓交易型，是指不以做大资产规模、追求商业利润为目标，更快速地实现资金的循环流动。这不仅可以弥补金融市场的资金供给不足问题，满足亟待发展的中小企业对资金的强烈需求，同时也符合市场经济的运行规律要求。

以"三农"贷款为例。作为长期以来的"贷款难"环节，虽然政府和监管部门发布了一系列政策法规来推动三农贷款，但无法从根本上解决银行业金融机构三农贷款的效益不足问题。民营银行有望以更灵活的服务方案充实传统银行贷款的薄弱地带，实现银行服务的"下沉"。

特色化经营策略之三：风险收益接受度或高于现有银行。在利率市场化背景下，银行业经营风险加大，存贷利差缩窄，定位于中小微企业的民营银行的贷款资产端面临的风险和困难也更为突出。难上加难的是，为了获得储蓄资金，民营银行的存款利率上浮程度可能更高；而且可能延续农村商业银行和城市商业银行的发展路线，提供更高收益的理财产品，因此，民营银行的负债端成本也比大中型银行更高。这意味着民营银行的"轻资产"模式需要寻找存贷利差之外的新的利润增长点，将主要盈利来源转向交易服务费用,以效益代替规模作为发展目标,扮演服务中介和信贷中介角色。

特色化经营策略之四:互联网与银行业加速融合。余额宝、P2P 网络借贷等互联网金融产品对银行存贷款和中间业务的冲击十分明显,传统银行与互联网金融看似互补相容,而实际上,互联网金融渠道和传统银行网点渠道优势互补,共同组建了我国多层次的金融体系。民营银行的设立不仅有助于银行业加快互联网化步伐,增加大数据和信息共享机制;也使得互联网企业快速进入金融行业,进一步全面渗透银行业。民营银行应利用自身的互联网基因,压缩业务流程和收费项目,借鉴互联网企业的"免费策略",吸引更多客户。

特色化经营策略之五:精简、科学的组织架构设计。传统银行擅长岗位细分与精细化管理,但这导致流程冗长、部门林立乃至效率缓慢等经营负担。轻装上阵的民营银行以高效、灵活的组织架构和运营机制为优势,能够对市场变化做出快速反应。不同于传统商业银行中的多级授权链和代理关系体系,民营银行是由若干战略出资人和众多中小股东共同组成的股份有限公司,结构比较简单,可以从一定程度上避免政府和监管部门对其进行制度外的干涉。股东把权利委托给民营银行经营者,形成"股东会—董事会—高管"的委托代理条线,既可以缩减代理成本,也可以避免委托人与代理人因效用函数不一致而导致代理失效情况出现。此外,民营银行对其各级机构权利与义务的规定较为完善,既能充分调动各级机构的积极性,又能将风险控制在一定范围内。

实践出真知,组织架构是各家民营银行根据战略目标自主选择的结果。民营银行在构建组织架构方面,应从自身角度和经营环境出发,力争发挥比较优势,形成后来者居上的竞争优势,提高灵活性和经营效率。

第 7 章

民营银行监管

2015年年初,银监会正式启动组织架构重大改革,设立城市商业银行监管部,专司对城市商业银行、城市信用社和民营银行的监管职责。这一轮机构调整之后,民营银行监管已明确归城市银行监管部负责。在银监会原来的监管架构中,城市商业银行的监管与股份制银行一并归属于银行监管二部。此次调整意味着城市商业银行监管思路向着专业化方向转变,同时将民营银行监管职责交由城市银行监管部,明确表示对民营银行的监管会更多参照城市商业银行的标准和要求。

7.1 城市商业银行的监管分析

7.1.1 我国城市商业银行的由来和特征

城市商业银行是指根据《中华人民共和国公司法》和《中华人民共和国商业银行法》,在合并城市信用社的基础上,由总部所在城市的企事业单位、居民、地方财政投资入股共同发起设立的主要为地方经济、中小企业和城市居民提供金融服务,按照自主经营、自负盈亏、自担风险、自我约束的原则经营,具有独立的法人资格和统一的核算体系的地方性股份制商业银行。

和其他银行相比,城市商业银行的设立有以下几个特点:一是城市商业银行吸收原城市信用社转移过来的法人和自然人股东,并采取发起设立方式设立,按股份有限公司的要求组建;二是城市商业银行在合并所在城市的城市信用社的基础上,由政府出资控股,地方政府对其发展和防范风险承担了很大的责任;三是城市商业银行从成立之日起就把为中小企业和城镇居民服务作为主要任务。

可以看出,城市商业银行鲜明的经营特点是它尽力服务于地方经济和中小企业的发展,在客观上弥补了中小城市金融市场的服务空白,丰富了我国金融体制中银行业的多元化体系，满足了社会各个层面对银行服务的需求。可见城市商业银行的设立目的与民营银行非常相似，民营银行的服务群体大多为实体经济中的中小微企业。与此相区别之处在于，民营银行会更侧重于"三农"和社区金融服务，在运营中具有特色经营的特点，而且民营银行对大众创业、万众创新提供了更有针对性、更加便利的金融服务。

城市商业银行运营有以下三个特征：

一是服务对象特定，区域特色明显。城市商业银行是在原城市信用合作社的基础上转型改制而来的，以"服务地方经济、服务中小企业、服务城市居民"的发展方针立身，在积极支持地方经济发展的同时，自己的市场空间也得到了进一步的扩大，实力不断增强，信誉度不断提高，在银行总部坐落的地方城市有很大的影响力。也正是这种鲜明的特征，造就了今天我国城市商业银行实力壮大、异军突起的形势，城市商业银行成为我国金融行业不可或缺的重要力量。

二是资产规模较小，经营机制灵活。与国有银行和大型的股份制商业银行相比，城市商业银行的资产规模相对较小，组织结构的层级也相对简单，信息传递也更为有效。管理人员可以很快得到需要的市场信息和对服务产品的反馈，从而制定有效的调整策略，规避市场风险，不断地适应市场变化的需要。

三是行政干预特点突出。城市商业银行是由城市信用社演变而来的地方性或区域性金融机构，除了少数几家城市商业银行，绝大多数城市商业银行都由地方政府出资控股，这就导致了其受政府的行政干预很明显，无论是银行的高管人员推荐、任用、考核，还是关联交易、贷款集中度等监管方面，都有政府的影子。

民营银行与城市商业银行显著的不同在于，民营银行受政府的行政干预少，由于是由纯民资发起的，股东背景都是民间资本，其受政策限制和导向较弱。这样一来民营银行的经营机制就会变得更为灵活，其在关联交易、风险暴露方面的问题就会更为突出。

7.1.2　城市商业银行的发展现状

2015 年进入全面深化改革的新时期，民营银行试点工作明显加快，城市商业银行转型升级全面提速。目前，全国 133 家城市商业银行综合实力不断增强。据银监会方面的数据显示，截至 2014 年 12 月底，我国城市商业银行的资产总规模达到 18.08 万亿元，同比增长 19.1%，远超过大型银行的 7.4%、股份制银行的 16.3%，资产规模占全国银行业金融机构的比例上升至 10.8%。2015 年 6 月末，城市商业银行总资产较年初增长 11.95%，市场份额稳中有升；盈利能力继续保持较好水平，1～6 月实现利润同比增长 5.95%。

不过值得注意的是，在经济新常态下，城市商业银行发展状况呈现"两个特点"。

（一）城市商业银行贷款增速下滑，类信贷业务增长较快。2014 年城市商业银行各项贷款增速较前 5 年平均增速下降 6.62 个百分点，2015 年 1～6 月贷款增速较前 5 年同期增速平均水平下降 1.32 个百分点。传统贷款业务增速下降的同时，城市商业银行表外等新兴业务增长较快，高于同期贷款增速。

（二）城市商业银行利润增速放缓，利息仍是主要收入来源。利润增速放缓的主要原因来自利率市场化的影响。随着利率市场化改革的推进，城市商业银行息差水平总体呈下降趋势，资本利润率、资产利润率等指标出现小幅下滑，传统依赖规模增长和息差收入来带动利润增长的模式不可持续。同时，城市商业银行亟待进一步拓宽收入来源，改变仍以利息为主的收入结构。

在经济新常态下,城市商业银行未来需要面对"三个挑战"。

(一)城市商业银行整体风险管控压力上升。一是城市商业银行资产质量下行压力增大,不良贷款及不良贷款率呈"双升"态势。二是存款成本不断上升,流动性管理难度加大。受利率市场化进程加快等因素影响,城市商业银行存款成本上升,息差收窄。由于存贷款利差收窄,部分城市商业银行将信贷资源投向高收益、高风险的中长期项目,资产负债期限错配加剧。三是外部风险传染速度加快。当前,民间融资发展较快,部分行对内部人员和授信客户的管理薄弱,易受外部风险影响。四是信息科技系统投入不足,管理较为薄弱。部分行在信息系统上投入少,基础设施建设滞后,业务连续性管理水平较差,不能对业务发展及服务创新形成有效支撑。

(二)城市商业银行集约化管理水平有待提升。一是公司治理主体边界有待理顺。部分行"三会一层"职责边界不清晰,履职不规范,存在履职不到位或过度履职等问题。二是考核激励机制有待完善。当前,银行业面临的风险呈现上升趋势,但部分城市商业银行未及时调整发展战略,考核依然偏重规模指标,对合规和风险管理的考核不足。三是行业联合发展力度有待加强。目前,多数城市商业银行单体规模较小,风险抵御能力较弱,新常态下市场竞争压力与日俱增,城市商业银行需要深化行业合作,联合抱团、互帮互助,增强整体实力。

(三)城市商业银行实体经济服务水平有待提高。一是城市商业银行主要服务本乡本土,业务模式受地方经济产业结构影响较大,业务模式比较单一,少数城市商业银行以存、贷、汇为主。二是当前互联网金融发展迅猛,金融脱媒趋势加速,部分城市商业银行未能及时适应这一新形势变化,创新力度不够,产品研发能力不足,不能适应客户新常态下的新需求,金融服务能力有待进一步提升。

7.1.3　2004 年《城市商业银行监管与发展纲要》阐述

中国银监会在 2004 年发布了《城市商业银行监管与发展纲要》，这份发展纲要确立了此后监管部门对城市商业银行监管工作的思路和目标。

纲要共分 9 个部分，在各个部分分别提出了工作目标和实施步骤，对城市商业银行监管工作及城市商业银行经营管理重点、改革和发展方向等提出了明确要求，尤其是在完善城市商业银行公司治理、加强资本监管和约束、重组业务流程和推进信息披露等方面提出了分段实施规划。以下针对纲要细则分别论述。

（一）完善监管体系，明确职责分工，科学使用监管资源，实现向风险监管、持续监管的根本转变。监管主体将按照法人监管的基本原则和"全面提高、分类管理、发挥特色、科学发展"的监管思路，在保证提高监管质量和监管效率的前提下，建立和完善城市商业银行监管工作的职责分工制度和工作程序，调整和划分各级银行监管部门的责任和权力，充分使用监管资源，并严格执行问责制；按照持续监管的方针，进一步完善城市商业银行非现场监管体系和制度，科学设置非现场监管统计指标和报表体系。同时，银监部门将启动非现场检查预警功能，为正确实施监管措施提供基础保障；加强对城市商业银行的现场检查工作，以非现场监管为基础，针对城市商业银行在公司治理、内部控制、经营管理、风险状况等方面的突出问题，研究制订一定时期的现场检查工作规划，合理设置现场检查频率和覆盖面，逐年组织实施。现场检查的重点是实现以合规性检查为主向风险性和合规性检查并重的转变，并持续加强后续检查的力度。

（二）以"分级管理、突出重点、缩小差距、科学发展"为原则，建立风险识别机制，继续推进分类监管政策，促进城市商业银行的总体发展和区域联合。从 2004 年起对全国商业银行实施风险评级，监管主体依据评级结果对全国商业银行风险状况进行划分，确定各城市商业银行的风险级别，评级标准参考的是《股份制商业银行风险评估体系》。在此之上，按照"分级管理、突出重点、缩小差距、科学发展"的原则制定监管政策和监管方案、措施和风险处置方案。对风险状况严重、救助无效或无法进行救助的城市商业银行，协助中央银行研究其市场退出的可能性，为其最终退出做准备。自2004年起，城市商业银行监管部门每年对城市商业银行上年度的经营管理及其风险状况进行一次风险评级。

城市商业银行联合和区域发展是城市商业银行进一步改革、创新和发展的重要内容。政策鼓励在综合处置不良资产基础上进行重组改造和重组联合。政策支持经营状况良好、管理能力高、创新能力较强的城市商业银行实现跨区域发展，按照全国股份制商业银行准入和监管要求来确定机构发展和监管原则。鼓励同一行业行政区域和经济区划内尚不具备跨区域发展条件的城市商业银行在自愿的前提下，按照市场原则实现资本重组和联合。支持城市商业银行按照市场化原则收购、兼并周边地区城市信用社。城市商业银行机构可向本行政区域内经济金融发展状况良好、城市化程度较高的市辖县和县级市延伸，扩大覆盖范围，完善服务功能。

（三）以公司治理为重点，进一步完善城市商业银行的治理机制，强化内部控制，建立持续发展和风险防范的制度保障。建立良好的公司治理结构，转换经营机制，是城市商业银行改革与发展的核心。城市商业银行要抓住有利时机，根据《商业银行公司治理指引》等积极吸收国内外商业银行公司治理的成功经验，用三年时间分步骤完成城市商业银行的公司治理建设，建立起股东大会、董事会、监事会和高级管理层"三会一层"协调统一、合理制衡的管理体制。监管部门将根据城市商业银行经营管理和发展水平差异性较大的特点，分类督促和指导城市商业银行根据自身的特点，制定短、中、长期公司治理建设规划，逐年组织落实。

（四）尽快改革和完善城市商业银行授信管理体制，实行扁平化管理，重组业务流程。一是要继续积极推进机构扁平化和业务垂直化、集约化管理，整合业务流程和管理流程。适当集中银行内部对不同行业和企业风险分析与决策的优势力量，专门负责相应的风险审核和评估。二是培养和培训行业主管、项目主管（经理）、风险管理部门的主管，三者要有机结合。三是在全行范围组建信贷分析与决策的信息支持系统，至少要在宏观经济分析、行业及产业的业务战略、资产组合风险、收益分析、确立市场定位、分行业和不同规模企业的经济技术等指标及其他竞争力参照数据收集等方面提供支持。对零售业务要加强历史记录的整理和健全工作，逐步学会使用平衡记分卡方法，提高决策水平和工作效率。同时扩大分支机构进行市场营销和管理检查、事后服务的功能，节约管理成本，制止无序竞争。

（五）加强对城市商业银行资本金的监管，建立及时有效的资本金补充机制。监管部门将按照巴塞尔资本协议的要求，加强对城市商业银行资本金及其充足性的监管力度，将资本金监管作为对城市商业银行监管的重要内容。在城市商业银行实施五级分类的基础上，按照《商业银行资本充足率管理办法》将应核销的资产损失从资本金中予以扣减，达到更加审慎的标准。对于资本充足率偏低、拨备严重不足的城市商业银行，监管部门将通过强化各项监管指标落实等手段，限制其机构和业务发展上的盲目扩张。

城市商业银行在增资扩股过程中，按照股权结构的多元化、分散化和科学化原则，合理设置股权，并防止股东间存在的不正当关联关系或关联交易对银行的经营管理活动造成不良影响，同时也应该防止大股东和银行内部人对银行的不适当控制，使银行承担过度风险，损坏股东和存款人的正当利益；政策支持并将引导城市商业银行广泛吸收境外战略投资者，优化信贷文化和资本结构；还将鼓励有条件的城市商业银行上市，通过资本市场融资，壮大资本实力；允许符合条件的城市商业银行适量发行次级定期债务，增加附属资本，提高资本充足率。

（六）规范信息披露，加强对城市商业银行的社会监督。为保护存款人和利益相关者的合法权益，增强公众信心，加强社会监督，促进城市商业银行的安全、稳健运行和自律管理，从 2004 年开始建立城市商业银行年度报告信息披露制度，以指导和督促城市商业银行规范信息披露的内容和渠道，鼓励城市商业银行向社会公开有关信息，提高经营管理透明度，自觉接受社会监督。自 2004 年起，银监会将通过适当的方式向社会公布城市商业银行的有关监管信息。

7.1.4 经济新常态下的城市商业银行监管

在经济新常态下，城市商业银行发展出现新的情况：贷款增速下滑，类信贷业务增长较快；利润增速放缓，利息仍是主要收入来源；整体风险管控压力上升；集约化管理水平有待继续提升；实体经济服务水平有待提高。针对这些情况，中国银监会城市银行部主任凌敢于 2015 年 9 月发署名文章阐述当前城市商业银行的监管思路和引导工作。

凌敢表示城市银行部在摸清风险底数的基础上，进一步推进城市商业银行分类监管，完善差异化引领政策和监管措施。

适应发展速度放缓新趋势，加强城市商业银行分类监管。一是督促城市商业银行转变发展理念，差异化发展。把握新常态下的新机遇，转变发展理念，不过分强调规模和速度，提升发展质量。二是强化分类监管，坚持市场导向与政策激励，提高监管工作前瞻性。一方面，发挥"领头羊"作用，鼓励其通过综合化经营、资产证券化、资本市场上市、多渠道补充资本等方式，实现多元化发展；鼓励产品和服务创新试点，并给予一定试错容忍度；鼓励到西部地区设立村镇银行。另一方面，实施"困难行帮扶计划"，联动地方政府、股东等各方，加强重点机构风险监管，加大政策督导和技术指导，全局性化解风险。三是引导发展"接地气"。支持城市商业银行在总部所在地向内、向下拓展机构，进一步加强在县域、村镇的机构设置和服务，开拓发展蓝海；鼓励加强精细化管理，适当控制异地分行网点扩张速度，避免管理半径过长。

凌敢表示，对于监管部门，适应监管工作变化新趋势，要不断提高监管队伍战斗力。一是进一步简政放权。按照《银监会机关监管运行操作规程（试行）》有关规定，结合部门"三定"方案，调整下放审批权限，优化工作流程。二是不断加强与各部门、各银监局的工作联动，提高监管合力。三是强化监管队伍建设，将党建工作机制建设作为监管工作的重要保障。四是强化作风建设，深入推进"三严三实"教育活动，倡导勤学之风、实干之风、团结之风、廉政之风，做到依法、廉洁监管，敢于担当，维护监管权威。

另外，银监会主席尚福林在2015年全国城市商业银行年会上发表讲话，也对今后城市商业银行的监管做出了说明。发言中他谈到，针对城市商业银行所处发展阶段、风险状况、防控能力和经营管理水平差异较大的现实状况，一方面强调审慎监管的严肃性，坚持以统一的审慎监管标准严格要求城市商业银行，为城市商业银行树好监管标杆、定好努力方向；另一方面注重分类监管的灵活性，结合各家城市商业银行的实际与可能，制定分类达标策略，推动城市商业银行一步一个脚印，稳步迈向稳健发展道路。一是始终坚持审慎监管的底线标准。明确所有城市商业银行都要对标审慎监管标准，严禁超越政策法规红线。同时，大力加强监管压力传导，积极强化监管引领作用，激发城市商业银行达到良好监管标准、增强改革发展活力的内生动力。二是积极探索科学分类方法。不断优化监管评级机制，做实做细分类监管标准，由以往的定性为主，逐步改为定量、定性并重，为分类监管提供坚实的制度保障。三是积极践行扶优限劣原则。以提高城市商业银行市场竞争力为目的，加大监管正向激励，鼓励管理能力强、经营业绩优的城市商业银行积极创新，实现率先发展；大力督导经营管理不佳、风险状况较差的城市商业银行逐步达标、稳步提升，尽快实现稳健发展；果断采取措施，推动高风险城市商业银行平稳退市，拆除风险点。

尚福林在城市商业银行年会上又总结了之前城市商业银行监管工作中的经验，肯定了三大改革措施，这对以后的监管工作有很大的借鉴意义。

一是持续深化产权改革。城市商业银行一直将产权改革作为全面深化改革的关键推手,通过从合作制到股份合作制,再到股份制的转变,推动股权结构从个人资本为主的股权过于分散状态、地方主导下的股权过于集中状态,逐步向境内外各类社会资本合作共治、联合共赢的股权合理均衡状态过渡,有效破解了"一股独大"、股权过于分散带来的治理难题,提升了城市商业银行的公司治理现代化水平,激发了内部体制机制活力,增强了服务地方经济的适应能力。城市商业银行积极引入民营资本,目前民营资本持股占城市商业银行总股本的比重已达 56%,为民营资本进入银行业提供了经验。

二是建立市场化的公司治理机制。城市商业银行在转机建制过程中,一直将建立市场化的公司治理机制作为重要抓手,通过引入战略投资者、加强内部改革、公开上市等方式,在搭建现代商业银行治理架构方面进行了积极的探索,初步构建了符合自身特点的、市场化程度较高的公司治理机制,为我国商业银行探索符合我国国情和银行实际的特色化现代治理模式发挥了积极作用。

三是按照市场化原则推动联合重组,重塑地方金融发展格局。在监管引导和各方大力支持下,共有 49 家城市商业银行和 20 家城信社坚持市场自愿原则,通过重组、联合、收购和兼并等方式重组为 11 家城市商业银行,实现了资源集成和品牌提升,优化了当地金融资源配置,改善了当地金融发展格局。

7.1.5 城市商业银行发展的历史使命

当前,城市商业银行正处于改革发展的关键时期,要主动适应经济发展新常态,积极应对"三期叠加",加快转型发展,主动担当起与经济转型升级互动发展的历史使命。而民营银行在发展中也要注重中小微企业贷款探索转型发展的道路,在银行业中的竞争地位与城市商业银行相似,民营银行与城市商业银行同样肩负转型升级的历史使命。其中，网点下沉、不走全能型银行老路是城市商业银行发展的关键。

1. 促进地方经济转型升级

在经济新常态下，地方经济转型升级任务繁重、时间紧迫。城市商业银行作为服务地方的重要金融力量，必须有所作为，把促进地方经济转型的责任始终扛在肩上，把推动地方产业结构升级的任务牢牢抓在手上。

一是有效对接地方经济转型战略。关键是要按照国家主体功能区规划要求，准确把握地方经济结构转型调整、发展升级带来的新空间、新机遇，主动创新针对性强、附加值高的业务和产品，积极服务地方经济未来发展的战略重点，深度参与培育地方经济未来增长的潜力点，实现与当地经济发展转型战略的融合互动。

二是积极推进地方产业结构调整。要遵照国家产业政策，尊重产业发展规律，考虑地方资源禀赋，找准当地鼓励类产业发展的着力点、限制类产业政策实施的平衡点、淘汰类产业政策落地的切入点，通过信贷投向额度管理、利率风险定价策略、风险权重设定等市场化方式，有效保障金融服务重点，科学确定服务定价，确保鼓励类能够享受到金融支持的雨露甘霖；限制类中的优质企业享有差别待遇，不能"一刀切"，过剩产能未必技术落后，有订单、有发展的要支持；淘汰类要平稳过渡、平稳退出。

三是支持增强创新驱动发展能力。实施创新驱动发展是提高经济发展质量和效益的重要支撑。当地城市商业银行要吃透自贸区、创新改革试验区、自主创新示范区等"试验田"的政策精神，创新金融配套服务等体制机制，强化股权融资、债权融资与信贷投放的衔接，注重融资服务、咨询服务、财富管理等金融服务的科学集成，动态满足大众创业、万众创新的特色化金融需求，让企业家、创业者腾出更多精力致力于创业创新。

2. 引领发展地方普惠金融

大力发展普惠金融，是我国全面建成小康社会的必然要求。城市商业银行依托一方水土，服务一方百姓，开展普惠金融服务是义不容辞的责任。下一步，需要在以下方面多下功夫：

一是在普惠金融覆盖面上实现新突破。要继续推进网点下伸、人员下放、服务下沉，遵循简单、经济、实用原则，创新发展普惠金融，确保接地气、服水土、广受益，力争城市服务盲区全覆盖、薄弱领域有提升、弱势群体能惠及。

二是在普惠金融可获得性上实现新提升。关键要解决好服务门槛和服务价格两大问题。城市商业银行要按照基础性服务注重成本节约、竞争性服务注重效率提升的思路，优化普惠金融服务流程，加大科技手段运用，降低服务成本；在风险可控的前提下，合理精简开户、存取款、汇兑、贷款等方面的要件和证明。同时，还要积极做好残障人士等特殊群体的无障碍金融服务。

三是在信用信息基础设施建设上积极发力。城市商业银行要发挥好熟悉当地文化、贴近社区居民、了解社情民意等比较优势，扩大信用记录覆盖面，基本实现小微企业、城市居民信用档案全覆盖。要创新金融信用产品，提升信用档案的综合价值。

3. 参与完善我国多层次银行服务体系

当前，我国已基本形成了多层次、广覆盖的金融体系。与国际相比，我国5家大型商业银行资产总额占比不到50%，美国大型银行的这一占比与我国相差无几，加拿大3家大型银行的这一占比达到90%以上，欧洲大型银行的这一占比多在70%～80%之间，由此看来我国银行业竞争总体是比较充分的。但不同层次金融服务仍然存在不均衡、不完善的地方，总体呈现"两头小、中间大"的格局。一头是高端金融服务，包括财富管理、大型企业综合融资服务等，还存在不足；另一头是小微企业、"三农"、城市社区等金融服务还有薄弱环节；传统工商企业信贷服务规模较大，同质化竞争问题比较突出。

城市商业银行要充分发挥立足城市、立足居民、立足地方经济的独特优势，为进一步优化、深化金融服务做出应有贡献，而不能千行一面，追求做全能银行。要继续坚持"三服务"的基本定位，在差异化竞争和特色化发展方面进一步用功加力，精耕细作社区金融服务、市民金融服务、小微企业金融服务，切实改善相关领域金融服务薄弱局面。在传统工商企业金融服务领域，要根据当地企业金融需求特点，按照精细管理、精准服务的要求，改善业务流程，创新服务模式，切实提高特色服务的匹配度。在新型业务领域，要围绕提高核心竞争力，对市场进行精细划分，找准发展"蓝海"，弥补市场服务短板。另外，民营银行从一开始就要恪守"为实体经济特别是中小微企业、'三农'和社区，以及大众创业、万众创新提供更有针对性、更加便利的金融服务"这一特色市场定位，避免走同质化竞争的老路。城市商业银行、民营银行与大型银行同质化竞争没有任何优势，只有差异化竞争才能立于不败之地。差异化竞争也是城市商业银行和民营银行的唯一选择。

4．探索银行转型发展新路径

银行转型提了很多年，但与经济社会对金融的需求相比还有较大差距，拼规模、垒大户、争牌照等问题仍然存在。城市商业银行面临很大的发展压力，规模小，人才缺乏，发展转型的必要性、紧迫性都很大。同时，城市商业银行机制灵活，规模小，船小好调头，在转型发展方面有自身的优势，要争取当好"排头兵"。

城市商业银行可分别探索专业市场领域的特色化银行发展模式，以及特色业务领域的专业化银行发展模式。一方面，引导城市商业银行积极推进向专业市场领域的特色银行转型，根据当地经济发展特点，选择具有发展潜力、契合自身特点的特定市场领域,作为发展转型的主战场,打造成独具特色的银行品牌。另一方面,城市商业银行可以利用互联网、大数据时代的特点,重点致力于发展部分核心竞争力强、客户吸引力大的特色业务,切实做专、做精、做强,成为佼佼者。

城市商业银行还要跟随客户需求变化及时调整服务理念、服务内容、服务方式,积极探索线上线下协作配合、共同促进的网络延伸模式,切实缩短管理半径、提高管理效能、提升管理精细化水平,为专业化发展、特色化转型提供有力支持。

5. 严密防范区域性金融风险

防范系统性、区域性风险是银行业的重要使命。从抵御风险能力上看,小银行发生风险的概率会高一些。城市商业银行在当地市场份额较大,是防范区域性金融风险的主力军,要坚决守住风险底线。

一是着力遏制不良贷款上升势头。在相当长一段时间内,防控信用风险仍然是城市商业银行的首要任务。截至 2015 年 6 月末,城市商业银行不良贷款余额升至 1 120 亿元,不良贷款率为 1.37%,较年初增加 0.22 个百分点,"双升"压力较大。要通过不良核销、资产转让、贷款重组等措施消化存量,采取贷款重组、重签合同、收回再贷及推动企业兼并重组等方式减少增量,有效遏制不良上升势头。同时,要兼顾支持实体经济。此外,还要按照"透明、隔离、可控"的原则规范跨界业务发展,加强银行融资与非银行融资之间的防火墙建设,切实防范外部风险向城市商业银行传染。当前,经济金融形势较为复杂,跨业业务通过业务合作也可能将风险传染给城市商业银行;还有一些社会案件,由于银行员工内外勾结,去卖一些违规开发的理财产品,造成了很坏的影响。如果说这件事管不了,或者说开了营业网点又难防范这种风险,那这个营业网点的负责人就别干了;如果负不起这个责任,那这个网点干脆就撤了。

二是着力防范流动性风险。流动性风险往往是商业银行最致命的风险。银行各种风险出现时，最终都表现为流动性风险。城市商业银行负债稳定性差，承受市场波动冲击的能力较弱，防范流动性风险更是如履薄冰。要及时开展压力测试，做好流动性风险识别、计量和监测，加强主动负债管理，优化负债结构，提升负债来源的稳定性、结构的多元性、成本的适当性。还要探索建立流动性互助机制安排，提升流动性风险抵御能力。

三是着力防控案件风险。现阶段，城市商业银行案件高发，大部分作案手法简单，有的涉案金额巨大，甚至影响到了机构的生存。对此，必须高度重视，抓紧开展案件风险隐患排查，及时报告案件信息，严肃追究责任；同时提高制度执行力，加强员工管理，切实把案件高发势头遏制住。

7.2　民营银行特色监管

在银监会组织框架改革完成后，银监会仅对政策性银行、五大行、股份制银行等全国性机构承担风险监管主体责任，而对于城市商业银行、民营银行等地方性机构，银监会仅保留新设筹建、市场退出、重组改制和破产重整的审批权，其余市场准入及监管主体责任全部下放至各地银监局。

在银监部门内部，民营银行按照股份制银行的标准设立，参照城市商业银行序列的标准和要求进行监管，在日常监管的基础上多了一个对股东的延伸监管。

在监管思路上，强调同一标准和差异化监管结合，特别是强化对关联交易的监管，严格风险控制和处置。监管部门要加快转变职能，坚持全程监管、创新监管和协同监管。

7.2.1 民营银行监管工作思路

民营银行的监管工作思路主要包括：

一是按属地原则监管。试点地在哪，就由当地银监局负责监管，以方便加强沟通、协调、服务和跟踪监管。守住不发生系统性和区域性金融风险的底线，让金融成为一池活水。

二是按照统一标准实施审慎监管和行为监管，特别是强化对关联交易的监管。加强股东自我约束，鼓励股东及其关联企业自愿放弃从本行获得关联贷款的权利，尽量减少试点银行的关联交易；对其他合规的关联交易，采取逐项事前报告制；此外，监管部门对试点银行关联交易采取更审慎的监管标准，包括采取更加审慎的监管和监测，提高信息披露要求，加大现场检查和违规处罚力度等。

三是严格风险控制和处置。按照风险为本的原则，强化银行内部控制制度建设，减少负外部性，确保存款人和相关债权人合法权益不受损失。

对于民营银行，要强化对关联交易的监管。第一重点看关联交易，第二看持续注资能力，第三看风险承担能力。"会持续看股东的经营情况，比如出现经营上的问题，为了避免承诺悬空，可能会责令它将持有的股份转让。"

在监管方面强调同一标准和差异化监管结合。银监会作为监管部门，将明确专门机构、专门人员，按照统一标准实施公开公平的审慎监管和行为监管，特别是强化对关联交易的监管，杜绝道德风险。同时，建立风险监管长效机制，按照风险为本的监管原则，确保存款人和相关债权人合法权益不受损失，促进民营银行试点有序推进。

未来的民营银行将和现有银行采用统一的监管标准，比如资本充足率等硬性指标上，但是具体到各家银行，由于经营范围和经营模式不同，又会采取银监会一向坚持的"一行一策"监管思路，即按照每家银行不同的特点，进行不同业务的重点监管。

在 2015 年 5 月出台的《关于促进民营银行发展的指导意见》中也明确表示了监管部门要加快转变职能，明确监管责任，形成规制统一、权责明晰、运转协调、安全高效的民营银行监管体系，为民营银行稳健发展提供保障。

（一）坚持全程监管。监管部门要加强审慎监管，制定民营银行监管制度框架，健全系统性风险监测评估体系；严格市场准入，构筑风险防范的第一道防线；加强事中、事后监督和风险排查，加强对重大风险的早期识别和预警；提高监管的科学化、精细化水平，避免出现监管真空，防止监管套利。地方各级人民政府要抓紧研究建立与监管部门之间信息共享、风险处置等方面的协作机制，就处置民营银行突发事件及市场退出等建立协调机制，明确各方责任，细化工作程序，强化制度约束。

（二）坚持创新监管。监管部门应深入研究民营银行的业务特点和发展趋势，坚持"鼓励与规范并重，创新与防险并举"的监管原则，以提高民营银行综合竞争力为基本导向，加强监管引领，创新监管手段，不断丰富监管工具箱，适时评估和改进监管安排；简化监管流程，提高监管透明度；优化监管资源，突出属地银监局联动监管，更好贴近民营银行发展的新要求，探索建立既适应民营银行发展实践又符合国际惯例的有效监管机制。

（三）坚持协同监管。在强化监管的同时，各有关部门和地方各级人民政府应加强沟通协调，加快推进有利于民营银行发展的金融基础设施建设，加快相关金融创新的制度研究与机制完善，同时不断完善金融机构市场退出机制，尽量减少个别金融机构经营失败对金融市场的冲击，切实促进民营银行持续健康发展。

7.2.2 民营银行监管面临的五大挑战

民营银行的诞生为银行业带来了新鲜血液，但自身也面临股东管理、关联交易、创新与风险防范的调整，带给监管部门以下五大挑战。

（一）股东监管法律框架不完善。民营银行的特色之一就是股东民营化，因此要加强对股东行为的延伸性管理，避免股东行为对银行声誉和经营带来不良影响。在现行法律法规下，虽然在民营银行试点五项原则中提出要有股东接受延伸监管的协议，但是具体的监管安排和持续的管理体系仍亟待完善。

（二）提升公司治理有效性的监管手段不足。民营银行股东资质参差不齐，个别股东对银行特点缺少足够了解，派出的董事、监事缺乏专业能力，而公司的董事、监事、高级管理人员的任命往往由股东大会或董事会决定，监管部门在督促和提升民营银行公司治理有效性方面的手段仍然不足。

（三）关联交易监管面临挑战。从国际上民营银行发展的经验来看，民营银行关联交易问题的爆发会导致部分民营银行经营失败，是民营银行的一个突出风险挑战。虽然在试点过程中鼓励股东自愿放弃获得关联授信的承诺，但部分股东仍坚持按照公平原则，享有同其他银行一样的权利。在实际经营过程中，关联交易关系错综复杂，具有极强的隐蔽性，这对监管部门的监管能力提出了挑战。

（四）创新机制的后续监管安排存在欠缺。按照试点工作五项原则的要求，民营银行的恢复处置计划已在开业前完成，但是其适用性仍有待评估。对于实际控制人承担的责任，如何避免其通过转移资产或虚增债务以规避责任，是监管机构需要研究的新课题。

（五）系统建设滞后制约业务发展。部分民营银行在开业初期信息系统实行外包，业务发展和业务创新受到制约，而互联网是民营银行差异化发展的有效路径，监管部门如何指导其系统开发并保证系统安全也是监管工作的重点。

7.2.3 天津金城银行特色监管

天津作为首批民营银行试点的 5 个地区之一，自获得资格以来，始终将其作为探索金融改革的重要抓手，全力推动，成效显著。天津金城银行于 2015 年正式对外营业。金城银行的诞生为银行业带来新鲜血液，但自身也面临股东管理、关联交易、创新与风险防范等挑战，因此必须因时因地制宜，实施必要的差异化监管，有效引导其规范经营、稳健发展。金城银行自 2015 年 4 月 27 日开业以来致力于"公存公贷"特色化经营，深耕细分市场，截至 2015 年 7 月末资产总额超 70 亿元。金城银行除了要面对公司治理、创新与风险防范等新组建银行的共性问题，更要面对股东管理、关联交易等民营银行特有的问题。而对于监管部门来讲，如何对开业仅几个月的金城银行进行差异化监管，这对监管和护航能力提出了挑战。于此，天津银监局进行了一些有益的初步探索与思考。

1. 多方面做好监管引领工作

开业前，天津银监局对金城银行监管以"股东、筹备组、银行"为主体，重点抓好为其发展夯实基础的三类辅导工作。一是对股东的辅导"丑话说在前"，协助筹备组做好与有意愿入股企业的服务对接工作，规劝股东主动放弃部分权利。二是对筹备组"政策讲在前"，要求治理到位，避免一股独大；人员到位，"求精、求好"；制度到位，体现特色。三是对金城银行"监管引领做在前"，引导其明确特色化的发展定位，为实体经济提供高效和差异化金融服务。

开业后，天津银监局对金城银行监管重点做了 4 个方面的工作。一是延伸监管触角，加强股东监管。指导金城银行建立股东管理机制，定期收集股东经营、财务情况，评估股东履行承诺情况，并督促其做好风险处置预案。二是前置式监管安排，贴身式监管辅导。组织开展公司治理、行政许可、监管报表、监管评级、系统建设等专题培训，宣讲政策，督促其提升治理管理水平和依法合规经营。三是加强关联交易监管，防范道德风险。四是支持业务创新，引导差异化经营。允许其开业初期在业务创新上先行先试，实现差异化错位经营。

2. 对金城银行未来监管工作的三大坚持

坚持三类底线，严格要求。一是坚持治理底线不放松。抓住公司治理这个"总开关"，将监管政策传导到股东、董监事、高管层，从公司治理层面做好各项风险防范工作。二是严守风险底线不放松。督促金城银行建立"业务部门—合规部门—内审部门"的"三道防线"，严守风险底线不动摇。三是严守资本底线不放松。督促该行建立资本管理体系，按照商业银行资本管理办法的要求，将资本充足率、流动性覆盖率等指标引入日常经营管理过程中，并适当提高过渡期安排要求，提高资本管理的意识和水平。

坚持三项差异，持续监测。一是部分指标设立过渡期安排。例如针对存款偏离度指标、盈利性指标等，实事求是，设立1~3年的过渡期安排，适度容忍银行在发展初期的现实困难。二是采取差异化的风险评估标准，鼓励金城银行致力于发展互联网金融。三是实行"一行一策"监管。严防关联交易，密切监测股东持续发展能力，确保各项前期制度安排切实可行。

坚持三个创新，大力支持。一是利用自贸区优势，服务创新。金城银行坐落于天津自贸区，为其充分发挥政策优势开展自贸区服务提供了便利。二是参与京津冀一体化建设，开展创新业务。鼓励金城银行以创新业务更多地参与到国家战略之中。三是落实"公存公贷"的市场定位，模式创新。响应国家"大众创业、万众创新"的政策导向，督促金城银行按其"公存公贷"的特色定位，重点对小微企业、科技型中小企业给予支持。

7.2.4　上海华瑞银行特色监管

上海作为我国的金融中心，也是我国近代银行业的发祥地，早在 20 世纪二三十年代就活跃着一批民营银行。之后由于第二次世界大战的爆发和计划经济的实行，我国民营银行的发展临时中断。如今促进民营银行发展的政策又一次点燃了这里民营资本的热情。上海华瑞银行作为首批 5 家试点民营银行，承接了民营银行发展的历史，走出了一条结合区域经济特征和股东基因的差异化经营道路。

（一）股东基因是市场定位的重要因素。上海华瑞银行的股东均瑶集团具有民营企业的基因，这成为上海华瑞银行联系民营小微企业的天然优势。这种天然联系容易转化为民营银行对民营企业融资的信息优势。

（二）区域经济特征是市场定位的基础。上海华瑞银行依托上海自贸区改革，将服务自贸区改革作为核心战略，开业即投入"FT 自贸分账核算系统"建设并组建了专业团队。同时，该行以上海建设具有全球影响力科技创新中心为契机，探索服务科技创新模式，创新"投贷联动"。2015 年 8 月，上海华瑞银行"共创贷"科技金融创新项目入选上海自贸区第四批金融创新案例。

以安全高效的金融监管提供有效保障

上海银监局主要通过 4 个方面加强监管，引导民营银行准确定位、创新发展。

（一）搭建监管框架，夯实监管基础。围绕尚福林主席提出的试点五项原则，经过对 120 多份相关法律法规、监管指引等文件的认真梳理，前瞻探索对民营银行发展定位、公司治理、股东延伸监管等方面的监管框架。

（二）加强创新监管，鼓励与规范并重。一方面，上海银监局鼓励上海华瑞银行发挥自贸区政策和股东双重优势，大胆探索，勇于创新，走出一条有别于传统商业银行和其他民营银行的普惠金融之路。另一方面，坚守"有承担剩余风险的制度安排"的原则,指导主要股东通过股东承诺书、章程等多种形式,科学有效确保和强化自担风险要求落地。同时,指导银行制定"恢复与处置计划"。在日常持续监管中,督促银行建立起与市场定位和业务创新相匹配的风险防范体系。

(三)寓监管于服务,强化履职培训。在股东遴选阶段,加强与地方政府沟通交流,筛选出有意愿、有能力的优秀民营企业作为主要发起股东。在筹建阶段,着重对股东经营情况、市场定位可行性报告、筹建方案等要素进行准入辅导和初审。在开业申请阶段,着重对公司章程、主要管理制度、董事和高级管理人员等要点进行准入辅导和审核。在开业之后,注重对董事、监事履职责任意识进行培训,并围绕公司治理、资本管理、自贸政策等开展多次专题培训。

(四)突出自贸区监管特色,积累先行先试经验。上海华瑞银行作为注册在上海自贸区的首家法人银行,其成立本身就是自贸区金融监管改革创新的重大突破。上海银监局要求银行强化自身风险管控能力,突出试验区业务特定风险管理要求,鼓励跨境金融服务发展,突出创新引领功能,为国家自贸区改革积累可复制、可推广的监管创新经验。

上海银监局在指导筹建民营银行的过程中深刻认识到,民营资本一般而言对银行业的发展规律、对银行公司治理特殊性的认识仍显不足。特别是在金融业产品结构更加复杂、跨市场风险关联度更趋紧密的今天,民营银行的起步之路也必将对其人员、流程和系统提出更高要求。因此,对于监管者来说,一方面需要不断培育其尊重银行业经营和管理规律的认知,另一方面也要对各类资本一视同仁,始终确保监管标准的执行。

7.2.5 浙江网商银行特色监管

带着强大的互联网基因进入金融行业,浙江网商银行的实践是否会发挥其"鲶鱼效应",搅动并带活传统银行业的新发展呢?作为民营网络银行,浙江网商银行运营和监管过程中呈现出诸多新特点、新挑战,值得深入研究和思考。

1. 运营特点

民营银行网络化经营是极富时代特点的改革创新,它与传统银行的运营模式相比,有着非常明显的区别。

(一)基于股东平台发展成长。网商银行的信息科技系统由蚂蚁金服利用其金融云技术主导开发,客户群体主要来自以淘宝为核心的阿里巴巴系电商平台的商户和消费者,经营所需的核心数据来自阿里巴巴系电商平台交易数据及消费、支付、征信等软件数据。网商银行的发展需要依赖股东方的支持。

(二)基于信息系统创新业务。网商银行没有物理网点,只在线上开展"虚拟化经营",业务全流程嵌入信息科技系统,经营活动以"人机对话"方式实现,突破传统银行的时空限制,可以在任何时间地点、以多种方式为客户提供便捷高效的服务,金融产品和服务标准化程度进一步提高。

(三)基于数据模型开展业务。网商银行的业务开展通过数据模型实现,管理高度集约化,可以通过对客户行为类型、偏好等大数据资源的分析,直接、准确定位客户需求和客户群体,实现客户评级、贷前调查、贷中审查、贷后管理等风控全流程一体化,进一步提高客户黏性,降低运营成本。

(四)基于综合风险加强风控。相对于传统银行,网商银行的信息科技风险、流动性风险、声誉风险与操作风险更加突出。纯网络化运营模式高度依赖信息科技系统,业务连续性问题与流动性风险、声誉风险和操作风险互相交织,且可能形成叠加效应。

2. 发展新思路

针对网商银行的这些新特点，浙江银监局围绕民营银行试点工作五项原则，定位网络银行的全新特点，以章程和公司治理结构为切入口，为网商银行健康稳定发展保驾护航。

（一）立足网络特点，强调信息科技建设。基于现行信息科技监管规则，突出信息科技风险防控，重点健全科技治理架构、信息科技管理、信息系统基础设施等方面的制度和措施。同时，强化管理层在科技风险方面的协调和应急机制，有效识别、预测可能发生的信息科技风险，提升应急能力。

（二）立足试点要求，构建合理治理结构。以章程为核心，以公司治理结构为抓手，推动股东强化自我约束，将五项原则内化于章程，构建系统有效的规章制度体制。同时，按照《公司法》要求建立起结构明晰、分工明确、有效制衡的公司治理机制。

（三）立足本质属性，传导稳健发展理念。强调"银行"这一本质属性，督促在监管框架内依照银行业的运行规律和基本规则，借助互联网这一经营方式与渠道开展经营。突出差异化经营要求，以互联网为平台面向小微企业和网络消费者开展金融服务。

（四）立足风险管控，推动依法合规创新。推动风险管理和内部控制的全面覆盖，强调内控制度建设和合规机制建设，增强合规部门和人员设置。实现部门、岗位、人员责任清晰，市场开拓与风险控制有效分离，创新进步以依法合规为前提。

7.2.6 深圳前海微众银行特色监管

在响应民间资本进入银行业的政策号召下，深圳前海微众银行成为首批5家民营银行试点之一，并于2014年12月12日率先开业。微众银行的开业是我国民营银行发展的一个标志性事件。

1. 先行先试构建民营银行监管制度"新标杆"

民营银行在深圳试点经历了探索、论证、构想到对接政策，最后全面实践落地的过程。作为改革开放前沿，早在2011年，深圳银监局便开始借助前海先行先试的政策优势和深圳领先全国的互联网技术优势，率先提出没有物理网点纯网络银行的构想。2014年，在获得首批民营银行试点资格后，深圳银监局立即推出了试点方案，提出了一系列创新性制度安排，不断完善对民营银行的持续监管框架。通过创新监管和贴身服务，深圳银监局的探索为民营银行的筹建开业和持续发展积累了宝贵的经验。

（一）突出重点，科学设计试点方案。试点方案对民营银行发起企业资质、防范发起人道德风险、银行经营差异化定位等重点、难点问题做出了具体规定，确立了深圳民营银行发起设立的基本原则。一是明确对发起企业的资质要求。对发起企业的行业前景、主业稳定性、有效净资产、实际控制人等进行规范。二是规范治理结构。对股权比例做出限制，以防止"一股独大"；提高执行董事比例，以保障决策层的专业性；限制关联交易，以防止利益输送。三是要求持续提供运营支持。要求发起企业和银行协商订立"生前遗嘱"，明确发起企业承担剩余风险责任；发起企业自愿承诺接受监管，按要求报送财报和重大事项。四是促进银行稳健经营和差异化经营，对民营银行实行有限牌照，引导银行专注服务小微企业和普罗大众。

（二）创新机制，保证"五项原则"贯彻落实。为保证银监会民营银行试点五项原则的贯彻落实，深圳银监局探索出一系列创新性机制。一是将试点原则赋予法律效力。通过自愿承诺的书面声明、发起人协议、章程及恢复与处置计划，增强股东间的相互监督，增强试点原则的合法性和可操作性。二是做实入股资金来源。根据日常银行账户余额判断发起企业真实的资金实力，防止其他企业突击注入资金，减少代持的可能性。三是通过全面法律鉴证解决信息不对称问题。要求对股东大会召开的程序及内容、自愿承诺、企业资质是否符合监管法规要求做出法律鉴证，保证发起企业相关情况的真实性和合法性。

（三）贴身监管，保障试点银行顺利运营。筹备过程中，监管人员全程参与、悉心指导、严格审核，与银行筹备组保持密切沟通，有效提升筹备效率。开业之后，为保证微众银行互联网银行模式的合规性和可持续性，实行两个提前介入：一是提前介入机制建设，对银行架构的搭建做出前置性监管建议，推动微众银行完善公司治理和内控管理；二是提前介入产品设计，以产品监管为抓手，及早把控合规风险。

2. 因势利导确立特色化发展"新定位"

如何助力民营银行走差异化竞争之路，是民营银行监管的挑战。利用国家政策优势和股东技术优势，微众银行在客群定位和发展战略方面进行了大胆的尝试。

（一）坚持普惠金融定位。开辟新的客户群体，将目标客群定位于传统银行服务不到的中低收入人群，并通过互联网模式和科技手段降低服务成本，让利客户，实现普惠金融的落地。微众银行于 2015 年 5 月推出了首款小额消费信贷产品"微粒贷"，面市 3 个多月以来，已完成对超过 200 万人的预授信，累计发放 20 亿元贷款。

（二）坚持协同发展战略。按照传统银行的发展模式和互联网金融爆炸式增长的特征，只有 30 亿元注册资本的微众银行的资本管理会面临较大压力，增长空间也会受到一定限制。为此，微众银行确立了金融体系"补充者"和金融同业"连接者"的角色定位，并辅以"轻资产"的经营发展模式。通过搭建一个客户资源共享、风控技术共享、数据科技共享、线下网点资源及线上服务能力共享的新平台，开创金融同业深度合作的新模式，并实现自身可持续发展。目前,微众银行已与十余家银行签订了战略合作协议,在客户服务、数据科技等方面开展合作。

3. 创新驱动开创互联网金融"新模式"

微众银行利用股东互联网基因,创新互联网金融产品和服务,利用数据改进风控体系,探索一条全新的互联网和金融的协同发展模式。

(一)运营模式创新。微众银行主打互联网金融,其经营不依赖物理网点,而是借助互联网渠道进行产品推广和营销。通过纯互联网的模式,提供7×24小时全天候服务,突破网点辐射范围的限制,在有效提升客户体验的同时,大幅度地降低了网点运营和人工成本。

(二)风控模式创新。我国中低收入人群的信用体系还不完整,这给微众银行开发新的客户群并开创新的风控模式提供了机遇。在依托人民银行征信、公安机关的身份记录等第三方信息的同时,有效利用腾讯的社交数据和交易数据,将会为缺乏信用记录、不符合传统授信标准的中低收入人群建立信用评级体系,进而在客户识别、征信管理、内部审核及资产保全等方面做出创新和实践,打造创新型风险控制体系,形成特有的核心竞争力,为金融的互联网化树立行业标杆。

(三)系统与技术创新。微众银行IT系统建设采用互联网系统主流的分布式架构,通过数据分布实现海量数据处理能力,"微众银行 APP"成为国内首家全面在"去IOE"平台上运行的银行应用程序。微众银行科技研发人员占比达到62%,这些持续的创新投入将大大提升其核心竞争力。

附录

相关法律、法规、部门规章与国家政策

附录 1 《中华人民共和国公司法（2013 年修订）》

（1993 年 12 月 29 日通过 根据 1999 年 12 月 25 日第九届全国人民代表大会常务委员会第十三次会议《关于修改〈中华人民共和国公司法〉的决定》第一次修正 根据 2004 年 8 月 28 日第十届全国人民代表大会常务委员会第十一次会议《关于修改〈中华人民共和国公司法〉的决定》第二次修正 2005 年 10 月 27 日第十届全国人民代表大会常务委员会第十八次会议修订 根据 2013 年 12 月 28 日第十二届全国人民代表大会常务委员会第六次会议通过《关于修改<中华人民共和国海洋环境保护法>等七部法律的决定》第三次修正 于 2014 年 3 月 1 日起施行）

目　录

第一章　总则

第二章　有限责任公司的设立和组织机构

　　第一节　设立

　　第二节　组织机构

　　第三节　一人有限责任公司的特别规定

　　第四节　国有独资公司的特别规定

第三章　有限责任公司的股权转让

第四章　股份有限公司的设立和组织机构

　　第一节　设立

　　第二节　股东大会

第三节　董事会、经理

第四节　监事会

第五节　上市公司组织机构的特别规定

第五章　股份有限公司的股份发行和转让

第一节　股份发行

第二节　股份转让

第六章　公司董事、监事、高级管理人员的资格和义务

第七章　公司债券

第八章　公司财务、会计

第九章　公司合并、分立、增资、减资

第十章　公司解散和清算

第十一章　外国公司的分支机构

第十二章　法律责任

第十三章　附则

第一章　总则

第一条　为了规范公司的组织和行为，保护公司、股东和债权人的合法权益，维护社会经济秩序，促进社会主义市场经济的发展，制定本法。

第二条　本法所称公司是指依照本法在中国境内设立的有限责任公司和股份有限公司。

第三条　公司是企业法人，有独立的法人财产，享有法人财产权。公司以其全部财产对公司的债务承担责任。

有限责任公司的股东以其认缴的出资额为限对公司承担责任；股份有限公司的股东以其认购的股份为限对公司承担责任。

第四条　公司股东依法享有资产收益、参与重大决策和选择管理者等权利。

第五条　公司从事经营活动，必须遵守法律、行政法规，遵守社会公德、商业道德，诚实守信，接受政府和社会公众的监督，承担社会责任。

公司的合法权益受法律保护，不受侵犯。

第六条　设立公司，应当依法向公司登记机关申请设立登记。符合本法规定的设立条件的，由公司登记机关分别登记为有限责任公司或者股份有限公司；不符合本法规定的设立条件的，不得登记为有限责任公司或者股份有限公司。

法律、行政法规规定设立公司必须报经批准的，应当在公司登记前依法办理批准手续。

公众可以向公司登记机关申请查询公司登记事项，公司登记机关应当提供查询服务。

第七条　依法设立的公司，由公司登记机关发给公司营业执照。公司营业执照签发日期为公司成立日期。

公司营业执照应当载明公司的名称、住所、注册资本、经营范围、法定代表人姓名等事项。

公司营业执照记载的事项发生变更的，公司应当依法办理变更登记，由公司登记机关换发营业执照。

第八条　依照本法设立的有限责任公司，必须在公司名称中标明有限责任公司或者有限公司字样。

依照本法设立的股份有限公司，必须在公司名称中标明股份有限公司或者股份公司字样。

第九条　有限责任公司变更为股份有限公司，应当符合本法规定的股份有限公司的条件。股份有限公司变更为有限责任公司，应当符合本法规定的有限责任公司的条件。

有限责任公司变更为股份有限公司的，或者股份有限公司变更为有限责任公司的，公司变更前的债权、债务由变更后的公司承继。

第十条　公司以其主要办事机构所在地为住所。

第十一条　设立公司必须依法制定公司章程。公司章程对公司、股东、董事、监事、高级管理人员具有约束力。

第十二条　公司的经营范围由公司章程规定，并依法登记。公司可以修改公司章程，改变经营范围，但是应当办理变更登记。

公司的经营范围中属于法律、行政法规规定须经批准的项目，应当依法经过批准。

第十三条　公司法定代表人依照公司章程的规定，由董事长、执行董事或者经理担任，并依法登记。公司法定代表人变更，应当办理变更登记。

第十四条　公司可以设立分公司。设立分公司，应当向公司登记机关申请登记，领取营业执照。分公司不具有法人资格，其民事责任由公司承担。

公司可以设立子公司，子公司具有法人资格，依法独立承担民事责任。

第十五条　公司可以向其他企业投资；但是，除法律另有规定外，不得成为对所投资企业的债务承担连带责任的出资人。

第十六条　公司向其他企业投资或者为他人提供担保，依照公司章程的规定，由董事会或者股东会、股东大会决议；公司章程对投资或者担保的总额及单项投资或者担保的数额有限额规定的，不得超过规定的限额。

公司为公司股东或者实际控制人提供担保的，必须经股东会或者股东大会决议。

前款规定的股东或者受前款规定的实际控制人支配的股东，不得参加前款规定事项的表决。该项表决由出席会议的其他股东所持表决权的过半数通过。

第十七条　公司必须保护职工的合法权益，依法与职工签订劳动合同，参加社会保险，加强劳动保护，实现安全生产。

公司应当采用多种形式，加强公司职工的职业教育和岗位培训，提高职工素质。

第十八条　公司职工依照《中华人民共和国工会法》组织工会，开展工会活动，维护职工合法权益。公司应当为本公司工会提供必要的活动条件。公司工会代表职工就职工的劳动报酬、工作时间、福利、保险和劳动安全卫生等事项依法与公司签订集体合同。

公司依照宪法和有关法律的规定，通过职工代表大会或者其他形式，实行民主管理。

公司研究决定改制以及经营方面的重大问题、制定重要的规章制度时，应当听取公司工会的意见，并通过职工代表大会或者其他形式听取职工的意见和建议。

第十九条　在公司中，根据中国共产党章程的规定，设立中国共产党的组织，开展党的活动。公司应当为党组织的活动提供必要条件。

第二十条　公司股东应当遵守法律、行政法规和公司章程，依法行使股东权利，不得滥用股东权利损害公司或者其他股东的利益；不得滥用公司法人独立地位和股东有限责任损害公司债权人的利益。

公司股东滥用股东权利给公司或者其他股东造成损失的，应当依法承担赔偿责任。

公司股东滥用公司法人独立地位和股东有限责任，逃避债务，严重损害公司债权人利益的，应当对公司债务承担连带责任。

第二十一条　公司的控股股东、实际控制人、董事、监事、高级管理人员不得利用其关联关系损害公司利益。

违反前款规定，给公司造成损失的，应当承担赔偿责任。

第二十二条　公司股东会或者股东大会、董事会的决议内容违反法律、行政法规的无效。

股东会或者股东大会、董事会的会议召集程序、表决方式违反法律、行政法规或者公司章程，或者决议内容违反公司章程的，股东可以自决议做出之日起六十日内，请求人民法院撤销。

股东依照前款规定提起诉讼的，人民法院可以应公司的请求，要求股东提供相应担保。

公司根据股东会或者股东大会、董事会决议已办理变更登记的，人民法院宣告该决议无效或者撤销该决议后，公司应当向公司登记机关申请撤销变更登记。

第二章　有限责任公司的设立和组织机构

第一节　设立

第二十三条　设立有限责任公司，应当具备下列条件：

（一）股东符合法定人数。

（二）有符合公司章程规定的全体股东认缴的出资额。

（三）股东共同制定公司章程。

（四）有公司名称，建立符合有限责任公司要求的组织机构。

（五）有公司住所。

第二十四条　有限责任公司由五十个以下股东出资设立。

第二十五条　有限责任公司章程应当载明下列事项：

（一）公司名称和住所。

（二）公司经营范围。

（三）公司注册资本。

（四）股东的姓名或者名称。

（五）股东的出资方式、出资额和出资时间。

（六）公司的机构及其产生办法、职权、议事规则。

（七）公司法定代表人。

（八）股东会会议认为需要规定的其他事项。

股东应当在公司章程上签名、盖章。

第二十六条　有限责任公司的注册资本为在公司登记机关登记的全体股东认缴的出资额。

法律、行政法规以及国务院决定对有限责任公司注册资本实缴、注册资本最低限额另有规定的，从其规定。

第二十七条　股东可以用货币出资，也可以用实物、知识产权、土地使用权等可以用货币估价并可以依法转让的非货币财产作价出资；但是，法律、行政法规规定不得作为出资的财产除外。

对作为出资的非货币财产应当评估作价，核实财产，不得高估或者低估作价。法律、行政法规对评估作价有规定的，从其规定。

第二十八条　股东应当按期足额缴纳公司章程中规定的各自所认缴的出资额。股东以货币出资的，应当将货币出资足额存入有限责任公司在银行开设的账户；以非货币财产出资的，应当依法办理其财产权的转移手续。

股东不按照前款规定缴纳出资的，除应当向公司足额缴纳外，还应当向已按期足额缴纳出资的股东承担违约责任。

第二十九条　股东认足公司章程规定的出资后，由全体股东指定的代表或者共同委托的代理人向公司登记机关报送公司登记申请书、公司章程等文件，申请设立登记。

第三十条　有限责任公司成立后，发现作为设立公司出资的非货币财产的实际价额显著低于公司章程所定价额的，应当由交付该出资的股东补足其差额；公司设立时的其他股东承担连带责任。

第三十一条　有限责任公司成立后，应当向股东签发出资证明书。

出资证明书应当载明下列事项：

（一）公司名称。

（二）公司成立日期。

（三）公司注册资本。

（四）股东的姓名或者名称、缴纳的出资额和出资日期。

（五）出资证明书的编号和核发日期。

出资证明书由公司盖章。

第三十二条　有限责任公司应当置备股东名册，记载下列事项：

（一）股东的姓名或者名称及住所。

（二）股东的出资额。

（三）出资证明书编号。

记载于股东名册的股东，可以依股东名册主张行使股东权利。

公司应当将股东的姓名或者名称向公司登记机关登记；登记事项发生变更的，应当办理变更登记。未经登记或者变更登记的，不得对抗第三人。

第三十三条　股东有权查阅、复制公司章程、股东会会议记录、董事会会议决议、监事会会议决议和财务会计报告。

股东可以要求查阅公司会计账簿。股东要求查阅公司会计账簿的，应当向公司提出书面请求，说明目的。公司有合理根据认为股东查阅会计账簿有不正当目的，可能损害公司合法利益的，可以拒绝提供查阅，并应当自股东提出书面请求之日起十五日内书面答复股东并说明理由。公司拒绝提供查阅的，股东可以请求人民法院要求公司提供查阅。

第三十四条　股东按照实缴的出资比例分取红利；公司新增资本时，股东有权优先按照实缴的出资比例认缴出资。但是，全体股东约定不按照出资比例分取红利或者不按照出资比例优先认缴出资的除外。

第三十五条　公司成立后，股东不得抽逃出资。

第二节 组织机构

第三十六条 有限责任公司股东会由全体股东组成。股东会是公司的权力机构，依照本法行使职权。

第三十七条 股东会行使下列职权：

（一）决定公司的经营方针和投资计划。

（二）选举和更换非由职工代表担任的董事、监事，决定有关董事、监事的报酬事项。

（三）审议批准董事会的报告。

（四）审议批准监事会或者监事的报告。

（五）审议批准公司的年度财务预算方案、决算方案。

（六）审议批准公司的利润分配方案和弥补亏损方案。

（七）对公司增加或者减少注册资本做出决议。

（八）对发行公司债券做出决议。

（九）对公司合并、分立、解散、清算或者变更公司形式做出决议。

（十）修改公司章程。

（十一）公司章程规定的其他职权。

对前款所列事项股东以书面形式一致表示同意的，可以不召开股东会会议，直接做出决定，并由全体股东在决定文件上签名、盖章。

第三十八条 首次股东会会议由出资最多的股东召集和主持，依照本法规定行使职权。

第三十九条 股东会会议分为定期会议和临时会议。

定期会议应当依照公司章程的规定按时召开。代表十分之一以上表决权的股东，三分之一以上的董事，监事会或者不设监事会的公司的监事提议召开临时会议的，应当召开临时会议。

第四十条　有限责任公司设立董事会的，股东会会议由董事会召集，董事长主持；董事长不能履行职务或者不履行职务的，由副董事长主持；副董事长不能履行职务或者不履行职务的，由半数以上董事共同推举一名董事主持。

有限责任公司不设董事会的，股东会会议由执行董事召集和主持。

董事会或者执行董事不能履行或者不履行召集股东会会议职责的，由监事会或者不设监事会的公司的监事召集和主持；监事会或者监事不召集和主持的，代表十分之一以上表决权的股东可以自行召集和主持。

第四十一条　召开股东会会议，应当于会议召开十五日前通知全体股东；但是，公司章程另有规定或者全体股东另有约定的除外。

股东会应当对所议事项的决定作成会议记录，出席会议的股东应当在会议记录上签名。

第四十二条　股东会会议由股东按照出资比例行使表决权；但是，公司章程另有规定的除外。

第四十三条　股东会的议事方式和表决程序，除本法有规定的外，由公司章程规定。

股东会会议做出修改公司章程、增加或者减少注册资本的决议，以及公司合并、分立、解散或者变更公司形式的决议，必须经代表三分之二以上表决权的股东通过。

第四十四条　有限责任公司设董事会，其成员为三人至十三人；但是，本法第五十条另有规定的除外。

两个以上的国有企业或者两个以上的其他国有投资主体投资设立的有限责任公司,其董事会成员中应当有公司职工代表;其他有限责任公司董事会成员中可以有公司职工代表。董事会中的职工代表由公司职工通过职工代表大会、职工大会或者其他形式民主选举产生。

董事会设董事长一人,可以设副董事长。董事长、副董事长的产生办法由公司章程规定。

第四十五条 董事任期由公司章程规定,但每届任期不得超过三年。董事任期届满,连选可以连任。

董事任期届满未及时改选,或者董事在任期内辞职导致董事会成员低于法定人数的,在改选出的董事就任前,原董事仍应当依照法律、行政法规和公司章程的规定,履行董事职务。

第四十六条 董事会对股东会负责,行使下列职权:

(一)召集股东会会议,并向股东会报告工作。

(二)执行股东会的决议。

(三)决定公司的经营计划和投资方案。

(四)制订公司的年度财务预算方案、决算方案。

(五)制订公司的利润分配方案和弥补亏损方案。

(六)制订公司增加或者减少注册资本以及发行公司债券的方案。

(七)制订公司合并、分立、解散或者变更公司形式的方案。

(八)决定公司内部管理机构的设置。

(九)决定聘任或者解聘公司经理及其报酬事项,并根据经理的提名决定聘任或者解聘公司副经理、财务负责人及其报酬事项。

(十)制定公司的基本管理制度。

（十一）公司章程规定的其他职权。

第四十七条　董事会会议由董事长召集和主持；董事长不能履行职务或者不履行职务的，由副董事长召集和主持；副董事长不能履行职务或者不履行职务的，由半数以上董事共同推举一名董事召集和主持。

第四十八条　董事会的议事方式和表决程序，除本法有规定的外，由公司章程规定。

董事会应当对所议事项的决定作成会议记录，出席会议的董事应当在会议记录上签名。

董事会决议的表决，实行一人一票。

第四十九条　有限责任公司可以设经理，由董事会决定聘任或者解聘。经理对董事会负责，行使下列职权：

（一）主持公司的生产经营管理工作，组织实施董事会决议。

（二）组织实施公司年度经营计划和投资方案。

（三）拟订公司内部管理机构设置方案。

（四）拟订公司的基本管理制度。

（五）制定公司的具体规章。

（六）提请聘任或者解聘公司副经理、财务负责人。

（七）决定聘任或者解聘除应由董事会决定聘任或者解聘以外的负责管理人员。

（八）董事会授予的其他职权。

公司章程对经理职权另有规定的，从其规定。

经理列席董事会会议。

第五十条 股东人数较少或者规模较小的有限责任公司，可以设一名执行董事，不设董事会。执行董事可以兼任公司经理。

执行董事的职权由公司章程规定。

第五十一条 有限责任公司设监事会，其成员不得少于三人。股东人数较少或者规模较小的有限责任公司，可以设一至两名监事，不设监事会。

监事会应当包括股东代表和适当比例的公司职工代表，其中职工代表的比例不得低于三分之一，具体比例由公司章程规定。监事会中的职工代表由公司职工通过职工代表大会、职工大会或者其他形式民主选举产生。

监事会设主席一人，由全体监事过半数选举产生。监事会主席召集和主持监事会会议；监事会主席不能履行职务或者不履行职务的，由半数以上监事共同推举一名监事召集和主持监事会会议。

董事、高级管理人员不得兼任监事。

第五十二条 监事的任期每届为三年。监事任期届满，连选可以连任。

监事任期届满未及时改选，或者监事在任期内辞职导致监事会成员低于法定人数的，在改选出的监事就任前，原监事仍应当依照法律、行政法规和公司章程的规定，履行监事职务。

第五十三条 监事会、不设监事会的公司的监事行使下列职权：

（一）检查公司财务。

（二）对董事、高级管理人员执行公司职务的行为进行监督，对违反法律、行政法规、公司章程或者股东会决议的董事、高级管理人员提出罢免的建议。

（三）当董事、高级管理人员的行为损害公司的利益时，要求董事、高级管理人员予以纠正。

（四）提议召开临时股东会会议，在董事会不履行本法规定的召集和主持股东会会议职责时召集和主持股东会会议。

（五）向股东会会议提出提案。

（六）依照本法第一百五十一条的规定，对董事、高级管理人员提起诉讼。

（七）公司章程规定的其他职权。

第五十四条　监事可以列席董事会会议，并对董事会决议事项提出质询或者建议。

监事会、不设监事会的公司的监事发现公司经营情况异常，可以进行调查；必要时，可以聘请会计师事务所等协助其工作，费用由公司承担。

第五十五条　监事会每年度至少召开一次会议，监事可以提议召开临时监事会会议。

监事会的议事方式和表决程序，除本法有规定的外，由公司章程规定。

监事会决议应当经半数以上监事通过。

监事会应当对所议事项的决定作成会议记录，出席会议的监事应当在会议记录上签名。

第五十六条　监事会、不设监事会的公司的监事行使职权所必需的费用，由公司承担。

第三节　一人有限责任公司的特别规定

第五十七条　一人有限责任公司的设立和组织机构，适用本节规定；本节没有规定的，适用本章第一节、第二节的规定。

本法所称一人有限责任公司，是指只有一个自然人股东或者一个法人股东的有限责任公司。

第五十八条　一个自然人只能投资设立一个一人有限责任公司。该一人有限责任公司不能投资设立新的一人有限责任公司。

第五十九条　一人有限责任公司应当在公司登记中注明自然人独资或者法人独资，并在公司营业执照中载明。

第六十条　一人有限责任公司章程由股东制定。

第六十一条　一人有限责任公司不设股东会。股东做出本法第三十七条第一款所列决定时，应当采用书面形式，并由股东签名后置备于公司。

第六十二条　一人有限责任公司应当在每一会计年度终了时编制财务会计报告，并经会计师事务所审计。

第六十三条　一人有限责任公司的股东不能证明公司财产独立于股东自己的财产的，应当对公司债务承担连带责任。

第四节　国有独资公司的特别规定

第六十四条　国有独资公司的设立和组织机构，适用本节规定；本节没有规定的，适用本章第一节、第二节的规定。

本法所称国有独资公司，是指国家单独出资、由国务院或者地方人民政府授权本级人民政府国有资产监督管理机构履行出资人职责的有限责任公司。

第六十五条　国有独资公司章程由国有资产监督管理机构制定，或者由董事会制订，报国有资产监督管理机构批准。

第六十六条　国有独资公司不设股东会，由国有资产监督管理机构行使股东会职权。国有资产监督管理机构可以授权公司董事会行使股东会的部分职权，决定公司的重大事项，但公司的合并、分立、解散、增加或者减少注册资本和发行公司债券，必须由国有资产监督管理机构决定；其中，重要的国有独资公司合并、分立、解散、申请破产的，应当由国有资产监督管理机构审核后，报本级人民政府批准。

前款所称重要的国有独资公司，按照国务院的规定确定。

第六十七条　国有独资公司设董事会，依照本法第四十六条、第六十六条的规定行使职权。董事每届任期不得超过三年。董事会成员中应当有公司职工代表。

董事会成员由国有资产监督管理机构委派；但是，董事会成员中的职工代表由公司职工代表大会选举产生。

董事会设董事长一人，可以设副董事长。董事长、副董事长由国有资产监督管理机构从董事会成员中指定。

第六十八条　国有独资公司设经理，由董事会聘任或者解聘。经理依照本法第四十九条规定行使职权。

经国有资产监督管理机构同意，董事会成员可以兼任经理。

第六十九条　国有独资公司的董事长、副董事长、董事、高级管理人员，未经国有资产监督管理机构同意，不得在其他有限责任公司、股份有限公司或者其他经济组织兼职。

第七十条　国有独资公司监事会成员不得少于五人，其中职工代表的比例不得低于三分之一，具体比例由公司章程规定。

监事会成员由国有资产监督管理机构委派；但是，监事会成员中的职工代表由公司职工代表大会选举产生。监事会主席由国有资产监督管理机构从监事会成员中指定。

监事会行使本法第五十三条第（一）项至第（三）项规定的职权和国务院规定的其他职权。

第三章　有限责任公司的股权转让

第七十一条　有限责任公司的股东之间可以相互转让其全部或者部分股权。

股东向股东以外的人转让股权，应当经其他股东过半数同意。股东应就其股权转让事项书面通知其他股东征求同意，其他股东自接到书面通知之日起满三十日未答复的，视为同意转让。其他股东半数以上不同意转让的，不同意的股东应当购买该转让的股权；不购买的，视为同意转让。

经股东同意转让的股权，在同等条件下，其他股东有优先购买权。两个以上股东主张行使优先购买权的，协商确定各自的购买比例；协商不成的，按照转让时各自的出资比例行使优先购买权。

公司章程对股权转让另有规定的，从其规定。

第七十二条　人民法院依照法律规定的强制执行程序转让股东的股权时，应当通知公司及全体股东，其他股东在同等条件下有优先购买权。其他股东自人民法院通知之日起满二十日不行使优先购买权的，视为放弃优先购买权。

第七十三条　依照本法第七十一条、第七十二条转让股权后，公司应当注销原股东的出资证明书，向新股东签发出资证明书，并相应修改公司章程和股东名册中有关股东及其出资额的记载。对公司章程的该项修改不需再由股东会表决。

第七十四条　有下列情形之一的，对股东会该项决议投反对票的股东可以请求公司按照合理的价格收购其股权：

（一）公司连续五年不向股东分配利润，而公司该五年连续盈利，并且符合本法规定的分配利润条件的。

（二）公司合并、分立、转让主要财产的。

（三）公司章程规定的营业期限届满或者章程规定的其他解散事由出现，股东会会议通过决议修改章程使公司存续的。

自股东会会议决议通过之日起六十日内，股东与公司不能达成股权收购协议的，股东可以自股东会会议决议通过之日起九十日内向人民法院提起诉讼。

第七十五条　自然人股东死亡后，其合法继承人可以继承股东资格；但是，公司章程另有规定的除外。

第四章　股份有限公司的设立和组织机构

第一节　设立

第七十六条　设立股份有限公司，应当具备下列条件：

（一）发起人符合法定人数。

（二）有符合公司章程规定的全体发起人认购的股本总额或者募集的实收股本总额。

（三）股份发行、筹办事项符合法律规定。

（四）发起人制订公司章程，采用募集方式设立的经创立大会通过。

（五）有公司名称，建立符合股份有限公司要求的组织机构。

（六）有公司住所。

第七十七条　股份有限公司的设立，可以采取发起设立或者募集设立的方式。

发起设立，是指由发起人认购公司应发行的全部股份而设立公司。

募集设立，是指由发起人认购公司应发行股份的一部分，其余股份向社会公开募集或者向特定对象募集而设立公司。

第七十八条　设立股份有限公司，应当有两人以上两百人以下为发起人，其中须有半数以上的发起人在中国境内有住所。

第七十九条　股份有限公司发起人承担公司筹办事务。

发起人应当签订发起人协议，明确各自在公司设立过程中的权利和义务。

第八十条　股份有限公司采取发起设立方式设立的，注册资本为在公司登记机关登记的全体发起人认购的股本总额。在发起人认购的股份缴足前，不得向他人募集股份。

股份有限公司采取募集方式设立的，注册资本为在公司登记机关登记的实收股本总额。

法律、行政法规以及国务院决定对股份有限公司注册资本实缴、注册资本最低限额另有规定的，从其规定。

第八十一条　股份有限公司章程应当载明下列事项：

（一）公司名称和住所。

（二）公司经营范围。

（三）公司设立方式。

（四）公司股份总数、每股金额和注册资本。

（五）发起人的姓名或者名称、认购的股份数、出资方式和出资时间。

（六）董事会的组成、职权和议事规则。

（七）公司法定代表人。

（八）监事会的组成、职权和议事规则。

（九）公司利润分配办法。

（十）公司的解散事由与清算办法。

（十一）公司的通知和公告办法。

（十二）股东大会会议认为需要规定的其他事项。

第八十二条　发起人的出资方式，适用本法第二十七条的规定。

第八十三条　以发起设立方式设立股份有限公司的，发起人应当书面认足公司章程规定其认购的股份，并按照公司章程规定缴纳出资。以非货币财产出资的，应当依法办理其财产权的转移手续。

发起人不依照前款规定缴纳出资的，应当按照发起人协议承担违约责任。

发起人认足公司章程规定的出资后，应当选举董事会和监事会，由董事会向公司登记机关报送公司章程以及法律、行政法规规定的其他文件，申请设立登记。

第八十四条　以募集设立方式设立股份有限公司的，发起人认购的股份不得少于公司股份总数的百分之三十五；但是，法律、行政法规另有规定的，从其规定。

第八十五条　发起人向社会公开募集股份，必须公告招股说明书，并制作认股书。认股书应当载明本法第八十六条所列事项，由认股人填写认购股数、金额、住所，并签名、盖章。认股人按照所认购股数缴纳股款。

第八十六条　招股说明书应当附有发起人制订的公司章程，并载明下列事项：

（一）发起人认购的股份数。

（二）每股的票面金额和发行价格。

（三）无记名股票的发行总数。

（四）募集资金的用途。

（五）认股人的权利、义务。

（六）本次募股的起止期限及逾期未募足时认股人可以撤回所认股份的说明。

第八十七条　发起人向社会公开募集股份，应当由依法设立的证券公司承销，签订承销协议。

第八十八条　发起人向社会公开募集股份，应当同银行签订代收股款协议。

代收股款的银行应当按照协议代收和保存股款，向缴纳股款的认股人出具收款单据，并负有向有关部门出具收款证明的义务。

第八十九条　发行股份的股款缴足后，必须经依法设立的验资机构验资并出具证明。发起人应当自股款缴足之日起三十日内主持召开公司创立大会。创立大会由发起人、认股人组成。

发行的股份超过招股说明书规定的截止期限尚未募足的，或者发行股份的股款缴足后，发起人在三十日内未召开创立大会的，认股人可以按照所缴股款并加算银行同期存款利息，要求发起人返还。

第九十条　发起人应当在创立大会召开十五日前将会议日期通知各认股人或者予以公告。创立大会应有代表股份总数过半数的发起人、认股人出席，方可举行。

创立大会行使下列职权：

（一）审议发起人关于公司筹办情况的报告。

（二）通过公司章程。

（三）选举董事会成员。

（四）选举监事会成员。

（五）对公司的设立费用进行审核。

（六）对发起人用于抵作股款的财产的作价进行审核。

（七）发生不可抗力或者经营条件发生重大变化直接影响公司设立的，可以做出不设立公司的决议。

创立大会对前款所列事项做出决议，必须经出席会议的认股人所持表决权过半数通过。

第九十一条　发起人、认股人缴纳股款或者交付抵作股款的出资后，除未按期募足股份、发起人未按期召开创立大会或者创立大会决议不设立公司的情形外，不得抽回其股本。

第九十二条　董事会应于创立大会结束后三十日内，向公司登记机关报送下列文件，申请设立登记：

（一）公司登记申请书。

（二）创立大会的会议记录。

（三）公司章程。

（四）验资证明。

（五）法定代表人、董事、监事的任职文件及其身份证明。

（六）发起人的法人资格证明或者自然人身份证明。

（七）公司住所证明。

以募集方式设立股份有限公司公开发行股票的，还应当向公司登记机关报送国务院证券监督管理机构的核准文件。

第九十三条　股份有限公司成立后，发起人未按照公司章程的规定缴足出资的，应当补缴；其他发起人承担连带责任。

股份有限公司成立后，发现作为设立公司出资的非货币财产的实际价额显著低于公司章程所定价额的，应当由交付该出资的发起人补足其差额；其他发起人承担连带责任。

第九十四条　股份有限公司的发起人应当承担下列责任：

（一）公司不能成立时，对设立行为所产生的债务和费用负连带责任。

（二）公司不能成立时，对认股人已缴纳的股款，负返还股款并加算银行同期存款利息的连带责任。

（三）在公司设立过程中，由于发起人的过失致使公司利益受到损害的，应当对公司承担赔偿责任。

第九十五条　有限责任公司变更为股份有限公司时，折合的实收股本总额不得高于公司净资产额。有限责任公司变更为股份有限公司，为增加资本公开发行股份时，应当依法办理。

第九十六条　股份有限公司应当将公司章程、股东名册、公司债券存根、股东大会会议记录、董事会会议记录、监事会会议记录、财务会计报告置备于本公司。

第九十七条　股东有权查阅公司章程、股东名册、公司债券存根、股东大会会议记录、董事会会议决议、监事会会议决议、财务会计报告，对公司的经营提出建议或者质询。

第二节 股东大会

第九十八条 股份有限公司股东大会由全体股东组成。股东大会是公司的权力机构，依照本法行使职权。

第九十九条 本法第三十七条第一款关于有限责任公司股东会职权的规定，适用于股份有限公司股东大会。

第一百条 股东大会应当每年召开一次年会。有下列情形之一的，应当在两个月内召开临时股东大会：

（一）董事人数不足本法规定人数或者公司章程所定人数的三分之二时。

（二）公司未弥补的亏损达实收股本总额三分之一时。

（三）单独或者合计持有公司百分之十以上股份的股东请求时。

（四）董事会认为必要时。

（五）监事会提议召开时。

（六）公司章程规定的其他情形。

第一百零一条 股东大会会议由董事会召集，董事长主持；董事长不能履行职务或者不履行职务的，由副董事长主持；副董事长不能履行职务或者不履行职务的，由半数以上董事共同推举一名董事主持。

董事会不能履行或者不履行召集股东大会会议职责的，监事会应当及时召集和主持；监事会不召集和主持的，连续九十日以上单独或者合计持有公司百分之十以上股份的股东可以自行召集和主持。

第一百零二条 召开股东大会会议，应当将会议召开的时间、地点和审议的事项于会议召开二十日前通知各股东；临时股东大会应当于会议召开十五日前通知各股东；发行无记名股票的，应当于会议召开三十日前公告会议召开的时间、地点和审议事项。

单独或者合计持有公司百分之三以上股份的股东，可以在股东大会召开十日前提出临时提案并书面提交董事会；董事会应当在收到提案后两日内通知其他股东，并将该临时提案提交股东大会审议。临时提案的内容应当属于股东大会职权范围，并有明确议题和具体决议事项。

股东大会不得对前两款通知中未列明的事项做出决议。

无记名股票持有人出席股东大会会议的，应当于会议召开五日前至股东大会闭会时将股票交存于公司。

第一百零三条　股东出席股东大会会议，所持每一股份有一表决权。但是，公司持有的本公司股份没有表决权。

股东大会做出决议，必须经出席会议的股东所持表决权过半数通过。但是，股东大会做出修改公司章程、增加或者减少注册资本的决议，以及公司合并、分立、解散或者变更公司形式的决议，必须经出席会议的股东所持表决权的三分之二以上通过。

第一百零四条　本法和公司章程规定公司转让、受让重大资产或者对外提供担保等事项必须经股东大会做出决议的，董事会应当及时召集股东大会会议，由股东大会就上述事项进行表决。

第一百零五条　股东大会选举董事、监事，可以依照公司章程的规定或者股东大会的决议，实行累积投票制。

本法所称累积投票制，是指股东大会选举董事或者监事时，每一股份拥有与应选董事或者监事人数相同的表决权，股东拥有的表决权可以集中使用。

第一百零六条　股东可以委托代理人出席股东大会会议，代理人应当向公司提交股东授权委托书，并在授权范围内行使表决权。

第一百零七条　股东大会应当对所议事项的决定作成会议记录，主持人、出席会议的董事应当在会议记录上签名。会议记录应当与出席股东的签名册及代理出席的委托书一并保存。

第三节　董事会、经理

第一百零八条　股份有限公司设董事会，其成员为五人至十九人。

董事会成员中可以有公司职工代表。董事会中的职工代表由公司职工通过职工代表大会、职工大会或者其他形式民主选举产生。

本法第四十五条关于有限责任公司董事任期的规定，适用于股份有限公司董事。

本法第四十六条关于有限责任公司董事会职权的规定，适用于股份有限公司董事会。

第一百零九条　董事会设董事长一人，可以设副董事长。董事长和副董事长由董事会以全体董事的过半数选举产生。

董事长召集和主持董事会会议，检查董事会决议的实施情况。副董事长协助董事长工作，董事长不能履行职务或者不履行职务的，由副董事长履行职务；副董事长不能履行职务或者不履行职务的，由半数以上董事共同推举一名董事履行职务。

第一百一十条　董事会每年度至少召开两次会议，每次会议应当于会议召开十日前通知全体董事和监事。

代表十分之一以上表决权的股东、三分之一以上董事或者监事，可以提议召开董事会临时会议。董事长应当自接到提议后十日内，召集和主持董事会会议。

董事会召开临时会议，可以另定召集董事会的通知方式和通知时限。

第一百一十一条　董事会会议应有过半数的董事出席方可举行。董事会做出决议，必须经全体董事的过半数通过。

董事会决议的表决，实行一人一票。

第一百一十二条　董事会会议，应由董事本人出席；董事因故不能出席，可以书面委托其他董事代为出席，委托书中应载明授权范围。

董事会应当对会议所议事项的决定作成会议记录，出席会议的董事应当在会议记录上签名。

董事应当对董事会的决议承担责任。董事会的决议违反法律、行政法规或者公司章程、股东大会决议，致使公司遭受严重损失的，参与决议的董事对公司负赔偿责任。但经证明在表决时曾表明异议并记载于会议记录的，该董事可以免除责任。

第一百一十三条　股份有限公司设经理，由董事会决定聘任或者解聘。

本法第四十九条关于有限责任公司经理职权的规定，适用于股份有限公司经理。

第一百一十四条　公司董事会可以决定由董事会成员兼任经理。

第一百一十五条　公司不得直接或者通过子公司向董事、监事、高级管理人员提供借款。

第一百一十六条　公司应当定期向股东披露董事、监事、高级管理人员从公司获得报酬的情况。

第四节 监事会

第一百一十七条 股份有限公司设监事会，其成员不得少于三人。

监事会应当包括股东代表和适当比例的公司职工代表，其中职工代表的比例不得低于三分之一，具体比例由公司章程规定。监事会中的职工代表由公司职工通过职工代表大会、职工大会或者其他形式民主选举产生。

监事会设主席一人，可以设副主席。监事会主席和副主席由全体监事过半数选举产生。监事会主席召集和主持监事会会议；监事会主席不能履行职务或者不履行职务的，由监事会副主席召集和主持监事会会议；监事会副主席不能履行职务或者不履行职务的，由半数以上监事共同推举一名监事召集和主持监事会会议。

董事、高级管理人员不得兼任监事。

本法第五十二条关于有限责任公司监事任期的规定，适用于股份有限公司监事。

第一百一十八条 本法第五十三条、第五十四条关于有限责任公司监事职权的规定，适用于股份有限公司监事。

监事会行使职权所必需的费用，由公司承担。

第一百一十九条 监事会每六个月至少召开一次会议。监事可以提议召开临时监事会会议。

监事会的议事方式和表决程序，除本法有规定的外，由公司章程规定。

监事会决议应当经半数以上监事通过。

监事会应当对所议事项的决定作成会议记录，出席会议的监事应当在会议记录上签名。

第五节 上市公司组织机构的特别规定

第一百二十条 本法所称上市公司,是指其股票在证券交易所上市交易的股份有限公司。

第一百二十一条 上市公司在一年内购买、出售重大资产或者担保金额超过公司资产总额百分之三十的,应当由股东大会做出决议,并经出席会议的股东所持表决权的三分之二以上通过。

第一百二十二条 上市公司设立独立董事,具体办法由国务院规定。

第一百二十三条 上市公司设董事会秘书,负责公司股东大会和董事会会议的筹备、文件保管以及公司股东资料的管理,办理信息披露事务等事宜。

第一百二十四条 上市公司董事与董事会会议决议事项所涉及的企业有关联关系的,不得对该项决议行使表决权,也不得代理其他董事行使表决权。该董事会会议由过半数的无关联关系董事出席即可举行,董事会会议所作决议须经无关联关系董事过半数通过。出席董事会的无关联关系董事人数不足三人的,应将该事项提交上市公司股东大会审议。

第五章 股份有限公司的股份发行和转让

第一节 股份发行

第一百二十五条 股份有限公司的资本划分为股份,每一股的金额相等。

公司的股份采取股票的形式。股票是公司签发的证明股东所持股份的凭证。

第一百二十六条 股份的发行,实行公平、公正的原则,同种类的每一股份应当具有同等权利。

同次发行的同种类股票,每股的发行条件和价格应当相同;任何单位或者个人所认购的股份,每股应当支付相同价额。

第一百二十七条 股票发行价格可以按票面金额,也可以超过票面金额,但不得低于票面金额。

第一百二十八条 股票采用纸面形式或者国务院证券监督管理机构规定的其他形式。

股票应当载明下列主要事项:

(一)公司名称。

(二)公司成立日期。

(三)股票种类、票面金额及代表的股份数。

(四)股票的编号。

股票由法定代表人签名,公司盖章。

发起人的股票,应当标明发起人股票字样。

第一百二十九条 公司发行的股票,可以为记名股票,也可以为无记名股票。

公司向发起人、法人发行的股票,应当为记名股票,并应当记载该发起人、法人的名称或者姓名,不得另立户名或者以代表人姓名记名。

第一百三十条 公司发行记名股票的,应当置备股东名册,记载下列事项:

(一)股东的姓名或者名称及住所。

(二)各股东所持股份数。

（三）各股东所持股票的编号。

（四）各股东取得股份的日期。

发行无记名股票的，公司应当记载其股票数量、编号及发行日期。

第一百三十一条 国务院可以对公司发行本法规定以外的其他种类的股份，另行做出规定。

第一百三十二条 股份有限公司成立后，即向股东正式交付股票。公司成立前不得向股东交付股票。

第一百三十三条 公司发行新股，股东大会应当对下列事项做出决议：

（一）新股种类及数额。

（二）新股发行价格。

（三）新股发行的起止日期。

（四）向原有股东发行新股的种类及数额。

第一百三十四条 公司经国务院证券监督管理机构核准公开发行新股时，必须公告新股招股说明书和财务会计报告，并制作认股书。

本法第八十七条、第八十八条的规定适用于公司公开发行新股。

第一百三十五条 公司发行新股，可以根据公司经营情况和财务状况，确定其作价方案。

第一百三十六条 公司发行新股募足股款后，必须向公司登记机关办理变更登记，并公告。

第二节 股份转让

第一百三十七条 股东持有的股份可以依法转让。

第一百三十八条　股东转让其股份，应当在依法设立的证券交易场所进行或者按照国务院规定的其他方式进行。

第一百三十九条　记名股票，由股东以背书方式或者法律、行政法规规定的其他方式转让；转让后由公司将受让人的姓名或者名称及住所记载于股东名册。

股东大会召开前二十日内或者公司决定分配股利的基准日前五日内，不得进行前款规定的股东名册的变更登记。但是，法律对上市公司股东名册变更登记另有规定的，从其规定。

第一百四十条　无记名股票的转让，由股东将该股票交付给受让人后即发生转让的效力。

第一百四十一条　发起人持有的本公司股份，自公司成立之日起一年内不得转让。公司公开发行股份前已发行的股份，自公司股票在证券交易所上市交易之日起一年内不得转让。

公司董事、监事、高级管理人员应当向公司申报所持有的本公司的股份及其变动情况，在任职期间每年转让的股份不得超过其所持有本公司股份总数的百分之二十五；所持本公司股份自公司股票上市交易之日起一年内不得转让。上述人员离职后半年内，不得转让其所持有的本公司股份。公司章程可以对公司董事、监事、高级 管理人员转让其所持有的本公司股份做出其他限制性规定。

第一百四十二条　公司不得收购本公司股份。但是，有下列情形之一的除外：

（一）减少公司注册资本。

（二）与持有本公司股份的其他公司合并。

（三）将股份奖励给本公司职工。

（四）股东因对股东大会做出的公司合并、分立决议持异议，要求公司收购其股份的。

公司因前款第（一）项至第（三）项的原因收购本公司股份的，应当经股东大会决议。公司依照前款规定收购本公司股份后，属于第（一）项情形的，应当自收购之日起十日内注销；属于第（二）项、第（四）项情形的，应当在六个月内转让或者注销。

公司依照第一款第（三）项规定收购的本公司股份，不得超过本公司已发行股份总额的百分之五；用于收购的资金应当从公司的税后利润中支出；所收购的股份应当在一年内转让给职工。

公司不得接受本公司的股票作为质押权的标的。

第一百四十三条　记名股票被盗、遗失或者灭失，股东可以依照《中华人民共和国民事诉讼法》规定的公示催告程序，请求人民法院宣告该股票失效。人民法院宣告该股票失效后，股东可以向公司申请补发股票。

第一百四十四条　上市公司的股票，依照有关法律、行政法规及证券交易所交易规则上市交易。

第一百四十五条　上市公司必须依照法律、行政法规的规定，公开其财务状况、经营情况及重大诉讼，在每会计年度内半年公布一次财务会计报告。

第六章　公司董事、监事、高级管理人员的资格和义务

第一百四十六条　有下列情形之一的，不得担任公司的董事、监事、高级管理人员：

（一）无民事行为能力或者限制民事行为能力。

（二）因贪污、贿赂、侵占财产、挪用财产或者破坏社会主义市场经济秩序，被判处刑罚，执行期满未逾五年，或者因犯罪被剥夺政治权利，执行期满未逾五年。

（三）担任破产清算的公司、企业的董事或者厂长、经理，对该公司、企业的破产负有个人责任的，自该公司、企业破产清算完结之日起未逾三年。

（四）担任因违法被吊销营业执照、责令关闭的公司、企业的法定代表人，并负有个人责任的，自该公司、企业被吊销营业执照之日起未逾三年。

（五）个人所负数额较大的债务到期未清偿。

公司违反前款规定选举、委派董事、监事或者聘任高级管理人员的，该选举、委派或者聘任无效。

董事、监事、高级管理人员在任职期间出现本条第一款所列情形的，公司应当解除其职务。

第一百四十七条　董事、监事、高级管理人员应当遵守法律、行政法规和公司章程，对公司负有忠实义务和勤勉义务。

董事、监事、高级管理人员不得利用职权收受贿赂或者其他非法收入，不得侵占公司的财产。

第一百四十八条　董事、高级管理人员不得有下列行为：

（一）挪用公司资金。

（二）将公司资金以其个人名义或者以其他个人名义开立账户存储。

（三）违反公司章程的规定，未经股东会、股东大会或者董事会同意，将公司资金借贷给他人或者以公司财产为他人提供担保。

（四）违反公司章程的规定或者未经股东会、股东大会同意，与本公司订立合同或者进行交易。

（五）未经股东会或者股东大会同意，利用职务便利为自己或者他人谋取属于公司的商业机会，自营或者为他人经营与所任职公司同类的业务。

（六）接受他人与公司交易的佣金归为己有。

（七）擅自披露公司秘密。

（八）违反对公司忠实义务的其他行为。

董事、高级管理人员违反前款规定所得的收入应当归公司所有。

第一百四十九条　董事、监事、高级管理人员执行公司职务时违反法律、行政法规或者公司章程的规定，给公司造成损失的，应当承担赔偿责任。

第一百五十条　股东会或者股东大会要求董事、监事、高级管理人员列席会议的，董事、监事、高级管理人员应当列席并接受股东的质询。

董事、高级管理人员应当如实向监事会或者不设监事会的有限责任公司的监事提供有关情况和资料，不得妨碍监事会或者监事行使职权。

第一百五十一条　董事、高级管理人员有本法第一百四十九条规定的情形的，有限责任公司的股东、股份有限公司连续一百八十日以上单独或者合计持有公司百分之一以上股份的股东，可以书面请求监事会或者不设监事会的有限责任公司的监事向人民法院提起诉讼；监事有本法第一百四十九条规定的情形的，前述股东可以书面请求董事会或者不设董事会的有限责任公司的执行董事向人民法院提起诉讼。

监事会、不设监事会的有限责任公司的监事，或者董事会、执行董事收到前款规定的股东书面请求后拒绝提起诉讼，或者自收到请求之日起三十日内未提起诉讼，或者情况紧急、不立即提起诉讼将会使公司利益受到难以弥补的损害的，前款规定的股东有权为了公司的利益以自己的名义直接向人民法院提起诉讼。

他人侵犯公司合法权益，给公司造成损失的，本条第一款规定的股东可以依照前两款的规定向人民法院提起诉讼。

第一百五十二条　董事、高级管理人员违反法律、行政法规或者公司章程的规定，损害股东利益的，股东可以向人民法院提起诉讼。

第七章　公司债券

第一百五十三条　本法所称公司债券，是指公司依照法定程序发行、约定在一定期限还本付息的有价证券。

公司发行公司债券应当符合《中华人民共和国证券法》规定的发行条件。

第一百五十四条　发行公司债券的申请经国务院授权的部门核准后，应当公告公司债券募集办法。

公司债券募集办法中应当载明下列主要事项：

（一）公司名称。

（二）债券募集资金的用途。

（三）债券总额和债券的票面金额。

（四）债券利率的确定方式。

（五）还本付息的期限和方式。

（六）债券担保情况。

（七）债券的发行价格、发行的起止日期。

（八）公司净资产额。

（九）已发行的尚未到期的公司债券总额。

（十）公司债券的承销机构。

第一百五十五条　公司以实物券方式发行公司债券的，必须在债券上载明公司名称、债券票面金额、利率、偿还期限等事项，并由法定代表人签名，公司盖章。

第一百五十六条　公司债券，可以为记名债券，也可以为无记名债券。

第一百五十七条　公司发行公司债券应当置备公司债券存根簿。

发行记名公司债券的，应当在公司债券存根簿上载明下列事项：

（一）债券持有人的姓名或者名称及住所。

（二）债券持有人取得债券的日期及债券的编号。

（三）债券总额，债券的票面金额、利率、还本付息的期限和方式。

（四）债券的发行日期。

发行无记名公司债券的，应当在公司债券存根簿上载明债券总额、利率、偿还期限和方式、发行日期及债券的编号。

第一百五十八条　记名公司债券的登记结算机构应当建立债券登记、存管、付息、兑付等相关制度。

第一百五十九条　公司债券可以转让，转让价格由转让人与受让人约定。

公司债券在证券交易所上市交易的，按照证券交易所的交易规则转让。

第一百六十条　记名公司债券，由债券持有人以背书方式或者法律、行政法规规定的其他方式转让；转让后由公司将受让人的姓名或者名称及住所记载于公司债券存根簿。

无记名公司债券的转让，由债券持有人将该债券交付给受让人后即发生转让的效力。

第一百六十一条　上市公司经股东大会决议可以发行可转换为股票的公司债券，并在公司债券募集办法中规定具体的转换办法。上市公司发行可转换为股票的公司债券，应当报国务院证券监督管理机构核准。

发行可转换为股票的公司债券，应当在债券上标明可转换公司债券字样，并在公司债券存根簿上载明可转换公司债券的数额。

第一百六十二条　发行可转换为股票的公司债券的，公司应当按照其转换办法向债券持有人换发股票，但债券持有人对转换股票或者不转换股票有选择权。

第八章　公司财务、会计

第一百六十三条　公司应当依照法律、行政法规和国务院财政部门的规定建立本公司的财务、会计制度。

第一百六十四条　公司应当在每一会计年度终了时编制财务会计报告，并依法经会计师事务所审计。

财务会计报告应当依照法律、行政法规和国务院财政部门的规定制作。

第一百六十五条　有限责任公司应当依照公司章程规定的期限将财务会计报告送交各股东。

股份有限公司的财务会计报告应当在召开股东大会年会的二十日前置备于本公司，供股东查阅；公开发行股票的股份有限公司必须公告其财务会计报告。

第一百六十六条　公司分配当年税后利润时，应当提取利润的百分之十列入公司法定公积金。公司法定公积金累计额为公司注册资本的百分之五十以上的，可以不再提取。

公司的法定公积金不足以弥补以前年度亏损的，在依照前款规定提取法定公积金之前，应当先用当年利润弥补亏损。

公司从税后利润中提取法定公积金后，经股东会或者股东大会决议，还可以从税后利润中提取任意公积金。

公司弥补亏损和提取公积金后所余税后利润，有限责任公司依照本法第三十四条的规定分配；股份有限公司按照股东持有的股份比例分配，但股份有限公司章程规定不按持股比例分配的除外。

股东会、股东大会或者董事会违反前款规定，在公司弥补亏损和提取法定公积金之前向股东分配利润的，股东必须将违反规定分配的利润退还公司。

公司持有的本公司股份不得分配利润。

第一百六十七条　股份有限公司以超过股票票面金额的发行价格发行股份所得的溢价款以及国务院财政部门规定列入资本公积金的其他收入，应当列为公司资本公积金。

第一百六十八条　公司的公积金用于弥补公司的亏损、扩大公司生产经营或者转为增加公司资本。但是，资本公积金不得用于弥补公司的亏损。

法定公积金转为资本时，所留存的该项公积金不得少于转增前公司注册资本的百分之二十五。

第一百六十九条　公司聘用、解聘承办公司审计业务的会计师事务所，依照公司章程的规定，由股东会、股东大会或者董事会决定。

公司股东会、股东大会或者董事会就解聘会计师事务所进行表决时，应当允许会计师事务所陈述意见。

第一百七十条　公司应当向聘用的会计师事务所提供真实、完整的会计凭证、会计账簿、财务会计报告及其他会计资料，不得拒绝、隐匿、谎报。

第一百七十一条　公司除法定的会计账簿外，不得另立会计账簿。

对公司资产，不得以任何个人名义开立账户存储。

第九章　公司合并、分立、增资、减资

第一百七十二条　公司合并可以采取吸收合并或者新设合并。

一家公司吸收其他公司为吸收合并，被吸收的公司解散。两家以上公司合并设立一家新的公司为新设合并，合并各方解散。

第一百七十三条　公司合并，应当由合并各方签订合并协议，并编制资产负债表及财产清单。公司应当自做出合并决议之日起十日内通知债权人，并于三十日内在报纸上公告。债权人自接到通知书之日起三十日内，未接到通知书的自公告之日起四十五日内，可以要求公司清偿债务或者提供相应的担保。

第一百七十四条　公司合并时，合并各方的债权、债务，应当由合并后存续的公司或者新设的公司承继。

第一百七十五条　公司分立，其财产作相应的分割。

公司分立，应当编制资产负债表及财产清单。公司应当自做出分立决议之日起十日内通知债权人，并于三十日内在报纸上公告。

第一百七十六条　公司分立前的债务由分立后的公司承担连带责任。但是，公司在分立前与债权人就债务清偿达成的书面协议另有约定的除外。

第一百七十七条　公司需要减少注册资本时，必须编制资产负债表及财产清单。

公司应当自做出减少注册资本决议之日起十日内通知债权人，并于三十日内在报纸上公告。债权人自接到通知书之日起三十日内，未接到通知书的自公告之日起四十五日内，有权要求公司清偿债务或者提供相应的担保。

第一百七十八条　有限责任公司增加注册资本时，股东认缴新增资本的出资，依照本法设立有限责任公司缴纳出资的有关规定执行。

股份有限公司为增加注册资本发行新股时，股东认购新股，依照本法设立股份有限公司缴纳股款的有关规定执行。

第一百七十九条　公司合并或者分立，登记事项发生变更的，应当依法向公司登记机关办理变更登记；公司解散的，应当依法办理公司注销登记；设立新公司的，应当依法办理公司设立登记。

公司增加或者减少注册资本，应当依法向公司登记机关办理变更登记。

第十章　公司解散和清算

第一百八十条　公司因下列原因解散：

（一）公司章程规定的营业期限届满或者公司章程规定的其他解散事由出现。

（二）股东会或者股东大会决议解散。

（三）因公司合并或者分立需要解散。

（四）依法被吊销营业执照、责令关闭或者被撤销。

（五）人民法院依照本法第一百八十二条的规定予以解散。

第一百八十一条　公司有本法第一百八十条第（一）项情形的，可以通过修改公司章程而存续。

依照前款规定修改公司章程，有限责任公司须经持有三分之二以上表决权的股东通过，股份有限公司须经出席股东大会会议的股东所持表决权的三分之二以上通过。

第一百八十二条　公司经营管理发生严重困难，继续存续会使股东利益受到重大损失，通过其他途径不能解决的，持有公司全部股东表决权百分之十以上的股东，可以请求人民法院解散公司。

第一百八十三条　公司因本法第一百八十条第（一）项、第（二）项、第（四）项、第（五）项规定而解散的，应当在解散事由出现之日起十五日内成立清算组，开始清算。有限责任公司的清算组由股东组成，股份有限公司的清算组由董事或者股东大会确定的人员组成。逾期不成立清算组进行清算的，债权人可以申请人民法院指定有关人员组成清算组进行清算。人民法院应当受理该申请，并及时组织清算组进行清算。

第一百八十四条　清算组在清算期间行使下列职权：

（一）清理公司财产，分别编制资产负债表和财产清单。

（二）通知、公告债权人。

（三）处理与清算有关的公司未了结的业务。

（四）清缴所欠税款以及清算过程中产生的税款。

（五）清理债权、债务。

（六）处理公司清偿债务后的剩余财产。

（七）代表公司参与民事诉讼活动。

第一百八十五条　清算组应当自成立之日起十日内通知债权人，并于六十日内在报纸上公告。债权人应当自接到通知书之日起三十日内，未接到通知书的自公告之日起四十五日内，向清算组申报其债权。

债权人申报债权，应当说明债权的有关事项，并提供证明材料。清算组应当对债权进行登记。

在申报债权期间，清算组不得对债权人进行清偿。

第一百八十六条　清算组在清理公司财产、编制资产负债表和财产清单后，应当制订清算方案，并报股东会、股东大会或者人民法院确认。

公司财产在分别支付清算费用、职工的工资、社会保险费用和法定补偿金，缴纳所欠税款，清偿公司债务后的剩余财产，有限责任公司按照股东的出资比例分配，股份有限公司按照股东持有的股份比例分配。

清算期间，公司存续，但不得开展与清算无关的经营活动。公司财产在未依照前款规定清偿前，不得分配给股东。

第一百八十七条　清算组在清理公司财产、编制资产负债表和财产清单后，发现公司财产不足清偿债务的，应当依法向人民法院申请宣告破产。

公司经人民法院裁定宣告破产后，清算组应当将清算事务移交给人民法院。

第一百八十八条　公司清算结束后，清算组应当制作清算报告，报股东会、股东大会或者人民法院确认，并报送公司登记机关，申请注销公司登记，公告公司终止。

第一百八十九条　清算组成员应当忠于职守，依法履行清算义务。

清算组成员不得利用职权收受贿赂或者其他非法收入，不得侵占公司财产。

清算组成员因故意或者重大过失给公司或者债权人造成损失的，应当承担赔偿责任。

第一百九十条　公司被依法宣告破产的，依照有关企业破产的法律实施破产清算。

第十一章　外国公司的分支机构

第一百九十一条　本法所称外国公司是指依照外国法律在中国境外设立的公司。

第一百九十二条　外国公司在中国境内设立分支机构，必须向中国主管机关提出申请，并提交其公司章程、所属国的公司登记证书等有关文件，经批准后，向公司登记机关依法办理登记，领取营业执照。

外国公司分支机构的审批办法由国务院另行规定。

第一百九十三条　外国公司在中国境内设立分支机构，必须在中国境内指定负责该分支机构的代表人或者代理人，并向该分支机构拨付与其所从事的经营活动相适应的资金。

对外国公司分支机构的经营资金需要规定最低限额的，由国务院另行规定。

第一百九十四条　外国公司的分支机构应当在其名称中标明该外国公司的国籍及责任形式。

外国公司的分支机构应当在本机构中置备该外国公司章程。

第一百九十五条　外国公司在中国境内设立的分支机构不具有中国法人资格。

外国公司对其分支机构在中国境内进行经营活动承担民事责任。

第一百九十六条　经批准设立的外国公司分支机构，在中国境内从事业务活动，必须遵守中国的法律，不得损害中国的社会公共利益，其合法权益受中国法律保护。

第一百九十七条　外国公司撤销其在中国境内的分支机构时，必须依法清偿债务，依照本法有关公司清算程序的规定进行清算。未清偿债务之前，不得将其分支机构的财产移至中国境外。

第十二章　法律责任

第一百九十八条　违反本法规定，虚报注册资本、提交虚假材料或者采取其他欺诈手段隐瞒重要事实取得公司登记的，由公司登记机关责令改正，对虚报注册资本的公司，处以虚报注册资本金额百分之五以上百分之十五以下的罚款；对提交虚假材料或者采取其他欺诈手段隐瞒重要事实的公司，处以五万元以上五十万元以下的罚款；情节严重的，撤销公司登记或者吊销营业执照。

第一百九十九条　公司的发起人、股东虚假出资，未交付或者未按期交付作为出资的货币或者非货币财产的，由公司登记机关责令改正，处以虚假出资金额百分之五以上百分之十五以下的罚款。

第二百条　公司的发起人、股东在公司成立后，抽逃其出资的，由公司登记机关责令改正，处以所抽逃出资金额百分之五以上百分之十五以下的罚款。

第二百零一条　公司违反本法规定，在法定的会计账簿以外另立会计账簿的，由县级以上人民政府财政部门责令改正，处以五万元以上五十万元以下的罚款。

第二百零二条　公司在依法向有关主管部门提供的财务会计报告等材料上作虚假记载或者隐瞒重要事实的，由有关主管部门对直接负责的主管人员和其他直接责任人员处以三万元以上三十万元以下的罚款。

第二百零三条 公司不依照本法规定提取法定公积金的,由县级以上人民政府财政部门责令如数补足应当提取的金额,可以对公司处以二十万元以下的罚款。

第二百零四条 公司在合并、分立、减少注册资本或者进行清算时,不依照本法规定通知或者公告债权人的,由公司登记机关责令改正,对公司处以一万元以上十万元以下的罚款。

公司在进行清算时,隐匿财产,对资产负债表或者财产清单作虚假记载或者在未清偿债务前分配公司财产的,由公司登记机关责令改正,对公司处以隐匿财产或者未清偿债务前分配公司财产金额百分之五以上百分之十以下的罚款;对直接负责的主管人员和其他直接责任人员处以一万元以上十万元以下的罚款。

第二百零五条 公司在清算期间开展与清算无关的经营活动的,由公司登记机关予以警告,没收违法所得。

第二百零六条 清算组不依照本法规定向公司登记机关报送清算报告,或者报送清算报告隐瞒重要事实或者有重大遗漏的,由公司登记机关责令改正。

清算组成员利用职权徇私舞弊、谋取非法收入或者侵占公司财产的,由公司登记机关责令退还公司财产,没收违法所得,并可以处以违法所得一倍以上五倍以下的罚款。

第二百零七条 承担资产评估、验资或者验证的机构提供虚假材料的,由公司登记机关没收违法所得,处以违法所得一倍以上五倍以下的罚款,并可以由有关主管部门依法责令该机构停业,吊销直接责任人员的资格证书,吊销营业执照。

承担资产评估、验资或者验证的机构因过失提供有重大遗漏的报告的，由公司登记机关责令改正，情节较重的，处以所得收入一倍以上五倍以下的罚款，并可以由有关主管部门依法责令该机构停业，吊销直接责任人员的资格证书，吊销营业执照。

承担资产评估、验资或者验证的机构因其出具的评估结果、验资或者验证证明不实，给公司债权人造成损失的，除能够证明自己没有过错的外，在其评估或者证明不实的金额范围内承担赔偿责任。

第二百零八条 公司登记机关对不符合本法规定条件的登记申请予以登记的，或者对符合本法规定条件的登记申请不予登记的，对直接负责的主管人员和其他直接责任人员，依法给予行政处分。

第二百零九条 公司登记机关的上级部门强令公司登记机关对不符合本法规定条件的登记申请予以登记的，或者对符合本法规定条件的登记申请不予登记的，或者对违法登记进行包庇的，对直接负责的主管人员和其他直接责任人员依法给予行政处分。

第二百一十条 未依法登记为有限责任公司或者股份有限公司，而冒用有限责任公司或者股份有限公司名义的，或者未依法登记为有限责任公司或者股份有限公司的分公司，而冒用有限责任公司或者股份有限公司的分公司名义的，由公司登记机关责令改正或者予以取缔，可以并处十万元以下的罚款。

第二百一十一条 公司成立后无正当理由超过六个月未开业的，或者开业后自行停业连续六个月以上的，可以由公司登记机关吊销营业执照。

公司登记事项发生变更时，未依照本法规定办理有关变更登记的，由公司登记机关责令限期登记；逾期不登记的，处以一万元以上十万元以下的罚款。

第二百一十二条 外国公司违反本法规定，擅自在中国境内设立分支机构的，由公司登记机关责令改正或者关闭，可以并处五万元以上二十万元以下的罚款。

第二百一十三条　利用公司名义从事危害国家安全、社会公共利益的严重违法行为的，吊销营业执照。

第二百一十四条　公司违反本法规定，应当承担民事赔偿责任和缴纳罚款、罚金的，其财产不足以支付时，先承担民事赔偿责任。

第二百一十五条　违反本法规定，构成犯罪的，依法追究刑事责任。

第十三章　附则

第二百一十六条　本法下列用语的含义：

（一）高级管理人员，是指公司的经理、副经理、财务负责人，上市公司董事会秘书和公司章程规定的其他人员。

（二）控股股东，是指其出资额占有限责任公司资本总额百分之五十以上或者其持有的股份占股份有限公司股本总额百分之五十以上的股东；出资额或者持有股份的比例虽然不足百分之五十，但依其出资额或者持有的股份所享有的表决权足以对股东会、股东大会的决议产生重大影响的股东。

（三）实际控制人，是指虽不是公司的股东，但通过投资关系、协议或者其他安排，能够实际支配公司行为的人。

（四）关联关系，是指公司控股股东、实际控制人、董事、监事、高级管理人员与其直接或者间接控制的企业之间的关系，以及可能导致公司利益转移的其他关系。但是，国家控股的企业之间不仅因为同受国家控股而具有关联关系。

第二百一十七条　外商投资的有限责任公司和股份有限公司适用本法；有关外商投资的法律另有规定的，适用其规定。

第二百一十八条　本法自 2014 年 3 月 1 日起施行。

附录2 《中华人民共和国商业银行法（2003年修订）》

（1995年5月10日第八届全国人民代表大会常务委员会第十三次会议通过　根据2003年12月27日第十届全国人民代表大会常务委员会第六次会议《关于修改〈中华人民共和国商业银行法〉的决定》修正）

目　录

第一章　总则

第二章　商业银行的设立和组织机构

第三章　对存款人的保护

第四章　贷款和其他业务的基本规则

第五章　财务会计

第六章　监督管理

第七章　接管和终止

第八章　法律责任

第九章　附则

第一章　总则

第一条　为了保护商业银行、存款人和其他客户的合法权益，规范商业银行的行为，提高信贷资产质量，加强监督管理，保障商业银行的稳健运行，维护金融秩序，促进社会主义市场经济的发展，制定本法。

第二条　本法所称的商业银行是指依照本法和《中华人民共和国公司法》设立的吸收公众存款、发放贷款、办理结算等业务的企业法人。

第三条　商业银行可以经营下列部分或者全部业务：

（一）吸收公众存款。

（二）发放短期、中期和长期贷款。

（三）办理国内外结算。

（四）办理票据承兑与贴现。

（五）发行金融债券。

（六）代理发行、代理兑付、承销政府债券。

（七）买卖政府债券、金融债券。

（八）从事同业拆借。

（九）买卖、代理买卖外汇。

（十）从事银行卡业务。

（十一）提供信用证服务及担保。

（十二）代理收付款项及代理保险业务。

（十三）提供保管箱服务。

（十四）经国务院银行业监督管理机构批准的其他业务。

经营范围由商业银行章程规定，报国务院银行业监督管理机构批准。

商业银行经中国人民银行批准，可以经营结汇、售汇业务。

第四条　商业银行以安全性、流动性、效益性为经营原则，实行自主经营、自担风险、自负盈亏、自我约束。

商业银行依法开展业务，不受任何单位和个人的干涉。

商业银行以其全部法人财产独立承担民事责任。

第五条　商业银行与客户的业务往来，应当遵循平等、自愿、公平和诚实信用的原则。

第六条　商业银行应当保障存款人的合法权益不受任何单位和个人的侵犯。

第七条　商业银行开展信贷业务，应当严格审查借款人的资信，实行担保，保障按期收回贷款。

商业银行依法向借款人收回到期贷款的本金和利息，受法律保护。

第八条　商业银行开展业务，应当遵守法律、行政法规的有关规定，不得损害国家利益、社会公共利益。

第九条　商业银行开展业务，应当遵守公平竞争的原则，不得从事不正当竞争。

第十条　商业银行依法接受国务院银行业监督管理机构的监督管理，但法律规定其有关业务接受其他监督管理部门或者机构监督管理的，依照其规定。

第二章　商业银行的设立和组织机构

第十一条　设立商业银行，应当经国务院银行业监督管理机构审查批准。

未经国务院银行业监督管理机构批准，任何单位和个人不得从事吸收公众存款等商业银行业务，任何单位不得在名称中使用"银行"字样。

第十二条　设立商业银行，应当具备下列条件：

（一）有符合本法和《中华人民共和国公司法》规定的章程。

（二）有符合本法规定的注册资本最低限额。

（三）有具备任职专业知识和业务工作经验的董事、高级管理人员。

（四）有健全的组织机构和管理制度。

（五）有符合要求的营业场所、安全防范措施和与业务有关的其他设施。

设立商业银行，还应当符合其他审慎性条件。

第十三条　设立全国性商业银行的注册资本最低限额为十亿元人民币，设立城市商业银行的注册资本最低限额为一亿元人民币，设立农村商业银行的注册资本最低限额为五千万元人民币。注册资本应当是实缴资本。

国务院银行业监督管理机构根据审慎监管的要求可以调整注册资本最低限额，但不得少于前款规定的限额。

第十四条　设立商业银行，申请人应当向国务院银行业监督管理机构提交下列文件、资料：

（一）申请书，申请书应当载明拟设立的商业银行的名称、所在地、注册资本、业务范围等。

（二）可行性研究报告。

（三）国务院银行业监督管理机构规定提交的其他文件、资料。

第十五条　设立商业银行的申请经审查符合本法第十四条规定的，申请人应当填写正式申请表，并提交下列文件、资料：

（一）章程草案。

（二）拟任职的董事、高级管理人员的资格证明。

（三）法定验资机构出具的验资证明。

（四）股东名册及其出资额、股份。

（五）持有注册资本百分之五以上的股东的资信证明和有关资料。

（六）经营方针和计划。

（七）营业场所、安全防范措施和与业务有关的其他设施的资料。

（八）国务院银行业监督管理机构规定的其他文件、资料。

第十六条　经批准设立的商业银行，由国务院银行业监督管理机构颁发经营许可证，并凭该许可证向工商行政管理部门办理登记，领取营业执照。

第十七条　商业银行的组织形式、组织机构适用《中华人民共和国公司法》的规定。

本法施行前设立的商业银行，其组织形式、组织机构不完全符合《中华人民共和国公司法》规定的，可以继续沿用原有的规定，适用前款规定的日期由国务院规定。

第十八条　国有独资商业银行设立监事会。监事会的产生办法由国务院规定。

监事会对国有独资商业银行的信贷资产质量、资产负债比例、国有资产保值增值等情况以及高级管理人员违反法律、行政法规或者章程的行为和损害银行利益的行为进行监督。

第十九条　商业银行根据业务需要可以在中华人民共和国境内外设立分支机构。设立分支机构必须经国务院银行业监督管理机构审查批准。在中华人民共和国境内的分支机构，不按行政区划设立。

商业银行在中华人民共和国境内设立分支机构，应当按照规定拨付与其经营规模相适应的营运资金额。拨付各分支机构营运资金额的总和，不得超过总行资本金总额的百分之六十。

第二十条　设立商业银行分支机构，申请人应当向国务院银行业监督管理机构提交下列文件、资料：

（一）申请书，申请书应当载明拟设立的分支机构的名称、营运资金额、业务范围、总行及分支机构所在地等。

（二）申请人最近两年的财务会计报告。

（三）拟任职的高级管理人员的资格证明。

（四）经营方针和计划。

（五）营业场所、安全防范措施和与业务有关的其他设施的资料。

（六）国务院银行业监督管理机构规定的其他文件、资料。

第二十一条　经批准设立的商业银行分支机构，由国务院银行业监督管理机构颁发经营许可证，并凭该许可证向工商行政管理部门办理登记，领取营业执照。

第二十二条　商业银行对其分支机构实行全行统一核算、统一调度资金、分级管理的财务制度。

商业银行分支机构不具有法人资格，在总行授权范围内依法开展业务，其民事责任由总行承担。

第二十三条　经批准设立的商业银行及其分支机构，由国务院银行业监督管理机构予以公告。

商业银行及其分支机构自取得营业执照之日起无正当理由超过六个月未开业的，或者开业后自行停业连续六个月以上的，由国务院银行业监督管理机构吊销其经营许可证，并予以公告。

第二十四条　商业银行有下列变更事项之一的,应当经国务院银行业监督管理机构批准:

(一)变更名称。

(二)变更注册资本。

(三)变更总行或者分支行所在地。

(四)调整业务范围。

(五)变更持有资本总额或者股份总额百分之五以上的股东。

(六)修改章程。

(七)国务院银行业监督管理机构规定的其他变更事项。

更换董事、高级管理人员时,应当报经国务院银行业监督管理机构审查其任职资格。

第二十五条　商业银行的分立、合并,适用《中华人民共和国公司法》的规定。

商业银行的分立、合并,应当经国务院银行业监督管理机构审查批准。

第二十六条　商业银行应当依照法律、行政法规的规定使用经营许可证。禁止伪造、变造、转让、出租、出借经营许可证。

第二十七条　有下列情形之一的,不得担任商业银行的董事、高级管理人员:

(一)因犯有贪污、贿赂、侵占财产、挪用财产罪或者破坏社会经济秩序罪,被判处刑罚,或者因犯罪被剥夺政治权利的。

(二)担任因经营不善破产清算的公司、企业的董事或者厂长、经理,并对该公司、企业的破产负有个人责任的。

（三）担任因违法被吊销营业执照的公司、企业的法定代表人，并负有个人责任的。

（四）个人所负数额较大的债务到期未清偿的。

第二十八条　任何单位和个人购买商业银行股份总额百分之五以上的，应当事先经国务院银行业监督管理机构批准。

第三章　对存款人的保护

第二十九条　商业银行办理个人储蓄存款业务，应当遵循存款自愿、取款自由、存款有息、为存款人保密的原则。

对个人储蓄存款，商业银行有权拒绝任何单位或者个人查询、冻结、扣划，但法律另有规定的除外。

第三十条　对单位存款，商业银行有权拒绝任何单位或者个人查询，但法律、行政法规另有规定的除外；有权拒绝任何单位或者个人冻结、扣划，但法律另有规定的除外。

第三十一条　商业银行应当按照中国人民银行规定的存款利率的上下限，确定存款利率，并予以公告。

第三十二条　商业银行应当按照中国人民银行的规定，向中国人民银行交存存款准备金，留足备付金。

第三十三条　商业银行应当保证存款本金和利息的支付，不得拖延、拒绝支付存款本金和利息。

第四章 贷款和其他业务的基本规则

第三十四条 商业银行根据国民经济和社会发展的需要，在国家产业政策指导下开展贷款业务。

第三十五条 商业银行贷款，应当对借款人的借款用途、偿还能力、还款方式等情况进行严格审查。

商业银行贷款，应当实行审贷分离、分级审批的制度。

第三十六条 商业银行贷款，借款人应当提供担保。商业银行应当对保证人的偿还能力，抵押物、质物的权属和价值以及实现抵押权、质权的可行性进行严格审查。

经商业银行审查、评估，确认借款人资信良好，确能偿还贷款的，可以不提供担保。

第三十七条 商业银行贷款，应当与借款人订立书面合同。合同应当约定贷款种类、借款用途、金额、利率、还款期限、还款方式、违约责任和双方认为需要约定的其他事项。

第三十八条 商业银行应当按照中国人民银行规定的贷款利率的上下限，确定贷款利率。

第三十九条 商业银行贷款，应当遵守下列资产负债比例管理的规定：

（一）资本充足率不得低于百分之八。

（二）贷款余额与存款余额的比例不得超过百分之七十五。

（三）流动性资产余额与流动性负债余额的比例不得低于百分之二十五。

（四）对同一借款人的贷款余额与商业银行资本余额的比例不得超过百分之十。

（五）国务院银行业监督管理机构对资产负债比例管理的其他规定。

本法施行前设立的商业银行，在本法施行后，其资产负债比例不符合前款规定的，应当在一定的期限内符合前款规定。具体办法由国务院规定。

第四十条　商业银行不得向关系人发放信用贷款；向关系人发放担保贷款的条件不得优于其他借款人同类贷款的条件。

前款所称关系人是指：

（一）商业银行的董事、监事、管理人员、信贷业务人员及其近亲属。

（二）前项所列人员投资或者担任高级管理职务的公司、企业和其他经济组织。

第四十一条　任何单位和个人不得强令商业银行发放贷款或者提供担保。商业银行有权拒绝任何单位和个人强令其发放贷款或者提供担保。

第四十二条　借款人应当按期归还贷款的本金和利息。

借款人到期不归还担保贷款的，商业银行依法享有要求保证人归还贷款本金和利息或者就该担保物优先受偿的权利。商业银行因行使抵押权、质权而取得的不动产或者股权，应当自取得之日起两年内予以处分。

借款人到期不归还信用贷款的，应当按照合同约定承担责任。

第四十三条　商业银行在中华人民共和国境内不得从事信托投资和证券经营业务，不得向非自用不动产投资或者向非银行金融机构和企业投资，但国家另有规定的除外。

第四十四条　商业银行办理票据承兑、汇兑、委托收款等结算业务，应当按照规定的期限兑现，收付入账，不得压单、压票或者违反规定退票。有关兑现、收付入账期限的规定应当公布。

第四十五条　商业银行发行金融债券或者到境外借款，应当依照法律、行政法规的规定报经批准。

第四十六条　同业拆借，应当遵守中国人民银行的规定。禁止利用拆入资金发放固定资产贷款或者用于投资。

拆出资金限于交足存款准备金、留足备付金和归还中国人民银行到期贷款之后的闲置资金。拆入资金用于弥补票据结算、联行汇差头寸的不足和解决临时性周转资金的需要。

第四十七条　商业银行不得违反规定提高或者降低利率以及采用其他不正当手段，吸收存款，发放贷款。

第四十八条　企业事业单位可以自主选择一家商业银行的营业场所开立一个办理日常转账结算和现金收付的基本账户，不得开立两个以上基本账户。

任何单位和个人不得将单位的资金以个人名义开立账户存储。

第四十九条　商业银行的营业时间应当方便客户，并予以公告。商业银行应当在公告的营业时间内营业，不得擅自停止营业或者缩短营业时间。

第五十条　商业银行办理业务，提供服务，按照规定收取手续费。收费项目和标准由国务院银行业监督管理机构、中国人民银行根据职责分工，分别会同国务院价格主管部门制定。

第五十一条　商业银行应当按照国家有关规定保存财务会计报表、业务合同以及其他资料。

第五十二条　商业银行的工作人员应当遵守法律、行政法规和其他各项业务管理的规定，不得有下列行为：

（一）利用职务上的便利，索取、收受贿赂或者违反国家规定收受各种名义的回扣、手续费。

（二）利用职务上的便利，贪污、挪用、侵占本行或者客户的资金。

（三）违反规定徇私向亲属、朋友发放贷款或者提供担保。

（四）在其他经济组织兼职。

（五）违反法律、行政法规和业务管理规定的其他行为。

第五十三条　商业银行的工作人员不得泄露其在任职期间知悉的国家秘密、商业秘密。

第五章　财务会计

第五十四条　商业银行应当依照法律和国家统一的会计制度以及国务院银行业监督管理机构的有关规定，建立、健全本行的财务、会计制度。

第五十五条　商业银行应当按照国家有关规定，真实记录并全面反映其业务活动和财务状况，编制年度财务会计报告，及时向国务院银行业监督管理机构、中国人民银行和国务院财政部门报送。商业银行不得在法定的会计账册外另立会计账册。

第五十六条　商业银行应当于每一会计年度终了三个月内，按照国务院银行业监督管理机构的规定，公布其上一年度的经营业绩和审计报告。

第五十七条　商业银行应当按照国家有关规定，提取呆账准备金，冲销呆账。

第五十八条　商业银行的会计年度自公历1月1日起至12月31日止。

第六章　监督管理

第五十九条　商业银行应当按照有关规定，制定本行的业务规则，建立、健全本行的风险管理和内部控制制度。

第六十条　商业银行应当建立、健全本行对存款、贷款、结算、呆账等各项情况的稽核、检查制度。

商业银行对分支机构应当进行经常性的稽核和检查监督。

第六十一条　商业银行应当按照规定向国务院银行业监督管理机构、中国人民银行报送资产负债表、利润表以及其他财务会计、统计报表和资料。

第六十二条　国务院银行业监督管理机构有权依照本法第三章、第四章、第五章的规定，随时对商业银行的存款、贷款、结算、呆账等情况进行检查监督。检查监督时，检查监督人员应当出示合法的证件。商业银行应当按照国务院银行业监督管理机构的要求，提供财务会计资料、业务合同和有关经营管理方面的其他信息。

中国人民银行有权依照《中华人民共和国中国人民银行法》第三十二条、第三十四条的规定对商业银行进行检查监督。

第六十三条　商业银行应当依法接受审计机关的审计监督。

第七章　接管和终止

第六十四条　商业银行已经或者可能发生信用危机，严重影响存款人的利益时，国务院银行业监督管理机构可以对该银行实行接管。

接管的目的是对被接管的商业银行采取必要措施，以保护存款人的利益，恢复商业银行的正常经营能力。被接管的商业银行的债权债务关系不因接管而变化。

第六十五条　接管由国务院银行业监督管理机构决定，并组织实施。国务院银行业监督管理机构的接管决定应当载明下列内容：

（一）被接管的商业银行名称。

（二）接管理由。

（三）接管组织。

（四）接管期限。

接管决定由国务院银行业监督管理机构予以公告。

第六十六条　接管自接管决定实施之日起开始。

自接管开始之日起，由接管组织行使商业银行的经营管理权力。

第六十七条　接管期限届满，国务院银行业监督管理机构可以决定延期，但接管期限最长不得超过两年。

第六十八条　有下列情形之一的，接管终止：

（一）接管决定规定的期限届满或者国务院银行业监督管理机构决定的接管延期届满。

（二）接管期限届满前，该商业银行已恢复正常经营能力。

（三）接管期限届满前，该商业银行被合并或者被依法宣告破产。

第六十九条　商业银行因分立、合并或者出现公司章程规定的解散事由需要解散的，应当向国务院银行业监督管理机构提出申请，并附解散的理由和支付存款的本金和利息等债务清偿计划。经国务院银行业监督管理机构批准后解散。

商业银行解散的，应当依法成立清算组，进行清算，按照清偿计划及时偿还存款本金和利息等债务。国务院银行业监督管理机构监督清算过程。

第七十条　商业银行因吊销经营许可证被撤销的，国务院银行业监督管理机构应当依法及时组织成立清算组，进行清算，按照清偿计划及时偿还存款本金和利息等债务。

第七十一条　商业银行不能支付到期债务，经国务院银行业监督管理机构同意，由人民法院依法宣告其破产。商业银行被宣告破产的，由人民法院组织国务院银行业监督管理机构等有关部门和有关人员成立清算组，进行清算。

商业银行破产清算时，在支付清算费用、所欠职工工资和劳动保险费用后，应当优先支付个人储蓄存款的本金和利息。

第七十二条　商业银行因解散、被撤销和被宣告破产而终止。

第八章　法律责任

第七十三条　商业银行有下列情形之一，对存款人或者其他客户造成财产损害的，应当承担支付迟延履行的利息以及其他民事责任：

（一）无故拖延、拒绝支付存款本金和利息的。

（二）违反票据承兑等结算业务规定，不予兑现，不予收付入账，压单、压票或者违反规定退票的。

（三）非法查询、冻结、扣划个人储蓄存款或者单位存款的。

（四）违反本法规定对存款人或者其他客户造成损害的其他行为。

有前款规定情形的，由国务院银行业监督管理机构责令改正，有违法所得的，没收违法所得，违法所得五万元以上的，并处违法所得一倍以上五倍以下罚款；没有违法所得或者违法所得不足五万元的，处五万元以上五十万元以下罚款。

第七十四条　商业银行有下列情形之一，由国务院银行业监督管理机构责令改正，有违法所得的，没收违法所得，违法所得五十万元以上的，并处违法所得一倍以上五倍以下罚款；没有违法所得或者违法所得不足五十万元的，处五十万元以上两百万元以下罚款；情节特别严重或者逾期不改正的，可以责令停业整顿或者吊销其经营许可证；构成犯罪的，依法追究刑事责任：

（一）未经批准设立分支机构的。

（二）未经批准分立、合并或者违反规定对变更事项不报批的。

（三）违反规定提高或者降低利率以及采用其他不正当手段，吸收存款，发放贷款的。

（四）出租、出借经营许可证的。

（五）未经批准买卖、代理买卖外汇的。

（六）未经批准买卖政府债券或者发行、买卖金融债券的。

（七）违反国家规定从事信托投资和证券经营业务、向非自用不动产投资或者向非银行金融机构和企业投资的。

（八）向关系人发放信用贷款或者发放担保贷款的条件优于其他借款人同类贷款的条件的。

第七十五条　商业银行有下列情形之一，由国务院银行业监督管理机构责令改正，并处二十万元以上五十万元以下罚款；情节特别严重或者逾期不改正的，可以责令停业整顿或者吊销其经营许可证；构成犯罪的，依法追究刑事责任：

（一）拒绝或者阻碍国务院银行业监督管理机构检查监督的。

（二）提供虚假的或者隐瞒重要事实的财务会计报告、报表和统计报表的。

（三）未遵守资本充足率、存贷比例、资产流动性比例、同一借款人贷款比例和国务院银行业监督管理机构有关资产负债比例管理的其他规定的。

第七十六条　商业银行有下列情形之一，由中国人民银行责令改正，有违法所得的，没收违法所得，违法所得五十万元以上的，并处违法所得一倍以上五倍以下罚款；没有违法所得或者违法所得不足五十万元的，处五十万元以上两百万元以下罚款；情节特别严重或者逾期不改正的，中国人民银行可以建议国务院银行业监督管理机构责令停业整顿或者吊销其经营许可证；构成犯罪的，依法追究刑事责任：

（一）未经批准办理结汇、售汇的。

（二）未经批准在银行间债券市场发行、买卖金融债券或者到境外借款的。

（三）违反规定同业拆借的。

第七十七条　商业银行有下列情形之一，由中国人民银行责令改正，并处二十万元以上五十万元以下罚款；情节特别严重或者逾期不改正的，中国人民银行可以建议国务院银行业监督管理机构责令停业整顿或者吊销其经营许可证；构成犯罪的，依法追究刑事责任：

（一）拒绝或者阻碍中国人民银行检查监督的。

（二）提供虚假的或者隐瞒重要事实的财务会计报告、报表和统计报表的。

（三）未按照中国人民银行规定的比例交存存款准备金的。

第七十八条　商业银行有本法第七十三条至第七十七条规定情形的，对直接负责的董事、高级管理人员和其他直接责任人员，应当给予纪律处分；构成犯罪的，依法追究刑事责任。

第七十九条　商业银行有下列情形之一，由国务院银行业监督管理机构责令改正，有违法所得的，没收违法所得，违法所得五万元以上的，并处违法所得一倍以上五倍以下罚款；没有违法所得或者违法所得不足五万元的，处五万元以上五十万元以下罚款：

（一）未经批准在名称中使用"银行"字样的。

（二）未经批准购买商业银行股份总额百分之五以上的。

（三）将单位的资金以个人名义开立账户存储的。

第八十条　商业银行不按照规定向国务院银行业监督管理机构报送有关文件、资料的，由国务院银行业监督管理机构责令改正，逾期不改正的，处十万元以上三十万元以下罚款。

商业银行不按照规定向中国人民银行报送有关文件、资料的，由中国人民银行责令改正，逾期不改正的，处十万元以上三十万元以下罚款。

第八十一条　未经国务院银行业监督管理机构批准，擅自设立商业银行，或者非法吸收公众存款、变相吸收公众存款，构成犯罪的，依法追究刑事责任；并由国务院银行业监督管理机构予以取缔。

伪造、变造、转让商业银行经营许可证，构成犯罪的，依法追究刑事责任。

第八十二条　借款人采取欺诈手段骗取贷款，构成犯罪的，依法追究刑事责任。

第八十三条　有本法第八十一条、第八十二条规定的行为，尚不构成犯罪的，由国务院银行业监督管理机构没收违法所得，违法所得五十万元以上的，并处违法所得一倍以上五倍以下罚款；没有违法所得或者违法所得不足五十万元的，处五十万元以上两百万元以下罚款。

第八十四条　商业银行工作人员利用职务上的便利，索取、收受贿赂或者违反国家规定收受各种名义的回扣、手续费，构成犯罪的，依法追究刑事责任；尚不构成犯罪的，应当给予纪律处分。

有前款行为，发放贷款或者提供担保造成损失的，应当承担全部或者部分赔偿责任。

第八十五条　商业银行工作人员利用职务上的便利，贪污、挪用、侵占本行或者客户资金，构成犯罪的，依法追究刑事责任；尚不构成犯罪的，应当给予纪律处分。

第八十六条　商业银行工作人员违反本法规定玩忽职守造成损失的，应当给予纪律处分；构成犯罪的，依法追究刑事责任。

违反规定徇私向亲属、朋友发放贷款或者提供担保造成损失的，应当承担全部或者部分赔偿责任。

第八十七条　商业银行工作人员泄露在任职期间知悉的国家秘密、商业秘密的，应当给予纪律处分；构成犯罪的，依法追究刑事责任。

第八十八条　单位或者个人强令商业银行发放贷款或者提供担保的，应当对直接负责的主管人员和其他直接责任人员或者个人给予纪律处分；造成损失的，应当承担全部或者部分赔偿责任。

商业银行的工作人员对单位或者个人强令其发放贷款或者提供担保未予拒绝的，应当给予纪律处分；造成损失的，应当承担相应的赔偿责任。

第八十九条　商业银行违反本法规定的，国务院银行业监督管理机构可以区别不同情形，取消其直接负责的董事、高级管理人员一定期限直至终身的任职资格，禁止直接负责的董事、高级管理人员和其他直接责任人员一定期限直至终身从事银行业工作。

商业银行的行为尚不构成犯罪的，对直接负责的董事、高级管理人员和其他直接责任人员，给予警告，处五万元以上五十万元以下罚款。

第九十条　商业银行及其工作人员对国务院银行业监督管理机构、中国人民银行的处罚决定不服的,可以依照《中华人民共和国行政诉讼法》的规定向人民法院提起诉讼。

第九章 附则

第九十一条 本法施行前,按照国务院的规定经批准设立的商业银行不再办理审批手续。

第九十二条 外资商业银行、中外合资商业银行、外国商业银行分行适用本法规定,法律、行政法规另有规定的,依照其规定。

第九十三条 城市信用合作社、农村信用合作社办理存款、贷款和结算等业务,适用本法有关规定。

第九十四条 邮政企业办理商业银行的有关业务,适用本法有关规定。

第九十五条 本法自 2004 年 1 月 1 日起施行。

附录3 《中华人民共和国银行业监督管理法》

(2003年12月27日第十届全国人民代表大会常务委员会第六次会议通过)

目 录

第一章　总则

第二章　监督管理机构

第三章　监督管理职责

第四章　监督管理措施

第五章　法律责任

第六章　附则

第一章　总则

第一条　为了加强对银行业的监督管理,规范监督管理行为,防范和化解银行业风险,保护存款人和其他客户的合法权益,促进银行业健康发展,制定本法。

第二条　国务院银行业监督管理机构负责对全国银行业金融机构及其业务活动监督管理的工作。

本法所称银行业金融机构,是指在中华人民共和国境内设立的商业银行、城市信用合作社、农村信用合作社等吸收公众存款的金融机构以及政策性银行。

对在中华人民共和国境内设立的金融资产管理公司、信托投资公司、财务公司、金融租赁公司以及经国务院银行业监督管理机构批准设立的其他金融机构的监督管理，适用本法对银行业金融机构监督管理的规定。

国务院银行业监督管理机构依照本法有关规定，对经其批准在境外设立的金融机构以及前两款金融机构在境外的业务活动实施监督管理。

第三条　银行业监督管理的目标是促进银行业的合法、稳健运行，维护公众对银行业的信心。

银行业监督管理应当保护银行业公平竞争，提高银行业竞争能力。

第四条　银行业监督管理机构对银行业实施监督管理，应当遵循依法、公开、公正和效率的原则。

第五条　银行业监督管理机构及其从事监督管理工作的人员依法履行监督管理职责，受法律保护。地方政府、各级政府部门、社会团体和个人不得干涉。

第六条　国务院银行业监督管理机构应当和中国人民银行、国务院其他金融监督管理机构建立监督管理信息共享机制。

第七条　国务院银行业监督管理机构可以和其他国家或者地区的银行业监督管理机构建立监督管理合作机制，实施跨境监督管理。

第二章　监督管理机构

第八条　国务院银行业监督管理机构根据履行职责的需要设立派出机构。国务院银行业监督管理机构对派出机构实行统一领导和管理。

国务院银行业监督管理机构的派出机构在国务院银行业监督管理机构的授权范围内，履行监督管理职责。

第九条　银行业监督管理机构从事监督管理工作的人员，应当具备与其任职相适应的专业知识和业务工作经验。

第十条　银行业监督管理机构工作人员，应当忠于职守、依法办事、公正廉洁，不得利用职务便利牟取不正当的利益，不得在金融机构等企业中兼任职务。

第十一条　银行业监督管理机构工作人员，应当依法保守国家秘密，并有责任为其监督管理的银行业金融机构及当事人保守秘密。

国务院银行业监督管理机构同其他国家或者地区的银行业监督管理机构交流监督管理信息，应当就信息保密做出安排。

第十二条　国务院银行业监督管理机构应当公开监督管理程序，建立监督管理责任制度和内部监督制度。

第十三条　银行业监督管理机构在处置银行业金融机构风险、查处有关金融违法行为等监督管理活动中，地方政府、各级有关部门应当予以配合和协助。

第十四条　国务院审计、监察等机关，应当依照法律规定对国务院银行业监督管理机构的活动进行监督。

第三章　监督管理职责

第十五条　国务院银行业监督管理机构依照法律、行政法规制定并发布对银行业金融机构及其业务活动监督管理的规章、规则。

第十六条　国务院银行业监督管理机构依照法律、行政法规规定的条件和程序，审查批准银行业金融机构的设立、变更、终止以及业务范围。

第十七条　申请设立银行业金融机构，或者银行业金融机构变更持有资本总额或者股份总额达到规定比例以上的股东的，国务院银行业监督管理机构应当对股东的资金来源、财务状况、资本补充能力和诚信状况进行审查。

第十八条　银行业金融机构业务范围内的业务品种，应当按照规定经国务院银行业监督管理机构审查批准或者备案。需要审查批准或者备案的业务品种，由国务院银行业监督管理机构依照法律、行政法规做出规定并公布。

第十九条　未经国务院银行业监督管理机构批准，任何单位或者个人不得设立银行业金融机构或者从事银行业金融机构的业务活动。

第二十条　国务院银行业监督管理机构对银行业金融机构的董事和高级管理人员实行任职资格管理。具体办法由国务院银行业监督管理机构制定。

第二十一条　银行业金融机构的审慎经营规则，由法律、行政法规规定，也可以由国务院银行业监督管理机构依照法律、行政法规制定。

前款规定的审慎经营规则，包括风险管理、内部控制、资本充足率、资产质量、损失准备金、风险集中、关联交易、资产流动性等内容。

银行业金融机构应当严格遵守审慎经营规则。

第二十二条　国务院银行业监督管理机构应当在规定的期限，对下列申请事项做出批准或者不批准的书面决定；决定不批准的，应当说明理由：

（一）银行业金融机构的设立，自收到申请文件之日起六个月内。

（二）银行业金融机构的变更、终止，以及业务范围和增加业务范围内的业务品种，自收到申请文件之日起三个月内。

（三）审查董事和高级管理人员的任职资格，自收到申请文件之日起三十日内。

第二十三条　银行业监督管理机构应当对银行业金融机构的业务活动及其风险状况进行非现场监管，建立银行业金融机构监督管理信息系统，分析、评价银行业金融机构的风险状况。

第二十四条　银行业监督管理机构应当对银行业金融机构的业务活动及其风险状况进行现场检查。

国务院银行业监督管理机构应当制定现场检查程序，规范现场检查行为。

第二十五条　国务院银行业监督管理机构应当对银行业金融机构实行并表监督管理。

第二十六条　国务院银行业监督管理机构对中国人民银行提出的检查银行业金融机构的建议，应当自收到建议之日起三十日内予以回复。

第二十七条　国务院银行业监督管理机构应当建立银行业金融机构监督管理评级体系和风险预警机制，根据银行业金融机构的评级情况和风险状况，确定对其现场检查的频率、范围和需要采取的其他措施。

第二十八条　国务院银行业监督管理机构应当建立银行业突发事件的发现、报告岗位责任制度。

银行业监督管理机构发现可能引发系统性银行业风险、严重影响社会稳定的突发事件的，应当立即向国务院银行业监督管理机构负责人报告；国务院银行业监督管理机构负责人认为需要向国务院报告的，应当立即向国务院报告，并告知中国人民银行、国务院财政部门等有关部门。

第二十九条　国务院银行业监督管理机构应当会同中国人民银行、国务院财政部门等有关部门建立银行业突发事件处置制度，制定银行业突发事件处置预案，明确处置机构和人员及其职责、处置措施和处置程序，及时、有效地处置银行业突发事件。

第三十条　国务院银行业监督管理机构负责统一编制全国银行业金融机构的统计数据、报表，并按照国家有关规定予以公布。

第三十一条　国务院银行业监督管理机构对银行业自律组织的活动进行指导和监督。

银行业自律组织的章程应当报国务院银行业监督管理机构备案。

第三十二条　国务院银行业监督管理机构可以开展与银行业监督管理有关的国际交流、合作活动。

第四章　监督管理措施

第三十三条　银行业监督管理机构根据履行职责的需要，有权要求银行业金融机构按照规定报送资产负债表、利润表和其他财务会计、统计报表、经营管理资料以及注册会计师出具的审计报告。

第三十四条　银行业监督管理机构根据审慎监管的要求，可以采取下列措施进行现场检查：

（一）进入银行业金融机构进行检查。

（二）询问银行业金融机构的工作人员，要求其对有关检查事项做出说明。

（三）查阅、复制银行业金融机构与检查事项有关的文件、资料，对可能被转移、隐匿或者毁损的文件、资料予以封存。

（四）检查银行业金融机构运用电子计算机管理业务数据的系统。

进行现场检查，应当经银行业监督管理机构负责人批准。现场检查时，检查人员不得少于两人，并应当出示合法证件和检查通知书；检查人员少于两人或者未出示合法证件和检查通知书的，银行业金融机构有权拒绝检查。

第三十五条　银行业监督管理机构根据履行职责的需要,可以与银行业金融机构董事、高级管理人员进行监督管理谈话,要求银行业金融机构董事、高级管理人员就银行业金融机构的业务活动和风险管理的重大事项做出说明。

第三十六条　银行业监督管理机构应当责令银行业金融机构按照规定,如实向社会公众披露财务会计报告、风险管理状况、董事和高级管理人员变更以及其他重大事项等信息。

第三十七条　银行业金融机构违反审慎经营规则的,国务院银行业监督管理机构或者其省一级派出机构应当责令限期改正;逾期未改正的,或者其行为严重危及该银行业金融机构的稳健运行、损害存款人和其他客户合法权益的,经国务院银行业监督管理机构或者其省一级派出机构负责人批准,可以区别情形,采取下列措施:

（一）责令暂停部分业务、停止批准开办新业务。

（二）限制分配红利和其他收入。

（三）限制资产转让。

（四）责令控股股东转让股权或者限制有关股东的权利。

（五）责令调整董事、高级管理人员或者限制其权利。

（六）停止批准增设分支机构。

银行业金融机构整改后,应当向国务院银行业监督管理机构或者其省一级派出机构提交报告。国务院银行业监督管理机构或者其省一级派出机构经验收,符合有关审慎经营规则的,应当自验收完毕之日起三日内解除对其采取的前款规定的有关措施。

第三十八条　银行业金融机构已经或者可能发生信用危机,严重影响存款人和其他客户合法权益的,国务院银行业监督管理机构可以依法对该银行业金融机构实行接管或者促成机构重组，接管和机构重组依照有关法律和国务院的规定执行。

第三十九条　银行业金融机构有违法经营、经营管理不善等情形，不予撤销将严重危害金融秩序、损害公众利益的，国务院银行业监督管理机构有权予以撤销。

第四十条　银行业金融机构被接管、重组或者被撤销的，国务院银行业监督管理机构有权要求该银行业金融机构的董事、高级管理人员和其他工作人员，按照国务院银行业监督管理机构的要求履行职责。

在接管、机构重组或者撤销清算期间，经国务院银行业监督管理机构负责人批准，对直接负责的董事、高级管理人员和其他直接责任人员，可以采取下列措施：

（一）直接负责的董事、高级管理人员和其他直接责任人员出境将对国家利益造成重大损失的，通知出境管理机关依法阻止其出境。

（二）申请司法机关禁止其转移、转让财产或者对其财产设定其他权利。

第四十一条　经国务院银行业监督管理机构或者其省一级派出机构负责人批准，银行业监督管理机构有权查询涉嫌金融违法的银行业金融机构及其工作人员以及关联行为人的账户；对涉嫌转移或者隐匿违法资金的，经银行业监督管理机构负责人批准，可以申请司法机关予以冻结。

第五章　法律责任

第四十二条　银行业监督管理机构从事监督管理工作的人员有下列情形之一的，依法给予行政处分；构成犯罪的，依法追究刑事责任：

（一）违反规定审查批准银行业金融机构的设立、变更、终止，以及业务范围和业务范围内的业务品种的。

（二）违反规定对银行业金融机构进行现场检查的。

（三）未依照本法第二十八条规定报告突发事件的。

（四）违反规定查询账户或者申请冻结资金的。

（五）违反规定对银行业金融机构采取措施或者处罚的。

（六）滥用职权、玩忽职守的其他行为。

银行业监督管理机构从事监督管理工作的人员贪污受贿、泄露国家秘密或者所知悉的商业秘密，构成犯罪的，依法追究刑事责任；尚不构成犯罪的，依法给予行政处分。

第四十三条　擅自设立银行业金融机构或者非法从事银行业金融机构的业务活动的，由国务院银行业监督管理机构予以取缔；构成犯罪的，依法追究刑事责任；尚不构成犯罪的，由国务院银行业监督管理机构没收违法所得，违法所得五十万元以上的，并处违法所得一倍以上五倍以下罚款；没有违法所得或者违法所得不足五十万元的，处五十万元以上两百万元以下罚款。

第四十四条　银行业金融机构有下列情形之一，由国务院银行业监督管理机构责令改正，有违法所得的，没收违法所得，违法所得五十万元以上的，并处违法所得一倍以上五倍以下罚款；没有违法所得或者违法所得不足五十万元的，处五十万元以上两百万元以下罚款；情节特别严重或者逾期不改正的，可以责令停业整顿或者吊销其经营许可证；构成犯罪的，依法追究刑事责任：

（一）未经批准设立分支机构的。

（二）未经批准变更、终止的。

（三）违反规定从事未经批准或者未备案的业务活动的。

（四）违反规定提高或者降低存款利率、贷款利率的。

第四十五条　银行业金融机构有下列情形之一，由国务院银行业监督管理机构责令改正，并处二十万元以上五十万元以下罚款；情节特别严重或者逾期不改正的，可以责令停业整顿或者吊销其经营许可证；构成犯罪的，依法追究刑事责任：

（一）未经任职资格审查任命董事、高级管理人员的。

（二）拒绝或者阻碍非现场监管或者现场检查的。

（三）提供虚假的或者隐瞒重要事实的报表、报告等文件、资料的。

（四）未按照规定进行信息披露的。

（五）严重违反审慎经营规则的。

（六）拒绝执行本法第三十七条规定的措施的。

第四十六条　银行业金融机构不按照规定提供报表、报告等文件、资料的，由银行业监督管理机构责令改正，逾期不改正的，处十万元以上三十万元以下罚款。

第四十七条　银行业金融机构违反法律、行政法规以及国家有关银行业监督管理规定的，银行业监督管理机构除依照本法第四十三条至第四十六条规定处罚外，还可以区别不同情形，采取下列措施：

（一）责令银行业金融机构对直接负责的董事、高级管理人员和其他直接责任人员给予纪律处分。

（二）银行业金融机构的行为尚不构成犯罪的，对直接负责的董事、高级管理人员和其他直接责任人员给予警告，处五万元以上五十万元以下罚款。

（三）取消直接负责的董事、高级管理人员一定期限直至终身的任职资格，禁止直接负责的董事、高级管理人员和其他直接责任人员一定期限直至终身从事银行业工作。

第六章　附则

第四十八条　对在中华人民共和国境内设立的政策性银行、金融资产管理公司的监督管理，法律、行政法规另有规定的，依照其规定。

第四十九条　对在中华人民共和国境内设立的外资银行业金融机构、中外合资银行业金融机构、外国银行业金融机构的分支机构的监督管理，法律、行政法规另有规定的，依照其规定。

第五十条　本法自 2004 年 2 月 1 日起施行。

附录4 《中国银行业监督管理委员会关于鼓励和引导民间资本进入银行业的实施意见》(银监发〔2012〕27号)

为贯彻落实《国务院关于鼓励和引导民间投资健康发展的若干意见》(国发〔2010〕13号),鼓励和引导民间资本进入银行业,加强对民间投资的融资支持,依据《银行业监督管理法》、《商业银行法》等法律法规和国家政策,制定本实施意见。

一、支持民间资本与其他资本按同等条件进入银行业

(一)支持符合银行业行政许可规章相关规定,公司治理结构完善,社会声誉、诚信记录和纳税记录良好,经营管理能力和资金实力较强,财务状况、资产状况良好,入股资金来源真实合法的民营企业投资银行业金融机构。

民营企业可通过发起设立、认购新股、受让股权、并购重组等多种方式投资银行业金融机构。

(二)支持民营企业参与商业银行增资扩股,鼓励和引导民间资本参与城市商业银行重组。民营企业参与城市商业银行风险处置的,持股比例可以适当放宽至20%以上。

(三)支持民营企业,特别是符合条件的农业产业化龙头企业和农民专业合作社等涉农企业参与农村信用社股份制改革或参与农村商业银行增资扩股。

进一步加大引导和扶持力度,鼓励民间资本参与农村金融机构重组改造。通过并购重组方式参与农村信用社和农村商业银行风险处置的,允许单

个企业及其关联方阶段性持股比例超过20%。

（四）支持民营企业参与村镇银行发起设立或增资扩股。村镇银行主发起行的最低持股比例由20%降低为15%。

村镇银行的主发起行应当向村镇银行提供成熟的风险管理理念、管理机制和技术手段，建立以风险为本的企业文化，促进村镇银行审慎稳健经营。

村镇银行进入可持续发展阶段后，主发起行可以与其他股东按照有利于拓展特色金融服务、有利于防范金融风险、有利于完善公司治理的原则调整各自的持股比例。

（五）支持农民、农村小企业作为农村资金互助社社员，发起设立或者参与农村资金互助社增资扩股。

（六）支持民营企业投资信托公司、消费金融公司。

支持符合国家产业政策并拥有核心主业的民营企业集团，申请设立企业集团财务公司。

支持主营业务适合融资租赁交易产品的大型民营企业以及民营租赁公司，作为金融租赁公司主要出资人，投资金融租赁公司。

支持生产或销售汽车整车的民营企业作为汽车金融公司的主要出资人，投资汽车金融公司。

（七）允许小额贷款公司按规定改制设立为村镇银行。

二、为民间资本进入银行业创造良好环境

（八）各级银行业监督管理机构要充分认识鼓励和引导民间资本进入银行业对加快多层次银行业市场体系建设、建立公平竞争的银行业市场环境以及我国银行业金融机构自身可持续发展的重要意义，在促进银行业金融机构

股权结构多元化、平等保护各类出资人的合法权益、有利于改进银行业金融机构公司治理和内部控制的基础上，采取切实措施，积极支持民间资本进入银行业。

（九）各级银行业监督管理机构要鼓励各类投资者平等竞争，根据银行业行政许可规章确定的条件和程序，实施市场准入行政许可。在市场准入实际工作中，不得单独针对民间资本进入银行业设置限制条件或其他附加条件。

（十）各级银行业监督管理机构要及时公布有关投资银行业金融机构的法规、政策和程序，以及银行业市场准入行政许可事项、结果，畅通审批渠道，公开审批流程，不断提高银行业市场准入的透明度。

（十一）各级银行业监督管理机构要进一步加强对民间资本进入银行业的服务、指导，依法答复相关法规和政策咨询。

（十二）各级银行业监督管理机构要严格依法履行监管职责，接受社会公众通过申请政府信息公开、行政复议、行政诉讼等方式对银行业市场准入工作进行的监督。

（十三）各银行业金融机构应当认真对待各类投资者的投资需求，在增资扩股、股权改造、并购重组等过程中为民间资本投资入股创造公平竞争条件。

三、促进民间资本投资的银行业金融机构稳健经营

（十四）民间资本进入银行业应当与其他各类资本同等遵守法律、行政法规和规章有关投资银行业金融机构的持股比例、投资机构数量等审慎规定。

（十五）各级银行业监督管理机构审核银行业金融机构投资入股许可申请，要审慎考虑投资者对拟投资银行业金融机构稳健经营可能产生的影响，避免公司治理结构存在明显缺陷，关联关系复杂、关联交易频繁且异常，核

心主业不突出，现金流量受经济景气影响较大，资产负债率、财务杠杆率畸高的企业投资银行业金融机构。

（十六）各银行业金融机构应当遵守《商业银行与内部人和股东关联交易管理办法》等相关规定，规范关联交易行为，控制关联交易风险。对导致银行业金融机构违反审慎经营规则的股东（社员），银行业监督管理机构可以依照《银行业监督管理法》的规定，采取相应的监管措施。

对于已经或者可能发生信用危机，严重影响存款人或其他客户合法权益，或者有违法经营、经营管理不善而可能严重危害金融秩序、损害公众利益等情形的银行业金融机构，银行业监督管理机构应当依法及时采取相应的风险处置措施。

四、加大对民间投资的融资支持力度

（十七）各银行业金融机构要充分认识非公有制经济发展对我国经济战略转型、促进就业和经济长期平稳较快发展的重要意义，深入落实提升小型微型企业金融服务相关法规和政策，合理配置信贷资源，创新和灵活运用多种金融工具，加大对民间投资的融资支持。

（十八）鼓励银行业金融机构根据民间投资特点，积极开展融资模式、服务手段和产品创新，提供多层次金融服务，支持民营企业发展，重点满足符合国家产业和环保政策、有利于扩大就业、有偿还意愿和偿还能力、具有商业可持续性的小型微型企业的融资需求。

（十九）引导银行业金融机构建立小型微型企业金融服务长效机制，贯彻落实小型微型企业金融服务"六项机制"，进一步改进小型微型企业贷款工作流程，使相关机制真正有效发挥作用，实现小型微型企业金融业务可持续发展。

（二十）支持商业银行进一步加强小型微型企业专营管理建设，按照"四单原则"（单列信贷计划、单独配置人力和财务资源、单独客户评定与信贷评审、单独会计核算）加大专营机构管理和资源配置力度，继续支持商业银行新设或改造部分分支行作为小型微型企业金融服务专业分支行或者特色分支行，充分发挥专业化经营优势。

（二十一）鼓励银行业金融机构积极开展小型微型企业信贷产品创新，根据小型微型企业的发展特点和实际需求，提供循环贷款、应收账款保理、同业互保、联保贷款等多元化的特色金融产品。

鼓励银行业金融机构根据小型微型企业信用状况和资产状况，灵活采用保证、抵押、质押等担保方式或组合担保方式，积极探索动产抵押、股权质押、专利权质押、林权抵押、税款返还担保、保单质押、仓单质押、应收账款质押等多种融资担保方式。

（二十二）各银行业金融机构要进一步完善小型微型企业贷款的激励约束机制，加快建立单独的小型微型企业贷款风险分类、损失拨备和快速核销制度，认真落实小型微型信贷工作尽责制、不良贷款问责制和免责制，突出对信贷业务人员的正向激励，充分调动其开展小型微型企业金融服务的工作积极性。

（二十三）引导银行业金融机构对小型微型企业减费让利，具体落实优惠服务原则。禁止银行业金融机构在发放贷款时附加不合理的贷款条件，包括违法违规收取、变相收取承诺费、资金管理费，搭售保险、基金等产品。严格限制对小型微型企业收取财务顾问费、咨询费等费用。

（二十四）引导银行业金融机构加强与融资性担保机构的互利合作，推动小型微型企业信用体系建设，改善民营企业特别是民营小型微型企业融资环境。

（二十五）鼓励和引导银行业金融机构在金融服务不足的农村地区增设

营业网点，支持银行业金融机构优化现有农村地区网点布局，将在当地所吸收的可贷资金主要用于当地发放贷款，不断加大"三农"服务力度。

（二十六）各级银行业监督管理机构要认真落实相关监管优惠政策，积极引导银行业金融机构提升小型微型企业金融服务水平。要制定具体措施提高行政审批效率，优先办理小型微型企业金融服务市场准入事项，优先支持小型微型企业金融服务良好的银行业金融机构增设分支机构、发行小型微型企业贷款专项金融债。要认真按照有关规定，对符合条件的银行业金融机构的资本充足率和存贷比两项监管指标作差异化考核。要适当放宽对小型微型企业贷款不良率的容忍度，对小型微型企业贷款不良率执行差异化的考核标准。

二〇一二年五月二十六日

附录 5 《中国银行业监督管理委员会关于促进民营银行发展的指导意见》(国办发〔2015〕49号)

各省、自治区、直辖市人民政府,国务院各部委、各直属机构:

银监会《关于促进民营银行发展的指导意见》已经党中央、国务院同意,现转发给你们,请认真贯彻执行。

国务院办公厅
2015 年 6 月 22 日

(此件公开发布)

关于促进民营银行发展的指导意见

银监会

为落实党中央、国务院关于推进民营银行发展的部署和要求,提升银行业对内开放水平,银监会积极推动民营银行试点工作,不断完善监管配套措施,取得了阶段性成果。为进一步鼓励和引导民间资本进入银行业,促进民营银行持续健康发展,为实体经济特别是中小微企业、"三农"和社区,以及大众创业、万众创新提供更有针对性、更加便利的金融服务,根据《中华人民共和国银行业监督管理法》、《中华人民共和国商业银行法》等法律法规规定,制定本指导意见。

一、指导思想

全面贯彻落实党的十八大和十八届二中、三中、四中全会精神，按照党中央、国务院决策部署，坚持社会主义市场经济改革方向，遵循市场规律，在加强监管的前提下，积极推动具备条件的民间资本依法发起设立中小型银行等金融机构，提高审批效率，进一步丰富和完善银行业金融机构体系，激发民营经济活力。促进民营银行依法合规经营、科学稳健发展，鼓励民营银行创新发展方式，提高金融市场竞争效能，增强对中小微企业、"三农"和社区等经济发展薄弱环节和领域的金融支持力度，更好服务实体经济。

二、基本原则

（一）积极发展，公平对待。促进民营银行发展是深化金融体制改革、激发金融市场活力、优化金融机构体系的具体举措，是加强中小微企业、"三农"和社区金融服务的重要突破口。要对民间资本、国有资本和境外资本等各类资本公平对待、一视同仁，积极鼓励符合条件的民营企业依法发起设立民营银行。通过鼓励民营银行开展产品、服务、管理和技术创新，为银行业持续发展、创新发展注入新动力。

（二）依法合规，防范风险。严格按照现有法律法规，坚持公平、公正、公开原则，成熟一家，设立一家，防止一哄而起；由民间资本自愿申请，监管部门依法审核，民营银行合规经营，经营失败平稳退出。在促进民营银行稳健发展的同时，坚守风险底线，引导民营银行建立风险防范长效机制，着力防范关联交易风险和风险外溢，确保守住不发生系统性、区域性金融风险的底线，保障金融市场安全高效运行和整体稳定。

（三）循序渐进，创新模式。通过存量改造，鼓励民间资本入股现有银行业金融机构，支持民间资本通过增资扩股、股权受让、二级市场增持等方式进入现有银行业金融机构，依法合规推进混合所有制改革，支持民间资本参与农村信用社改制为农村商业银行,支持民间资本参与高风险银行业金融机构风险处置等;通过增量改革,积极稳妥推进新设民营银行,鼓励民营银行探索创新"大存小贷"、"个存小贷"等差异化、特色化经营模式,提高与细分市场金融需求的匹配度。

三、准入条件

根据《中华人民共和国银行业监督管理法》、《中华人民共和国商业银行法》、《中国银监会中资商业银行行政许可事项实施办法》等法律法规的规定,积极支持民间资本与其他资本按同等条件进入银行业。

(一)坚持依法合规,鼓励符合条件的民营企业以自有资金投资银行业金融机构。投资入股银行业金融机构的民营企业应满足依法设立、具有法人资格,具有良好的公司治理结构和有效的组织管理方式,具有良好的社会声誉、诚信记录和纳税记录,具有较长的发展期和稳定的经营表现,具有较强的经营管理能力和资金实力,财务状况、资产状况良好,最近3个会计年度连续盈利,年终分配后净资产达到总资产30%以上,权益性投资余额不超过净资产50%等条件。

(二)防范风险传递,做好民营银行股东遴选。拟投资民营银行的资本所有者应具有良好的个人声望,奉公守法、诚信敬业,其法人股东的公司治理结构与机制符合《中华人民共和国公司法》的要求,关联企业和股权关系简洁透明,没有关联交易的组织构造和不良记录。

(三)夯实发展基础,严格民营银行设立标准。设计良好的股权结构与公司治理结构,确定合理可行的业务范围、市场定位、经营方针和计划,建立科学有效的组织机构和管理制度、风险管理体系及信息科技架构等。发起设立民营银行应制订合法章程,有具备任职所需专业知识和业务工作经验的董事、高级管理人员和熟悉银行业务的合格从业人员,有符合要求的营业场所、安全防范措施和与业务有关的其他设施。民营银行注册资本要求遵从城市商业银行有关法律法规规定。

（四）借鉴试点经验，确定民间资本发起设立民营银行的五项原则。有承担剩余风险的制度安排；有办好银行的资质条件和抗风险能力；有股东接受监管的协议条款；有差异化的市场定位和特定战略；有合法可行的恢复和处置计划。

四、许可程序

根据《中华人民共和国商业银行法》、《中国银监会中资商业银行行政许可事项实施办法》等法律法规规定，不断提高银行业市场准入透明度，加强对各地民营银行发起设立工作的指导和服务。

（一）筹建程序。筹建申请由发起人共同向拟设地银监局提交，拟设地银监局受理并初步审查，报银监会审查并决定。银监会自收到完整申请材料之日起4个月内做出批准或不批准的书面决定。民营银行筹建期为批准决定之日起6个月，未能按期筹建的，筹建组应当在筹建期限届满前1个月向银监会提交延期筹建报告。筹建延期不得超过一次，筹建延期的最长期限为3个月。筹建组应当在规定期限届满前提交开业申请，逾期未提交的，筹建批准文件失效，由银监会办理筹建许可注销手续。

（二）开业程序。民营银行开业申请由筹建组向所在地银监局提交，由所在地银监局受理、审查并决定。银监局自受理之日起2个月内做出核准或不予核准的书面决定。民营银行在收到开业核准文件并按规定领取金融许可证后，根据工商行政管理部门的规定办理登记手续，领取营业执照。民营银行应当自领取营业执照之日起6个月内开业，未能按期开业的，应当在开业期限届满前1个月向所在地银监局提交开业延期报告。开业延期不得超过一次，开业延期的最长期限为3个月。民营银行未在规定期限内开业的，开业核准文件失效，由所在地银监局办理开业许可注销手续，收回金融许可证，并予以公告。

五、稳健发展

（一）明确定位，创新发展。民营银行应当确立科学发展方向，明确差异化发展战略，制定切实可行的经营方针，发挥比较优势，坚持特色经营，与现有商业银行实现互补发展、错位竞争。鼓励民营银行着力开展存、贷、汇等基本业务，定位于服务实体经济特别是中小微企业、"三农"和社区，提供高效和差异化金融服务。支持民营银行发挥市场化机制优势，稳步推进业务创新、服务创新、流程创新、管理创新，提高金融服务水平，以市场需求为导向，利用大数据、云计算、移动互联等新一代信息技术提供普惠金融服务。

（二）完善治理，防范风险。牢固树立风险意识，加强社会风险管理。民营银行应加强自我约束，完善公司治理和内控体系，建立多层次风险防范体系，切实防范风险。一是建立符合发展战略和风险管理需要的公司治理架构，建立健全股东大会、董事会、监事会制度，明晰职责和议事规则。二是提高董事会履职能力，董事会应勤勉尽责、诚实守信，并承担银行经营和管理的最终责任。三是明晰股东责任，大股东应明确治理责任，提高治理效率；明确发展责任，支持银行持续补充资本，提高抗风险能力；明确合规责任，不借助大股东地位干预民营银行正常经营，不施加不当的经营指标压力。四是加强风险管理，科学设定风险偏好，完善风险管理政策和程序，提高全面风险管理水平。五是加强关联交易管理，严格控制关联授信余额，防范不当关联交易风险。六是强化市场约束和提高透明度，维护消费者合法权益，鼓励将股东承诺作为重大事项纳入信息披露范围。

六、加强监管

监管部门要加快转变职能，明确监管责任，形成规制统一、权责明晰、运转协调、安全高效的民营银行监管体系，为民营银行稳健发展提供保障。

（一）坚持全程监管。监管部门要加强审慎监管，制定民营银行监管制度框架，健全系统性风险监测评估体系；严格市场准入，构筑风险防范的第一道防线；加强事中、事后监督和风险排查，加强对重大风险的早期识别和预警；提高监管的科学化、精细化水平，避免出现监管真空，防止监管套利。地方各级人民政府要抓紧研究建立与监管部门之间信息共享、风险处置等方面的协作机制，就处置民营银行突发事件及市场退出等建立协调机制，明确各方责任，细化工作程序，强化制度约束。

（二）坚持创新监管。监管部门应深入研究民营银行的业务特点和发展趋势，坚持"鼓励与规范并重，创新与防险并举"的监管原则，以提高民营银行综合竞争力为基本导向，加强监管引领，创新监管手段，不断丰富监管工具箱，适时评估和改进监管安排；简化监管流程，提高监管透明度；优化监管资源，突出属地银监局联动监管，更好贴近民营银行发展的新要求，探索建立既适应民营银行发展实践又符合国际惯例的有效监管机制。

（三）坚持协同监管。在强化监管的同时，各有关部门和地方各级人民政府应加强沟通协调，加快推进有利于民营银行发展的金融基础设施建设，加快相关金融创新的制度研究与机制完善，同时不断完善金融机构市场退出机制，尽量减少个别金融机构经营失败对金融市场的冲击，切实促进民营银行持续健康发展。

七、营造环境

各地区、各有关部门要高度重视促进民营银行发展工作，进一步解放思想、深化改革、开拓进取、抓好落实，及时研究新情况、解决新问题，营造良好金融环境，引导民营银行科学发展。

（一）加强工作指导，营造良好改革环境。监管部门要结合各地区经济社会发展需求和银行业金融机构布局特点，引导各地区合理、有序推动民营银行发展，统筹规划、稳步推进、加强辅导，完善筹建方案和风险防范安排，及时总结成功经验和良好做法，保护民间资本合法权益，努力营造促进民营银行发展的改革环境。

（二）推进制度建设，营造良好信用环境。良好的社会诚信环境是民营银行控制信用风险的重要保障。要从社会监督等方面完善监控体制，积极推进金融信用信息基础数据库和统一信用信息共享交换平台的建设和运用，建立健全违约通报惩戒机制，通过增加失信成本，提高借贷关系的质量和稳定性。加大对恶意逃废债行为的打击力度，建立对逃废债企业责任人的追究制度。

（三）做好组织落实，营造良好经营环境。地方各级人民政府有关部门要结合区域金融发展战略，定期发布指导意见，引导银行业金融机构明确市场定位和阶段性发展目标，调整信贷结构、优化资源配置。组织协调金融机构加强信息交流、资源共享和同业合作，努力营造有利于民营银行发展的经营环境。

（四）强化行业自律，营造良好竞争环境。针对当前银行业特点和发展趋势，以规范经营为重点，强化行业自律，整顿和规范金融市场秩序，限制恶性竞争，构建良好的市场竞争环境。

（五）加强宣传引导，营造良好舆论环境。各有关部门和地方各级人民政府要做好政策解读，加强舆论引导，主动回应社会关切，为民营银行健康发展创造良好的舆论环境。

附录 6 《中国银行业监督管理委员会行政许可实施程序规定》（银监发〔2006〕1号）

第一章 总则

第一条 为规范中国银行业监督管理委员会（以下简称银监会）及其派出机构实施行政许可行为，明确行政许可程序，提高行政许可效率，保护申请人的合法权益，根据《中华人民共和国银行业监督管理法》和《中华人民共和国行政许可法》等法律、行政法规及国务院有关决定，制定本规定。

第二条 银监会依照本规定的程序对银行业金融机构及银监会监督管理的其他金融机构实施行政许可。中国银行业监督管理委员会监管局（以下简称银监局）和中国银行业监督管理委员会监管分局（以下简称银监分局）在银监会授权范围内，依照本规定的程序实施行政许可。

第三条 银监会实施行政许可应当遵循公开、公平、公正、效率及便民的原则。

第四条 银监会及其派出机构的工作人员在实施行政许可过程中，应当依法办事、公正廉洁，不得谋取不正当利益。

第五条 银监会的行政许可事项包括银行业金融机构及银监会监督管理的其他金融机构设立、变更和终止许可事项，业务许可事项，董事和高级管理人员任职资格许可事项，法律、行政法规规定和国务院决定的其他许可事项。

第六条 行政许可实施程序分为申请与受理、审查、决定与送达三个环节。

第七条 银监会及其派出机构按照以下操作流程实施行政许可：

（一）由银监会、银监局或银监分局其中一个机关受理、审查并决定。

（二）由银监局受理并初步审查，报送银监会审查并决定。

（三）由银监分局受理并初步审查，报送银监局审查并决定。

（四）由银监会受理，与其他行政机关共同审查并决定。

第八条 银行业金融机构及银监会监督管理的其他金融机构行政许可的事项、条件、具体操作流程、审查决定期限等适用《中国银行业监督管理委员会中资商业银行行政许可事项实施办法》、《中国银行业监督管理委员会外资金融机构行政许可事项实施办法》、《中国银行业监督管理委员会非银行金融机构行政许可事项实施办法》和《中国银行业监督管理委员会合作金融机构行政许可事项实施办法》等规章的规定。

第二章　申请与受理

第九条 申请人应按照《中国银行业监督管理委员会行政许可事项申请材料目录和格式要求》提交申请材料。

第十条 申请人向受理机关提交申请材料的方式为邮寄或当面递交至银监会办公厅、银监局办公室或银监分局办公室。

申请材料中应当注明详细、准确的联系方式和送达行政许可决定的邮寄地址。当面递交申请材料的，经办人员应当出示单位介绍信和合法身份证件；申请人为自然人的，应当出示合法身份证件。

第十一条 由下级机关受理、上级机关决定的申请事项，申请人应向受理机关提交申请材料，并提交受理申请书，简要说明申请事项。

前款提交的申请材料的主送单位应当为决定机关。

第十二条　申请事项依法不需要取得行政许可或者申请事项不属于受理机关职权范围的，受理机关应当即时告知申请人不予受理，并出具不予受理通知书。申请事项不属于本机关职权范围的，还应当告知申请人向有关行政机关申请。

第十三条　申请事项属于受理机关职权范围的，受理机关对照行政许可事项申请材料目录和格式要求，发现申请材料不齐全或不符合规定要求的，应在收到申请材料之日起5日内向申请人发出补正通知书，一次告知申请人应补正的全部内容，并要求其在补正通知书发出之日起3个月内提交补正申请材料。

申请材料齐全并符合规定要求的，受理机关应在收到完整申请材料之日起5日内受理行政许可申请，并向申请人发出受理通知书。

第十四条　在补正通知书发出之日起3个月内，申请人未能提交补正申请材料的，受理机关在期满后5日内做出不予受理申请的决定，向申请人发出不予受理通知书，并说明不予受理的理由。

申请人提交的补正申请材料不齐全或者不符合规定要求的，受理机关在收到补正申请材料之日起5日内做出不予受理申请决定，向申请人发出不予受理通知书，并说明不予受理的理由。

第十五条　在做出受理申请决定之前，申请人要求撤回申请的，申请人应当向受理机关提交书面撤回申请。受理机关应在登记后将申请材料退回申请人。

第十六条　受理通知书、不予受理通知书、补正通知书应由受理机关加盖本机关专用印章并注明日期，并由受理机关交予或邮寄给申请人。

第三章 审查

第十七条 由下级机关受理、报上级机关决定的申请事项，下级机关应在受理之日起20日内审查完毕并将审查意见及完整申请材料上报决定机关。

第十八条 由银监会受理的申请事项，涉及银监局属地监管职责的，银监会应当征求相关银监局的意见。

由银监局受理的申请事项，涉及银监分局属地监管职责的，银监局应当征求相关银监分局的意见。

银监局和银监分局应当及时向上一级机关提出反馈意见。

第十九条 决定机关在审查过程中，认为需要申请人对申请材料做出书面说明解释的，可以将问题一次汇总成书面意见，并要求申请人做出书面说明解释。决定机关认为必要的，经其主要负责人批准，可以第二次要求申请人做出书面说明解释。

书面说明解释可以通过当面递交和邮寄的方式提交；经决定机关同意，也可以采取传真、电子邮件等方式提交。

申请人应在书面意见发出之日起2个月内提交书面说明解释。未能按时提交书面说明解释的，视为申请人自动放弃书面说明解释。

第二十条 受理机关或决定机关认为需要由申请人对申请材料当面做出说明解释的，可以在办公场所与申请人进行会谈。参加会谈的工作人员不得少于2人。受理机关或决定机关应当做好会谈记录，并经申请人签字确认。

第二十一条 决定机关在审查过程中，根据情况需要，可以直接或委托下级机关对申请材料的有关内容进行实地核查。进行实地核查的工作人员不得少于 2 人，并应当出示合法证件。实地核查应当做好笔录，收集相关证明材料。

第二十二条　受理机关或决定机关在审查过程中对有关举报材料认为有必要进行核查的，应及时核查并形成书面核查意见。

第二十三条　决定机关在审查过程中，对于疑难、复杂或者专业技术性较强的申请事项，可以直接或委托下级机关或要求申请人组织专家评审，并形成经专家签署的书面评审意见。

第二十四条　在受理机关或决定机关审查过程中，因申请人死亡、丧失行为能力或依法终止，致使行政许可申请不符合法定条件或行政许可决定没有必要的，受理机关或决定机关应当做出终止审查的决定。

第二十五条　在受理机关或决定机关审查过程中，申请人主动要求撤回申请的，应当向受理机关提出终止审查的书面申请，受理机关或决定机关应当终止审查。

第二十六条　以下时间不计算在审查期限内：

（一）需要申请人对申请材料中存在的问题做出书面说明解释的，自书面意见发出之日起到收到申请人提交书面说明解释的时间，但最长不超过 2 个月。

（二）需要对有关举报材料进行核查的，自做出核查决定之日起到核查结束的时间。

（三）需要专家评审的，自组织专家评审之日起到形成书面评审意见的时间。

前款扣除的时间，受理机关或决定机关应及时书面告知申请人。其中第（二）项和第（三）项所扣除的时间不得超过合理和必要的期限。

第四章　决定与送达

第二十七条　由一个机关受理并决定的行政许可，决定机关应在规定期限内审查，做出准予或者不予行政许可的书面决定，并在做出决定后10日内向申请人送达书面决定。

由下级机关受理、报上级机关决定的行政许可，决定机关自收到下级机关的初步审查意见及申请人完整申请材料后，在规定期限内审查，做出准予或者不予行政许可的书面决定，并在做出决定后10日内向申请人送达书面决定，并抄送下级机关。

第二十八条　由银监会受理，与其他行政机关共同审查并决定的行政许可，由银监会受理、审查后，将申请材料移送有关行政机关审查，并根据审查意见在规定的期限内，做出准予或者不予行政许可的书面决定。

第二十九条　决定机关做出不予行政许可决定的，应当说明理由，并告知申请人依法享有在法定时间内申请行政复议或者提起行政诉讼的权利。

第三十条　行政许可决定文件由决定机关以挂号邮件或特快专递的形式送达申请人，决定机关应当及时向邮政部门索取申请人签收的回执。

行政许可决定文件也可应申请人要求由其领取，领取人应出示单位介绍信、合法身份证件并签收。

第三十一条　决定机关做出准予行政许可决定后，需要向申请人颁发、换发金融许可证的，决定机关应当通知申请人到发证机关领取金融许可证。

发证机关应当在决定做出后10日内颁发、换发金融许可证。

第五章　公示

第三十二条　银监会及其派出机构将行政许可的事项、依据、条件、程序、期限以及需要申请人提交的申请材料目录和格式要求等进行公示，方便申请人查阅。

第三十三条　银监会及其派出机构采取下列一种或多种方式进行公示：

（一）在银监会互联网站上公布。

（二）在指定的公开发行报刊上公布。

（三）印制行政许可手册，并放置在办公场所供查阅。

（四）在办公场所张贴。

（五）其他有效便捷的公示方式。

第三十四条　除涉及国家秘密、商业秘密、个人隐私外，银监会及其派出机构做出的行政许可决定应当通过银监会互联网站或者公告等方式公布。

第六章　附则

第三十五条　本规定中的"日"均为工作日。

第三十六条　本规定由银监会负责解释。

第三十七条　本规定自 2006 年 2 月 1 日起施行。本规定施行前颁布的有关规章和规范性文件与本规定不一致的，按照本规定执行。

附录7 《中国银行业监督管理委员会中资商业银行行政许可事项实施办法》(银监发〔2015〕2号)

第一章 总则

第一条 为规范银监会及其派出机构实施中资商业银行行政许可行为,明确行政许可事项、条件、程序和期限,保护申请人合法权益,根据《中华人民共和国银行业监督管理法》、《中华人民共和国商业银行法》和《中华人民共和国行政许可法》等法律、行政法规及国务院的有关决定,制定本办法。

第二条 本办法所称中资商业银行包括:国有控股大型商业银行、中国邮政储蓄银行(以下分别简称为国有商业银行、邮政储蓄银行)、股份制商业银行、城市商业银行等。

第三条 银监会及其派出机构依照本办法和《中国银行业监督管理委员会行政许可实施程序规定》,对中资商业银行实施行政许可。

第四条 中资商业银行以下事项须经银监会或其派出机构行政许可:机构设立,机构变更,机构终止,调整业务范围和增加业务品种,董事和高级管理人员任职资格,以及法律、行政法规规定和国务院决定的其他行政许可事项。

第五条 申请人应当按照《中国银监会行政许可事项申请材料目录和格式要求》提交申请材料。

第二章　机构设立

第一节　法人机构设立

第六条　设立中资商业银行法人机构应当符合以下条件：

（一）有符合《中华人民共和国公司法》和《中华人民共和国商业银行法》规定的章程。

（二）注册资本为实缴资本，最低限额为10亿元人民币或等值可兑换货币，城市商业银行法人机构注册资本最低限额为1亿元人民币。

（三）有符合任职资格条件的董事、高级管理人员和熟悉银行业务的合格从业人员。

（四）有健全的组织机构和管理制度。

（五）有与业务经营相适应的营业场所、安全防范措施和其他设施。

（六）建立与业务经营相适应的信息科技架构，具有支撑业务经营的必要、安全且合规的信息科技系统，具备保障信息科技系统有效安全运行的技术与措施。

第七条　设立中资商业银行法人机构，还应当符合其他审慎性条件，至少包括：

（一）具有良好的公司治理结构。

（二）具有健全的风险管理体系，能有效控制各类风险。

（三）发起人股东中应当包括合格的战略投资者。

（四）具有科学有效的人力资源管理制度，拥有高素质的专业人才。

（五）具备有效的资本约束与资本补充机制。

（六）有助于化解现有金融机构风险，促进金融稳定。

第八条 设立中资商业银行法人机构应当有符合条件的发起人，发起人包括：境内金融机构、境外金融机构、境内非金融机构和银监会认可的其他发起人。

前款所称境外金融机构包括香港、澳门和台湾地区的金融机构。

第九条 境内金融机构作为中资商业银行法人机构的发起人，应当符合以下条件：

（一）主要审慎监管指标符合监管要求。

（二）公司治理良好，内部控制健全有效。

（三）最近3个会计年度连续盈利。

（四）社会声誉良好，最近2年无严重违法违规行为和因内部管理问题导致的重大案件。

（五）银监会规章规定的其他审慎性条件。

第十条 境外金融机构作为中资商业银行法人机构的发起人或战略投资者，应当符合以下条件：

（一）最近1年年末总资产原则上不少于100亿美元。

（二）银监会认可的国际评级机构最近2年对其长期信用评级为良好。

（三）最近2个会计年度连续盈利。

（四）商业银行资本充足率应当达到其注册地银行业资本充足率平均水平且不低于10.5%；非银行金融机构资本总额不低于加权风险资产总额的10%。

（五）内部控制健全有效。

（六）注册地金融机构监督管理制度完善。

（七）所在国（地区）经济状况良好。

（八）银监会规章规定的其他审慎性条件。

境外金融机构作为发起人或战略投资者入股中资商业银行，应当遵循长期持股、优化治理、业务合作、竞争回避的原则。

银监会根据金融业风险状况和监管需要，可以调整境外金融机构作为发起人的条件。

第十一条　单个境外金融机构及被其控制或共同控制的关联方作为发起人或战略投资者向单个中资商业银行投资入股比例不得超过20%，多个境外金融机构及被其控制或共同控制的关联方作为发起人或战略投资者投资入股比例合计不得超过25%。

前款所称投资入股比例是指境外金融机构所持股份占中资商业银行股份总额的比例。境外金融机构关联方的持股比例应当与境外金融机构的持股比例合并计算。

第十二条　境内非金融机构作为中资商业银行法人机构发起人，应当符合以下条件：

（一）依法设立，具有法人资格。

（二）具有良好的公司治理结构或有效的组织管理方式。

（三）具有良好的社会声誉、诚信记录和纳税记录，能按期足额偿还金融机构的贷款本金和利息。

（四）具有较长的发展期和稳定的经营状况。

（五）具有较强的经营管理能力和资金实力。

（六）财务状况良好，最近3个会计年度连续盈利。

（七）年终分配后，净资产达到全部资产的30%（合并会计报表口径）。

（八）权益性投资余额原则上不超过本企业净资产的50%（合并会计报

表口径），国务院规定的投资公司和控股公司除外。

（九）入股资金为自有资金，不得以委托资金、债务资金等非自有资金入股，法律法规另有规定的除外。

（十）银监会规章规定的其他审慎性条件。

第十三条　有下列情形之一的企业不得作为中资商业银行法人机构的发起人：

（一）公司治理结构与机制存在明显缺陷。

（二）关联企业众多、股权关系复杂且不透明、关联交易频繁且异常。

（三）核心主业不突出且其经营范围涉及行业过多。

（四）现金流量波动受经济景气影响较大。

（五）资产负债率、财务杠杆率高于行业平均水平。

（六）代他人持有中资商业银行股权。

（七）其他对银行产生重大不利影响的情况。

第十四条　中资商业银行法人机构设立须经筹建和开业两个阶段。

第十五条　国有商业银行法人机构、股份制商业银行法人机构的筹建申请，应当由发起人各方共同向银监会提交，银监会受理、审查并决定。银监会自受理之日起4个月内做出批准或不批准的书面决定。

城市商业银行法人机构的筹建申请，应当由发起人各方共同向拟设地银监局提交，拟设地银监局受理并初步审查，银监会审查并决定。银监会自收到完整申请材料之日起4个月内做出批准或不批准的书面决定。

第十六条　中资商业银行法人机构的筹建期为批准决定之日起6个月。

国有商业银行、股份制商业银行法人机构未能按期筹建的，该机构筹建组应当在筹建期限届满前1个月向银监会提交筹建延期报告。筹建延期不得超过一次，筹建延期的最长期限为3个月。

城市商业银行法人机构未能按期筹建的，该机构筹建组应当在筹建期限届满前1个月向所在地银监局提交筹建延期报告。筹建延期不得超过一次，筹建延期的最长期限为3个月。

该机构筹建组应当在前款规定的期限届满前提交开业申请，逾期未提交的，筹建批准文件失效，由决定机关办理筹建许可注销手续。

第十七条　国有商业银行、股份制商业银行法人机构的开业申请应当向银监会提交，由银监会受理、审查并决定。银监会自受理之日起2个月内做出核准或不予核准的书面决定。

城市商业银行法人机构的开业申请应当向所在地银监局提交，由所在地银监局受理、审查并决定。银监局自受理之日起2个月内做出核准或不予核准的书面决定，抄报银监会。

第十八条　中资商业银行法人机构应当在收到开业核准文件并按规定领取金融许可证后，根据工商行政管理部门的规定办理登记手续，领取营业执照。

国有商业银行、股份制商业银行法人机构应当自领取营业执照之日起6个月内开业。未能按期开业的，应当在开业期限届满前1个月向银监会提交开业延期报告。开业延期不得超过一次，开业延期的最长期限为3个月。

城市商业银行法人机构应当自领取营业执照之日起6个月内开业。未能按期开业的，应当在开业期限届满前1个月向所在地银监局提交开业延期报告。开业延期不得超过一次，开业延期的最长期限为3个月。

中资商业银行法人机构未在前款规定期限内开业的，开业核准文件失效，由决定机关办理开业许可注销手续，收回其金融许可证，并予以公告。

第二节 境内分支机构设立

第十九条 中资商业银行设立的境内分支机构包括分行、分行级专营机构、支行、分行级专营机构的分支机构等。中资商业银行设立境内分支机构须经筹建和开业两个阶段。

第二十条 中资商业银行申请设立分行，申请人应当符合以下条件：

（一）具有良好的公司治理结构。

（二）风险管理和内部控制健全有效。

（三）主要审慎监管指标符合监管要求。

（四）具有拨付营运资金的能力。

（五）具有完善、合规的信息科技系统和信息安全体系，具有标准化的数据管理体系，具备保障业务连续、有效、安全运行的技术与措施。

（六）监管评级良好。

（七）最近2年无严重违法违规行为和因内部管理问题导致的重大案件。

（八）银监会规章规定的其他审慎性条件。

第二十一条 中资商业银行申请设立信用卡中心、小企业信贷中心、私人银行部、票据中心、资金营运中心、贵金属业务部等分行级专营机构，申请人除应当符合第二十条有关规定外，还应当符合以下条件：

（一）专营业务经营体制改革符合该项业务的发展方向，并进行了详细的可行性研究论证。

（二）专营业务经营体制改革符合其总行的总体战略和发展规划，有利于提高整体竞争能力。

（三）开办专营业务 2 年以上，有经营专营业务的管理团队和专业技术人员。

（四）专营业务资产质量、服务等指标达到良好水平，专营业务的成本控制水平较高，具有较好的盈利前景。

（五）银监会规章规定的其他审慎性条件。

第二十二条　国有商业银行、邮政储蓄银行、股份制商业银行的一级分行、分行级专营机构筹建申请由其总行向银监会提交，银监会受理、审查并决定。银监会自受理之日起 4 个月内做出批准或不批准的书面决定。

国有商业银行、邮政储蓄银行、股份制商业银行的二级分行筹建申请由其一级分行向拟设地银监局提交，银监局受理、审查并决定。银监局自受理之日起 4 个月内做出批准或不批准的书面决定。

城市商业银行分行筹建申请由其总行向拟设地银监局提交，银监局受理、审查并决定。银监局自受理之日起 4 个月内做出批准或不批准的书面决定。

第二十三条　分行、分行级专营机构的筹建期为批准决定之日起 6 个月。未能按期筹建的，其筹建申请人应当在筹建期限届满前 1 个月向筹建申请受理机关提交筹建延期报告。筹建延期不得超过一次，筹建延期的最长期限为 3 个月。

申请人应当在前款规定的期限届满前提交开业申请，逾期未提交的，筹建批准文件失效，由决定机关办理筹建许可注销手续。

第二十四条　中资商业银行分行、分行级专营机构的开业申请由其筹建申请人向所在地银监局提交，银监局受理、审查并决定。银监局自受理之日起 2 个月内做出核准或不予核准的书面决定。分行、分行级专营机构开业应当符合以下条件：

（一）营运资金到位。

（二）有符合任职资格条件的高级管理人员和熟悉银行业务的合格从业人员。

（三）有与业务发展相适应的组织机构和规章制度。

（四）有与业务经营相适应的营业场所、安全防范措施和其他设施。

（五）有与业务经营相适应的信息科技部门，具有必要、安全且合规的信息科技系统，具备保障本级信息科技系统有效、安全运行的技术与措施。

第二十五条 分行、分行级专营机构应当在收到开业核准文件并按规定领取金融许可证后，根据工商行政管理部门的规定办理登记手续，领取营业执照。分行、分行级专营机构应当自领取营业执照之日起6个月内开业，未能按期开业的，申请人应当在开业期限届满前1个月内向所在地银监局提交开业延期报告。开业延期不得超过一次，开业延期的最长期限为3个月。

分行、分行级专营机构未在前款规定期限内开业的，原开业核准文件失效，由决定机关办理开业许可注销手续，收回其金融许可证，并予以公告。

第二十六条 中资商业银行申请设立支行，应当符合以下条件：

（一）国有商业银行、邮政储蓄银行、股份制商业银行在拟设地所在省、自治区、直辖市内设有分行、视同分行管理的机构或分行以上机构且正式营业1年以上，经营状况和风险管理状况良好；城市商业银行在拟设地同一地级或地级以上城市设有分行、视同分行管理的机构或分行以上机构且正式营业1年以上，经营状况和风险管理状况良好。

（二）拟设地已设立机构具有较强的内部控制能力，最近1年无严重违法违规行为和因内部管理问题导致的重大案件。

（三）具有拨付营运资金的能力。

（四）已建立对高级管理人员考核、监督、授权和调整的制度和机制，并有足够的专业经营管理人才。

（五）银监会规章规定的其他审慎性条件。

第二十七条　中资商业银行的支行筹建申请由分行、视同分行管理的机构或城市商业银行总行提交，拟设地银监分局或所在城市银监局受理，银监局审查并决定。银监局自收到完整申请材料或直接受理之日起4个月内做出批准或不批准的书面决定。

第二十八条　支行的筹建期为批准决定之日起6个月。未能按期筹建的，申请人应当在筹建期限届满前1个月向筹建受理机关提交筹建延期报告。筹建延期不得超过一次，筹建延期的最长期限为3个月。

申请人应当在前款规定的期限届满前提交开业申请，逾期未提交的，筹建批准文件失效，由决定机关办理筹建许可注销手续。

第二十九条　支行的开业申请由分行、视同分行管理的机构或城市商业银行总行向筹建受理机关提交，筹建受理机关受理、审查并决定。筹建受理机关自受理之日起2个月内做出核准或不予核准的书面决定。

支行开业应当符合以下条件：

（一）营运资金到位。

（二）有符合任职资格条件的高级管理人员和熟悉银行业务的合格从业人员。

（三）有与业务经营相适应的营业场所、安全防范措施和其他设施。

第三十条　支行应当在收到开业核准文件并按规定领取金融许可证后，根据工商管理部门的规定办理登记手续，领取营业执照。

支行应当自领取营业执照之日起6个月内开业。未能按期开业的，申请人应当在开业期限届满前1个月向开业申请受理机关提出开业延期报告。开业延期不得超过一次，开业延期的最长期限为3个月。

支行未在规定期限内开业的，原开业核准文件失效，由决定机关办理开业许可注销手续，收回其金融许可证，并予以公告。

中资商业银行设立专营机构的分支机构，参照中资商业银行设立相应分支机构的行政许可条件和程序实施。

第三十一条 中资商业银行收购其他银行业金融机构设立分支机构的，应当符合以下条件：

（一）主要审慎监管指标符合监管要求，提足准备金后具有营运资金拨付能力。

（二）收购方授权执行收购任务的分行经营状况良好，内部控制健全有效，合法合规经营。

（三）按照市场和自愿原则收购。

（四）银监会规章规定的其他审慎性条件。

第三十二条 中资商业银行收购其他银行业金融机构设立分支机构须经收购和开业两个阶段。收购审批和开业核准的程序同中资商业银行设立分行或支行的筹建审批和开业核准的程序。

第三节 投资设立、参股、收购境内法人金融机构

第三十三条 中资商业银行申请投资设立、参股、收购境内法人金融机构的，应当符合以下条件：

（一）具有良好的公司治理结构。

（二）风险管理和内部控制健全有效。

（三）具有良好的并表管理能力。

（四）主要审慎监管指标符合监管要求。

（五）权益性投资余额原则上不超过其净资产的50%（合并会计报表口径）。

（六）具有完善、合规的信息科技系统和信息安全体系，具有标准化的数据管理体系，具备保障业务连续、有效、安全运行的技术与措施。

（七）最近2年无严重违法违规行为和因内部管理问题导致的重大案件。

（八）最近3个会计年度连续盈利。

（九）监管评级良好。

（十）银监会规章规定的其他审慎性条件。

第三十四条　国有商业银行、邮政储蓄银行、股份制商业银行申请投资设立、参股、收购境内法人金融机构由银监会受理、审查并决定。银监会自受理之日起6个月内做出批准或不批准的书面决定。

城市商业银行申请投资设立、参股、收购境内法人金融机构，由申请人所在地银监局受理、审查并决定。所在地银监局自受理之日起6个月内做出批准或不批准的书面决定。

第四节　投资设立、参股、收购境外机构

第三十五条　中资商业银行申请投资设立、参股、收购境外机构，申请人应当符合以下条件：

（一）具有良好的公司治理结构，内部控制健全有效，业务条线管理和风险管控能力与境外业务发展相适应。

（二）具有清晰的海外发展战略。

（三）具有良好的并表管理能力。

（四）主要审慎监管指标符合监管要求。

（五）权益性投资余额原则上不超过其净资产的50%（合并会计报表口径）。

（六）最近3个会计年度连续盈利。

（七）申请前 1 年年末资产余额达到 1 000 亿元人民币以上。

（八）具备与境外经营环境相适应的专业人才队伍。

（九）银监会规章规定的其他审慎性条件。

本办法所称境外机构是指中资商业银行境外一级分行、全资附属或控股金融机构、代表机构，以及境外一级分行、全资子公司跨国（境）设立的机构。

第三十六条 国有商业银行、邮政储蓄银行、股份制商业银行申请投资设立、参股、收购境外机构由银监会受理、审查并决定。银监会自受理之日起 6 个月内做出批准或不批准的书面决定。

城市商业银行申请投资设立、参股、收购境外机构由申请人所在地银监局受理、审查并决定。所在地银监局自受理之日起 6 个月内做出批准或不批准的书面决定。

第三章 机构变更

第一节 法人机构变更

第三十七条 法人机构变更包括：变更名称，变更股权，变更注册资本，修改章程，变更住所，变更组织形式，存续分立、新设分立、吸收合并、新设合并等。

第三十八条 国有商业银行、邮政储蓄银行、股份制商业银行法人机构变更名称由银监会受理、审查并决定；城市商业银行法人机构变更名称由所在地银监局受理、审查并决定。

第三十九条 中资商业银行股权变更，其股东资格条件同第九条至第十三条规定的新设中资商业银行法人机构的发起人入股条件。

国有商业银行、邮政储蓄银行、股份制商业银行变更持有资本总额或股份总额5%以上股东的变更申请、境外金融机构投资入股申请由银监会受理、审查并决定。

城市商业银行变更持有资本总额或股份总额5%以上股东的变更申请、境外金融机构投资入股申请由所在地银监局受理、审查并决定。

国有商业银行、邮政储蓄银行、股份制商业银行变更持有资本总额或股份总额1%以上、5%以下的股东，应当在股权转让后10日内向银监会报告。

城市商业银行变更持有资本总额或股份总额1%以上、5%以下的股东，应当在股权转让后10日内向所在地银监局报告。

投资人入股中资商业银行，应当按照《商业银行与内部人和股东关联交易管理办法》的有关规定，完整、真实地披露其关联关系。

第四十条　中资商业银行变更注册资本，其股东资格应当符合本办法第九条至第十三条规定的条件。国有商业银行、邮政储蓄银行、股份制商业银行变更注册资本，由银监会受理、审查并决定；城市商业银行变更注册资本，由所在地银监局受理、审查并决定。

中资商业银行通过配股或募集新股份方式变更注册资本的，在变更注册资本前，还应当经过配股或募集新股份方案审批。方案审批的受理、审查和决定程序同前款规定。

第四十一条　中资商业银行公开募集股份和上市交易股份的，应当符合国务院及中国证监会有关的规定条件。向中国证监会申请之前，应当向银监会申请并获得批准。

国有商业银行、邮政储蓄银行、股份制商业银行公开募集股份和上市交易股份的，由银监会受理、审查并决定；城市商业银行发行股份和上市，由所在地银监局受理、审查并决定。

第四十二条　国有商业银行、邮政储蓄银行、股份制商业银行修改章程，由银监会受理、审查并决定；城市商业银行修改章程，由所在地银监局受理、审查并决定。

中资商业银行变更名称、住所、股权、注册资本或业务范围的，应当在决定机关做出批准决定 6 个月内修改章程相应条款并报告决定机关。

第四十三条　中资商业银行变更住所，应当有与业务发展相符合的营业场所、安全防范措施和其他设施。

国有商业银行、邮政储蓄银行、股份制商业银行变更住所，由银监会受理、审查并决定；城市商业银行变更住所，由所在地银监局受理、审查并决定。

第四十四条　中资商业银行因行政区划调整等原因导致的行政区划、街道、门牌号等发生变化而实际位置未变化的，不需要进行变更住所的申请，但应当于变更后 15 日内报告为其颁发金融许可证的银行业监督管理机构，并重新换领金融许可证。

中资商业银行因房屋维修、增扩建等原因临时变更住所 6 个月以内的，不需要进行变更住所申请，但应当在原住所、临时住所公告，并提前 10 日向为其颁发金融许可证的银行业监督管理机构报告。临时住所应当符合公安、消防部门的相关要求。中资商业银行回迁原住所，应当提前 10 日将公安部门对回迁住所出具的安全合格证明及有关消防证明文件等材料抄报为其颁发金融许可证的银行业监督管理机构，并予以公告。

第四十五条　中资商业银行变更组织形式，应当符合《中华人民共和国公司法》、《中华人民共和国商业银行法》以及其他法律、行政法规和规章的规定。

国有商业银行、邮政储蓄银行、股份制商业银行变更组织形式，由银监会受理、审查并决定；城市商业银行变更组织形式，由所在地银监局受理并初步审查，银监会审查并决定。

第四十六条 中资商业银行分立，应当符合《中华人民共和国公司法》、《中华人民共和国商业银行法》以及其他法律、行政法规和规章的规定。

国有商业银行、邮政储蓄银行、股份制商业银行分立，由银监会受理、审查并决定；城市商业银行分立，由所在地银监局受理并初步审查，银监会审查并决定。

存续分立的，在分立公告期限届满后，存续方应当按照变更事项的条件和程序通过行政许可；新设方应当按照法人机构开业的条件和程序通过行政许可。

新设分立的，在分立公告期限届满后，新设方应当按照法人机构开业的条件和程序通过行政许可；原法人机构应当按照法人机构解散的条件和程序通过行政许可。

第四十七条 中资商业银行合并，应当符合《中华人民共和国公司法》、《中华人民共和国商业银行法》以及其他法律、法规和规章的规定。

合并一方为国有商业银行、邮政储蓄银行、股份制商业银行的，由银监会受理、审查并决定；其他合并由所在地银监局受理并初步审查，银监会审查并决定。

吸收合并的，在合并公告期限届满后，吸收合并方应当按照变更事项的条件和程序通过行政许可；被吸收合并方应当按照法人机构终止的条件和程序通过行政许可。被吸收合并方改建为分支机构的，应当按照分支机构开业的条件和程序通过行政许可。

新设合并的，在合并公告期限届满后，新设方应当按照法人机构开业的条件和程序通过行政许可；原法人机构应当按照法人机构解散的条件和程序通过行政许可。

第四十八条 本节变更事项，由下级监管机关受理、报上级监管机关决定的，自上级监管机关收到完整申请材料之日起 3 个月内做出批准或不批准的书面决定；由同一监管机关受理、审查并决定的，自受理之日起 3 个月内做出批准或不批准的书面决定。

第二节 境内分支机构变更

第四十九条 中资商业银行境内分支机构变更包括变更名称、机构升格等。

第五十条 银监局所在城市的中资商业银行分支机构变更名称由银监局受理、审查并决定；银监分局所在地的中资商业银行分支机构变更名称由银监分局受理、审查并决定。

第五十一条 中资商业银行支行升格为分行或者二级分行升格为一级分行，应当符合以下条件：

（一）总行内部控制和风险管理健全有效。

（二）总行拨付营运资金到位。

（三）拟升格支行内部控制健全有效，最近 2 年无严重违法违规行为和因内部管理问题导致的重大案件。

（四）拟升格支行有符合任职资格条件的高级管理人员和熟悉银行业务的合格从业人员。

（五）拟升格支行连续 2 年盈利。

（六）有与业务发展相适应的组织机构和规章制度。

（七）有与业务经营相适应的营业场所、安全防范措施和其他设施。

（八）有与业务经营相适应的信息科技部门，具有必要、安全且合规的信息科技系统，具备保障本级信息科技系统有效、安全运行的技术与措施。

（九）银监会规章规定的其他审慎性条件。

国有商业银行、邮政储蓄银行、股份制商业银行分支机构升格为一级分行的，由其总行向升格后机构所在地银监局提出申请，银监局受理并初步审查，银监会审查并决定。

国有商业银行、邮政储蓄银行、股份制商业银行分支机构升格为二级分行，城市商业银行分支机构升格为分行的，由其总行或一级分行向升格后机构所在地银监局提出申请，银监局受理、审查并决定。

第五十二条　支行以下机构升格为支行的，应当符合以下条件：

（一）拟升格机构经营情况良好。

（二）拟升格机构内部控制健全有效，最近 2 年无严重违法违规行为和因内部管理问题导致的重大案件。

（三）拟升格机构有符合任职资格条件的高级管理人员和熟悉银行业务的合格从业人员。

（四）拟升格机构有与业务经营相适应的营业场所、安全防范措施和其他设施。

（五）银监会规章规定的其他审慎性条件。

中资商业银行支行以下机构升格为支行的申请人应当是商业银行分行或总行。银监局所在城市支行以下机构升格为支行的申请，由银监局受理、审查并决定；银监分局所在地支行以下机构升格为支行的申请，由银监分局受理、审查并决定。

第五十三条　本节变更事项，由下级监管机关受理、报上级监管机关决定的，自上级监管机关收到完整申请材料之日起 3 个月内做出批准或不批准的书面决定；由同一监管机关受理、审查并决定的，自受理之日起 3 个月内做出批准或不批准的书面决定。

第三节 境外机构变更

第五十四条 中资商业银行境外机构升格、变更营运资金或注册资本、变更名称、重大投资事项、变更股权、分立、合并以及银监会规定的其他事项，须经银行业监督管理机构许可。

前款所称重大投资事项，是指中资商业银行境外机构拟从事的投资额为 1 亿元人民币以上或者投资额占其注册资本或营运资金 5%以上的股权投资事项。

第五十五条 国有商业银行、邮政储蓄银行、股份制商业银行境外机构变更事项应当向银监会申请，由银监会受理、审查并决定。银监会自受理之日起 3 个月内做出批准或不批准的书面决定。

城市商业银行境外机构变更事项应当由城市商业银行总行向总行所在地银监局申请，由银监局受理、审查并决定。银监局自受理之日起 3 个月内做出批准或不批准的书面决定。

第四章 机构终止

第一节 法人机构终止

第五十六条 中资商业银行有下列情形之一的，应当申请解散：

（一）章程规定的营业期限届满或者出现章程规定的其他应当解散的情形。

（二）股东大会决议解散。

（三）因分立、合并需要解散。

第五十七条　国有商业银行、邮政储蓄银行、股份制商业银行解散由银监会受理、审查并决定。银监会自受理之日起 3 个月内做出批准或不批准的书面决定。

城市商业银行解散由所在地银监局受理并初步审查，银监会审查并决定。银监会自收到完整申请材料之日起 3 个月内做出批准或不批准的书面决定。

第五十八条　中资商业银行因分立、合并出现解散情形的，与分立、合并一并进行审批。

第五十九条　中资商业银行法人机构有下列情形之一的，在向法院申请破产前，应当向银监会申请并获得批准：

（一）不能支付到期债务，自愿或应其债权人要求申请破产。

（二）因解散而清算，清算组发现该机构财产不足以清偿债务，应当申请破产。

申请国有商业银行、邮政储蓄银行、股份制商业银行破产的，由银监会受理、审查并决定。银监会自受理之日起 3 个月内做出批准或不批准的书面决定。

申请城市商业银行破产的，由所在地银监局受理并初步审查，银监会审查并决定。银监会自收到完整申请材料之日起 3 个月内做出批准或不批准的书面决定。

第二节　分支机构终止

第六十条　中资商业银行境内外分支机构终止营业的（被依法撤销除外），应当提出终止营业申请。

第六十一条　中资商业银行境内一级分行终止营业申请由银监会受理、

审查并决定，银监会自受理之日起 3 个月内做出批准或不批准的书面决定。二级分行终止营业申请由所在地银监局受理、审查并决定。所在地银监局自受理之日起 3 个月内做出批准或不批准的书面决定。

中资商业银行境内支行及以下分支机构的终止营业申请，由所在地银监分局或所在城市银监局受理、审查并决定，自受理之日起 3 个月内做出批准或不批准的书面决定。

国有商业银行、邮政储蓄银行、股份制商业银行境外机构的终止营业申请，由银监会受理、审查并决定。银监会自受理之日起 3 个月内做出批准或不批准的书面决定。

城市商业银行境外机构的终止营业申请，由城市商业银行总行所在地银监局受理、审查并决定。银监局自受理之日起 3 个月内做出批准或不批准的书面决定。

第五章　调整业务范围和增加业务品种

第一节　开办外汇业务和增加外汇业务品种

第六十二条　中资商业银行申请开办除结汇、售汇以外的外汇业务或增加外汇业务品种，应当符合以下条件：

（一）主要审慎监管指标符合监管要求。

（二）依法合规经营，内控制度健全有效，经营状况良好。

（三）有与申报外汇业务相应的外汇营运资金和合格的外汇业务从业人员。

（四）有符合开展外汇业务要求的营业场所和相关设施。

（五）银监会规章规定的其他审慎性条件。

第六十三条　国有商业银行、邮政储蓄银行、股份制商业银行申请开办除结汇、售汇以外的外汇业务或增加外汇业务品种，由银监会受理、审查并决定。银监会自受理之日起 3 个月内做出批准或不批准的书面决定。

城市商业银行申请开办外汇业务或增加外汇业务品种，由机构所在地银监分局或所在城市银监局受理，银监局审查并决定。银监局自收到完整申请材料或直接受理之日起 3 个月内做出批准或不批准的书面决定。

第二节　募集发行债务、资本补充工具

第六十四条　中资商业银行募集次级定期债务、发行次级债券、混合资本债、金融债及依法须经银监会许可的其他债务、资本补充工具，应当符合以下条件：

（一）具有良好的公司治理结构。

（二）主要审慎监管指标符合监管要求。

（三）贷款风险分类结果真实准确。

（四）拨备覆盖率达标，贷款损失准备计提充足。

（五）最近 3 年无严重违法违规行为和因内部管理问题导致的重大案件。

（六）银监会规章规定的其他审慎性条件。

第六十五条　国有商业银行、邮政储蓄银行、股份制商业银行申请募集次级定期债务、申请发行次级债券、混合资本债或金融债及其他债务、资本补充工具，由银监会受理、审查并决定。银监会自受理之日起 3 个月内做出批准或不批准的书面决定。

城市商业银行申请募集次级定期债务、申请发行次级债券、混合资本债或金融债及其他债务、资本补充工具，由所在地银监局受理、审查并决定。所在地银监局自受理之日起 3 个月内做出批准或不批准的书面决定。

第三节 开办衍生产品交易业务

第六十六条 中资商业银行开办衍生产品交易业务的资格分为以下两类。

（一）基础类资格：只能从事套期保值类衍生产品交易。

（二）普通类资格：除基础类资格可以从事的衍生产品交易之外，还可以从事非套期保值类衍生产品交易。

第六十七条 中资商业银行申请开办基础类衍生产品交易业务，应当符合以下条件：

（一）具有健全的衍生产品交易风险管理制度和内部控制制度。

（二）具有接受相关衍生产品交易技能专门培训半年以上、从事衍生产品或相关交易2年以上的交易人员至少2名，相关风险管理人员至少1名，风险模型研究人员或风险分析人员至少1名，熟悉套期会计操作程序和制度规范的人员至少1名，以上人员均需专岗专人，相互不得兼任，且无不良记录。

（三）有适当的交易场所和设备。

（四）具有处理法律事务和负责内控合规检查的专业部门及相关专业人员。

（五）主要审慎监管指标符合监管要求。

（六）银监会规章规定的其他审慎性条件。

第六十八条 中资商业银行申请开办普通类衍生产品交易业务，除符合本办法第六十七条规定的条件外，还应当符合以下条件：

（一）完善的衍生产品交易前、中、后台自动连接的业务处理系统和实时风险管理系统。

（二）衍生产品交易业务主管人员应当具备5年以上直接参与衍生产品交易活动或风险管理的资历，且无不良记录。

（三）严格的业务分离制度，确保套期保值类业务与非套期保值类业务的市场信息、风险管理、损益核算有效隔离。

（四）完善的市场风险、操作风险、信用风险等风险管理框架。

（五）银监会规章规定的其他审慎性条件。

第六十九条　国有商业银行、邮政储蓄银行、股份制商业银行申请开办衍生产品交易业务，由银监会受理、审查并决定。银监会自受理之日起3个月内做出批准或不批准的书面决定。

城市商业银行申请开办衍生产品交易业务，由所在地银监局受理、审查并决定。所在地银监局自受理之日起3个月内做出批准或不批准的书面决定。

第四节　开办信用卡业务

第七十条　中资商业银行申请开办信用卡业务分为申请发卡业务和申请收单业务。申请人应当符合下列条件：

（一）公司治理良好，主要审慎监管指标符合监管要求，具备与业务发展相适应的组织机构和规章制度，内部控制、风险管理和问责机制健全有效。

（二）信誉良好，具有完善、有效的内控机制和案件防控体系，最近3年无严重违法违规行为和因内部管理问题导致的重大案件。

（三）具备符合任职资格条件的董事、高级管理人员和熟悉银行业务的合格从业人员。高级管理人员中具有信用卡业务专业知识和管理经验的人员至少1人，具备开展信用卡业务必需的技术人员和管理人员，并全面实施分级授权管理。

（四）具备与业务经营相适应的营业场所、相关设施和必备的信息技术资源。

（五）已在境内建立符合法律法规和业务管理要求的业务系统，具有保障相关业务系统信息安全和运行质量的技术能力。

（六）开办外币信用卡业务的，应当具有经国务院外汇管理部门批准的结汇、售汇业务资格。

（七）银监会规章规定的其他审慎性条件。

第七十一条　中资商业银行申请开办信用卡发卡业务，除应当具备本办法第七十条规定的条件外，还应当符合下列条件：

（一）具备办理零售业务的良好基础，最近 3 年个人存贷款业务规模和业务结构稳定，个人存贷款业务客户规模和客户结构良好，银行卡业务运行情况良好，身份证件验证系统和征信系统的连接和使用情况良好。

（二）具备办理信用卡业务的专业系统，在境内建有发卡业务主机、信用卡业务申请管理系统、信用评估管理系统、信用卡账户管理系统、信用卡交易授权系统、信用卡交易监测和伪冒交易预警系统、信用卡客户服务中心系统、催收业务管理系统等专业化运营基础设施，相关设施通过了必要的安全监测和业务测试，能够保障客户资料和业务数据的完整性和安全性。

（三）符合中资商业银行业务经营总体战略和发展规划，有利于提高总体业务竞争能力，能够根据业务发展实际情况持续开展业务成本计量、业务规模监测和基本盈亏平衡测算等工作。

第七十二条　中资商业银行申请开办信用卡收单业务，除应当具备本办法第七十条规定的条件外，还应当符合下列条件：

（一）具备开办收单业务的良好业务基础，最近 3 年企业贷款业务规模和业务结构稳定，企业贷款业务客户规模和客户结构较为稳定，身份证件验证系统和征信系统连接和使用情况良好。

（二）具备办理收单业务的专业系统支持，在境内建有收单业务主机、特约商户申请管理系统、账户管理系统、收单交易监测和伪冒交易预警系统、交易授权系统等专业化运营基础设施，相关设施通过了必要的安全检测和业务测试，能够保障客户资料和业务数据的完整性和安全性。

（三）符合中资商业银行业务经营总体战略和发展规划，有利于提高业务竞争能力，能够根据业务发展实际情况持续开展业务成本计量、业务规模监测和基本盈亏平衡测算等工作。

第七十三条　国有商业银行、邮政储蓄银行、股份制商业银行申请开办信用卡业务，由银监会受理、审查并决定。银监会自受理之日起 3 个月内做出批准或不批准的书面决定。

城市商业银行申请开办信用卡业务，由所在地银监局受理、审查并决定。所在地银监局自受理之日起 3 个月内做出批准或不批准的书面决定。

第五节　开办离岸银行业务

第七十四条　中资商业银行申请开办离岸银行业务或增加业务品种，应当符合以下条件：

（一）主要审慎监管指标符合监管要求。

（二）风险管理和内控制度健全有效。

（三）达到规定的外汇资产规模，且外汇业务经营业绩良好。

（四）外汇从业人员符合开展离岸银行业务要求，且在以往经营活动中无不良记录，其中主管人员应当从事外汇业务 5 年以上，其他从业人员中至少 50% 应当从事外汇业务 3 年以上。

（五）有符合离岸银行业务开展要求的场所和设施。

（六）最近 3 年无严重违法违规行为和因内部管理问题导致的重大案件。

（七）银监会规章规定的其他审慎性条件。

第七十五条　国有商业银行、邮政储蓄银行、股份制商业银行申请开办离岸银行业务或增加业务品种，由银监会受理、审查并决定。银监会自受理之日起 3 个月内做出批准或不批准的书面决定。

城市商业银行申请开办离岸银行业务或增加业务品种，由所在地银监局受理、审查并决定。所在地银监局自受理之日起 3 个月内做出批准或不批准的书面决定。

第六节 申请开办其他业务

第七十六条 国有商业银行、邮政储蓄银行、股份制商业银行申请开办现行法规明确规定的其他业务和品种的，由银监会受理、审查并决定。银监会自受理之日起 3 个月内做出批准或不批准的书面决定。

城市商业银行申请开办现行法规明确规定的其他业务和品种的，由机构所在地银监分局或所在城市银监局受理，银监局审查并决定。银监局自收到完整申请材料或直接受理之日起 3 个月内做出批准或不批准的书面决定。

第七十七条 中资商业银行申请开办现行法规未明确规定的业务和品种的，应当符合以下条件：

（一）公司治理良好，具备与业务发展相适应的组织机构和规章制度，内部制度、风险管理和问责机制健全有效。

（二）与现行法律法规不相冲突。

（三）主要审慎监管指标符合监管要求。

（四）符合本行战略发展定位与方向。

（五）经董事会同意并出具书面意见。

（六）具备开展业务必需的技术人员和管理人员，并全面实施分级授权管理。

（七）具备与业务经营相适应的营业场所和相关设施。

（八）具有开展该项业务的必要、安全且合规的信息科技系统，具备保障信息科技系统有效、安全运行的技术与措施。

（九）最近3年无严重违法违规行为和因内部管理问题导致的重大案件。

（十）银监会规章规定的其他审慎性条件。

国有商业银行、邮政储蓄银行、股份制商业银行申请开办本条所述业务和品种的，由银监会受理、审查并决定。银监会自受理之日起3个月内做出批准或不批准的书面决定。

城市商业银行申请开办本条所述业务和品种的，由机构所在地银监局受理、审查并决定。银监局自受理之日起3个月内做出批准或不批准的书面决定。

第六章　董事和高级管理人员任职资格许可

第一节　任职资格条件

第七十八条　中资商业银行董事长、副董事长、独立董事、其他董事会成员以及董事会秘书，须经任职资格许可。

中资商业银行行长、副行长、行长助理、风险总监、合规总监、总审计师、总会计师、首席信息官以及同职级高级管理人员，内审部门、财务部门负责人，总行营业部总经理（主任）、副总经理（副主任）、总经理助理，分行行长、副行长、行长助理，分行级专营机构总经理、副总经理、总经理助理，分行营业部负责人，管理型支行行长、专营机构分支机构负责人等高级管理人员，须经任职资格许可。

中资商业银行从境内聘请的中资商业银行境外机构董事长、副董事长、行长（总经理）、副行长（副总经理）、首席代表，须经任职资格许可。

其他虽未担任上述职务，但实际履行本条前三款所列董事和高级管理人员职责的人员，总行及分支机构管理层中对该机构经营管理、风险控制有决策权或重要影响力的人员，须经任职资格许可。

第七十九条　申请中资商业银行董事和高级管理人员任职资格，拟任人应当符合以下基本条件：

（一）具有完全民事行为能力。

（二）具有良好的守法合规记录。

（三）具有良好的品行、声誉。

（四）具有担任拟任职务所需的相关知识、经验及能力。

（五）具有良好的经济、金融从业记录。

（六）个人及家庭财务稳健。

（七）具有担任拟任职务所需的独立性。

（八）履行对金融机构的忠实与勤勉义务。

第八十条　拟任人有下列情形之一的，视为不符合本办法第七十九条第（二）项、第（三）项、第（五）项规定的条件，不得担任中资商业银行董事和高级管理人员：

（一）有故意或重大过失犯罪记录的。

（二）有违反社会公德的不良行为，造成恶劣影响的。

（三）对曾任职机构违法违规经营活动或重大损失负有个人责任或直接领导责任，情节严重的。

（四）担任或曾任被接管、撤销、宣告破产或吊销营业执照的机构的董事或高级管理人员的，但能够证明本人对曾任职机构被接管、撤销、宣告破产或吊销营业执照不负有个人责任的除外。

（五）因违反职业道德、操守或者工作严重失职，造成重大损失或恶劣影响的。

（六）指使、参与所任职机构不配合依法监管或案件查处的。

（七）被取消终身的董事和高级管理人员任职资格，或受到监管机构或其他金融管理部门处罚累计达到2次以上的。

（八）不具备本办法规定的任职资格条件，采取不正当手段以获得任职资格核准的。

第八十一条　拟任人有下列情形之一的，视为不符合本办法第七十九条第（六）项、第（七）项规定的条件，不得担任中资商业银行董事和高级管理人员：

（一）截至申请任职资格时，本人或其配偶仍有数额较大的逾期债务未能偿还，包括但不限于在该金融机构的逾期贷款。

（二）本人及其近亲属合并持有该金融机构5%以上股份，且从该金融机构获得的授信总额明显超过其持有的该金融机构股权净值。

（三）本人及其所控股的股东单位合并持有该金融机构5%以上股份，且从该金融机构获得的授信总额明显超过其持有的该金融机构股权净值。

（四）本人或其配偶在持有该金融机构5%以上股份的股东单位任职，且该股东单位从该金融机构获得的授信总额明显超过其持有的该金融机构股权净值，但能够证明授信与本人及其配偶没有关系的除外。

（五）存在其他所任职务与其在该金融机构拟任、现任职务有明显利益冲突，或明显分散其在该金融机构履职时间和精力的情形。

第八十二条　申请中资商业银行董事任职资格，拟任人除应当符合本办法第七十九条规定条件外，还应当具备以下条件：

（一）5年以上的法律、经济、金融、财务或其他有利于履行董事职责的工作经历。

（二）能够运用金融机构的财务报表和统计报表判断金融机构的经营管理和风险状况。

（三）了解拟任职机构的公司治理结构、公司章程和董事会职责。

申请中资商业银行独立董事任职资格，拟任人还应当是法律、经济、金融或财会方面的专家，并符合相关法规规定。

第八十三条　除不得存在第八十条、第八十一条所列情形外，中资商业银行拟任独立董事还不得存在下列情形：

（一）本人及其近亲属合并持有该金融机构1%以上股份或股权。

（二）本人或其近亲属在持有该金融机构1%以上股份或股权的股东单位任职。

（三）本人或其近亲属在该金融机构、该金融机构控股或者实际控制的机构任职。

（四）本人或其近亲属在不能按期偿还该金融机构贷款的机构任职。

（五）本人或其近亲属任职的机构与本人拟任职金融机构之间存在因法律、会计、审计、管理咨询、担保合作等方面的业务联系或债权债务等方面的利益关系，以致妨碍其履职独立性的情形。

（六）本人或其近亲属可能被拟任职金融机构大股东、高管层控制或施加重大影响，以致妨碍其履职独立性的其他情形。

第八十四条　申请中资商业银行董事长、副董事长和董事会秘书任职资格，拟任人除应当符合第七十九条、第八十二条规定条件外，还应当分别符合以下条件：

（一）拟任国有商业银行、邮政储蓄银行、股份制商业银行董事长、副董事长，应当具有本科以上学历，从事金融工作8年以上，或从事相关经济工作12年以上（其中从事金融工作5年以上）。拟任城市商业银行董事长、副董事长，应当具有本科以上学历，从事金融工作6年以上，或从事相关经济工作10年以上（其中从事金融工作3年以上）。

（二）拟任国有商业银行、邮政储蓄银行、股份制商业银行董事会秘书的，应当具备本科以上学历，从事金融工作6年以上，或从事相关经济工作10年以上（其中从事金融工作3年以上）。拟任城市商业银行董事会秘书的，应当具备本科以上学历，从事金融工作4年以上，或从事相关经济工作8年以上（其中从事金融工作2年以上）。

（三）拟任中资商业银行境外机构董事长、副董事长，应当具备本科以上学历，从事金融工作6年以上，或从事相关经济工作10年以上（其中从事金融工作3年以上），且能较熟练地运用1门与所任职务相适应的外语。

第八十五条　申请中资商业银行各类高级管理人员任职资格，拟任人应当了解拟任职务的职责，熟悉拟任职机构的管理框架、盈利模式，熟知拟任职机构的内控制度，具备与拟任职务相适应的风险管理能力。

第八十六条　申请中资商业银行法人机构高级管理人员任职资格，拟任人除应当符合第七十九条、第八十五条规定的条件外，还应当符合以下条件：

（一）拟任国有商业银行、邮政储蓄银行、股份制商业银行行长、副行长的，应当具备本科以上学历，从事金融工作8年以上，或从事相关经济工作12年以上（其中从事金融工作4年以上）。

（二）拟任城市商业银行行长、副行长的，应当具备本科以上学历，从事金融工作6年以上，或从事相关经济工作10年以上（其中从事金融工作3年以上）。

（三）拟任国有商业银行、邮政储蓄银行、股份制商业银行行长助理（总经理助理）的，应当具备本科以上学历，从事金融工作6年以上，或从事相关经济工作10年以上（其中从事金融工作3年以上）；拟任城市商业银行行长助理的，应当具备本科以上学历，从事金融工作4年以上，或从事相关经济工作8年以上（其中从事金融工作2年以上）。

（四）拟任中资商业银行境外机构行长（总经理）、副行长（副总经理）、代表处首席代表的，应当具备本科以上学历，从事金融工作6年以上，或从事相关经济工作 10 年以上（其中从事金融工作 3 年以上），且能较熟练地运用 1 门与所任职务相适应的外语。

（五）拟任风险总监的，应当具备本科以上学历，并从事信贷或风险管理相关工作 6 年以上。

（六）拟任合规总监的，应当具备本科以上学历，并从事相关经济工作 6 年以上（其中从事金融工作 2 年以上）。

（七）拟任总审计师、内审部门负责人的，应当具备本科以上学历，取得国家或国际认可的审计专业技术高级职称（或通过国家或国际认可的会计、审计专业技术资格考试），并从事财务、会计或审计工作 6 年以上（其中从事金融工作 2 年以上）。

（八）拟任总会计师或财务部门负责人的，应当具备本科以上学历，取得国家或国际认可的会计专业技术高级职称（或通过国家或国际认可的会计专业技术资格考试），并从事财务、会计或审计工作 6 年以上（其中从事金融工作 2 年以上）。

（九）拟任首席信息官的，应当具备本科以上学历，并从事信息科技工作 6 年以上（其中任信息科技高级管理职务 4 年以上并从事金融工作 2 年以上）；实际履行前述高级管理职务的人员，应当分别符合相应条件。

第八十七条　申请中资商业银行分支机构高级管理人员任职资格，拟任人除应当符合第七十九条、第八十五条规定的条件外，还应当符合以下条件：

（一）拟任国有商业银行、邮政储蓄银行一级分行（直属分行）行长、副行长、行长助理，总行营业部总经理（主任）、副总经理（副主任）、总经理助理，分行级专营机构总经理、副总经理的，应当具备本科以上学历，从事金融工作 6 年以上或从事经济工作 10 年以上（其中从事金融工作 3 年以上）。

（二）拟任国有商业银行、邮政储蓄银行二级分行行长、副行长、行长助理的，应当具备大专以上学历，从事金融工作 5 年以上或从事经济工作 9

年以上（其中从事金融工作 2 年以上）。

（三）拟任股份制商业银行分行（异地直属支行）行长、副行长、行长助理，总行营业部总经理（主任）、副总经理（副主任）、总经理助理，分行级专营机构总经理、副总经理的，应当具备本科以上学历，从事金融工作 5 年以上或从事经济工作 9 年以上（其中从事金融工作 2 年以上）。

（四）拟任城市商业银行分行行长、副行长、行长助理，总行营业部总经理（主任）、副总经理（副主任）、总经理助理，分行级专营机构总经理、副总经理的，应当具备本科以上学历，从事金融工作 4 年以上或从事经济工作 8 年以上（其中从事金融工作 2 年以上）。

（五）拟任中资商业银行管理型支行行长或专营机构分支机构负责人的，应当具备大专以上学历，从事金融工作 4 年以上或从事经济工作 8 年以上（其中从事金融工作 2 年以上）。

第八十八条　拟任人未达到上述学历要求，但取得国家教育行政主管部门认可院校授予的学士以上学位的，视同达到相应学历要求。

第八十九条　拟任人未达到上述学历要求，但取得注册会计师、注册审计师或与拟任职务相关的高级专业技术职务资格的，视同达到相应学历要求，其任职条件中金融工作年限要求应当增加 4 年。

第二节　任职资格许可程序

第九十条　国有商业银行、邮政储蓄银行、股份制商业银行法人机构和总行营业部董事和高级管理人员的任职资格申请，由法人机构向银监会提交，由银监会受理、审查并决定。银监会自受理之日起 30 日内做出核准或不予核准的书面决定。

第九十一条　国有商业银行、邮政储蓄银行、股份制商业银行一级分行（直属分行）、分行级专营机构高级管理人员的任职资格申请，由拟任人的上级任免机构向拟任职机构所在地银监局提交，由银监局受理、审查并决定。

银监局自受理之日起 30 日内做出核准或不予核准的书面决定。

第九十二条 国有商业银行、邮政储蓄银行、股份制商业银行二级分行及以下机构、城市商业银行支行、分行级专营机构分支机构高级管理人员的任职资格申请，由拟任人的上级任免机构向拟任职机构所在地银监分局提交，由银监分局受理、审查并决定。银监分局自受理之日起 30 日内做出核准或不予核准的书面决定。

本条第一款拟任职机构所在地未设银监分局的，由拟任人的上级任免机构向拟任职机构所在地银监局提交任职资格申请，由银监局受理、审查并决定。

第九十三条 城市商业银行法人机构、分行、分行级专营机构董事和高级管理人员任职资格申请，由法人机构向拟任职机构所在地银监分局或所在城市银监局提交，由其受理并初步审查，银监局审查并决定。银监局自收到完整申请材料或直接受理之日起 30 日内做出核准或不予核准的书面决定。

第九十四条 国有商业银行、邮政储蓄银行、股份制商业银行从境内聘请的中资商业银行境外机构董事长、副董事长、行长（总经理）、副行长（副总经理）的任职资格申请，由法人机构向银监会提交，银监会受理、审查并决定。银监会自受理之日起 30 日内做出核准或不予核准的书面决定。

城市商业银行从境内聘请的中资商业银行境外机构董事长、副董事长、行长（总经理）、副行长（副总经理）的任职资格申请，由法人机构向其所在地银监局提交，银监局受理、审查并决定。所在地银监局自受理之日起 30 日内做出核准或不予核准的书面决定。

第九十五条 拟任人曾任金融机构董事长或高级管理人员的，申请人在提交任职资格申请材料时，还应当提交该拟任人的离任审计报告或经济责任审计报告。

第九十六条　具有高管任职资格且未连续中断任职 1 年以上的拟任人在同一法人机构内，同类性质平行调整职务或改任较低职务的，不需要重新申请核准任职资格。拟任人应当在任职后 5 日内向任职机构所在地银监会派出机构报告。

第九十七条　中资商业银行董事长、行长、分行行长、分行级专营机构总经理、管理型支行行长、专营机构分支机构负责人，中资商业银行从境内聘请的中资商业银行境外机构董事长、行长（总经理）、代表处首席代表的任职资格未获核准前，中资商业银行应当指定符合相应任职资格条件的人员代为履职，并自指定之日起 3 日内向负责任职资格审核的机关报告。代为履职的人员不符合任职资格条件的，监管机构可以责令中资商业银行限期调整代为履职的人员。

代为履职的时间不得超过 6 个月。中资商业银行应当在 6 个月内选聘具有任职资格的人员正式任职。

第七章　附则

第九十八条　机构变更许可事项，中资商业银行应当自做出行政许可决定之日起 6 个月内完成变更并向决定机关和当地银监会派出机构报告。董事和高级管理人员任职资格许可事项，拟任人应当自做出行政许可决定之日起 3 个月内到任并向决定机关和当地银监会派出机构报告。

未在前款规定期限内完成变更或到任的，行政许可决定文件失效，由决定机关办理行政许可注销手续。

第九十九条　中资商业银行机构设立、变更和终止事项，涉及工商、税务登记变更等法定程序的，应当在完成相关变更手续后 1 个月内向银监会或其派出机构报告。

第一百条 政策性银行的机构许可、董事和高级管理人员任职资格许可的条件和程序，参照本办法国有商业银行有关规定执行。

第一百零一条 中资商业银行从境外聘请的中资商业银行境外机构董事长、副董事长及其他高级管理人员不纳入本办法管理，中资商业银行依照属地监管国家（地区）有关法律法规做好相关工作，人员任职后应当在5日内向银监会报告。

第一百零二条 本办法所称一级分行是指在商业银行法人机构的直接授权下开展工作，在机构管理、业务管理、人员管理等日常经营管理中直接或主要接受法人机构指导或管辖并对其负责的分行；二级分行是指不直接接受商业银行法人机构指导或授权开展工作，在机构管理、业务管理、人员管理等日常经营管理中直接或主要接受上级分行的指导或管辖并对其负责的分行。

第一百零三条 本办法所称管理型支行是指除了对自身以外，对其他支行或支行以下分支机构在机构管理、业务管理、人员管理等方面具有部分或全部管辖权的支行。

第一百零四条 本办法中"以上"均含本数或本级。

第一百零五条 本办法由银监会负责解释。

第一百零六条 本办法自公布之日起施行，《中国银监会中资商业银行行政许可事项实施办法》（中国银监会令2013年第1号）同时废止。

附录8 《中国银行业监督管理委员会办公厅关于加强城市商业银行股权管理的通知》(银监办发〔2003〕105号)

各省、自治区、直辖市银监局（筹），大连、宁波、厦门、青岛、深圳市银监局（筹）：

近一时期，一些城市商业银行在增资扩股后，由于股权结构不合理，接连发生部分股东操纵银行高级管理层并恶意进行关联交易的事件，严重影响了城市商业银行的健康发展。为保持城市商业银行稳定，消除风险隐患，现就加强对城市商业银行增资扩股和股权管理工作通知如下：

一、银监会各级派出机构要加强对城市商业银行增资扩股工作的监督和指导，严格审查城市商业银行的股权结构、股东资格及其关联关系，对股东的关联交易加强监督和管理。

二、银监会各级派出机构审核城市商业银行增资扩股时，对单个股东或存在关联关系的股东合并持股比例超过10%、异地投资者入股、股东资格欠缺但又确有必要入股的要详细说明理由，逐级审核并出具明确意见后报银监会核准其股东资格。

三、城市商业银行董事会对增资扩股工作负有组织领导责任，应按照《股份制商业银行公司治理指引》的要求和股权多元化、分散化原则，合理设置股权结构及其比例，并有义务向股东和当地银行监管部门及时、完整、真实地披露新入股企业的经营管理状况及其关联关系。对于未按要求披露或隐瞒相关信息的，银监会各级派出机构应依照有关规定对董事会负责人和直接责任人给予行政处罚；对于造成经营管理混乱或损失的，应取消其高级管理人员的任职资格。

四、城市商业银行股东（含新入股企业和原有股东）必须及时、完整、真实地向董事会报告其关联企业情况、与其他股东的关联关系及其参股其他城市商业银行的情况。凡隐瞒关联关系的，经银监会及其派出机构查实后，可对该股东单位派出的董事、监事权利进行限制；对违法违规从事关联交易的，银监会或其派出机构将重新审核或取消其股东资格，给银行造成损失的，应予以赔偿。对因取消其股东资格造成股权悬空的，应责令该行限期补足相应股本金。

五、城市商业银行董事、监事（包括独立董事、外部监事，下同）必须向银行董事会、监事会报告与其他股东及董事、监事相互之间的关联关系。该行董事会、监事会应将上述关联关系及时、完整、真实地报告银监会及其派出机构。对隐瞒关联关系、违背诚信义务的人员，银监会或其派出机构不得核准其担任董事、监事职务，已经获得核准的应要求该行股东大会取消其董事、监事职务。城市商业银行不得聘用与股东有直接业务关系或利益关系的独立董事和外部监事。

六、城市商业银行高级经营管理人员应及时向银行董事会、监事会报告与其他股东的关联关系。该行董事会、监事会应及时将高级经营管理人员的关联关系报告银监会及其派出机构。高级经营管理人员不得从股东方面获得津贴或收取利益，不得在所在银行为股东谋取不正当利益。凡有上述情况并经银监会或其派出机构查实的，将依法取消其任职资格，并建议城市商业银行董事会撤销其职务。其行为触犯刑律的，应依法追究刑事责任。

七、拟向城市商业银行入股的股东，必须提供具备资格的中介机构出具的正式审计报告及其相关资料。中介机构不能履行诚信义务，向银行监管部门提供虚假信息的，银监会或其派出机构将按照《会计师事务所从事金融相关审计业务暂行办法》予以处理,并对其记录在案及通报有关部门。同时,终止对该股东资格的审理程序;对提供虚假资料并已骗取股东资格的股东,银监会有权取消其股东资格。

八、城市商业银行应加强对关联交易的管理和控制。

(一)城市商业银行增资扩股时应参照《股份制商业银行公司治理指引》和《股份制商业银行独立董事和外部监事制度指引》的要求修改章程,严格规范各种关联关系和关联交易,加强对关联交易的管理和监督。

(二)各城市商业银行必须建立向董事会负责的关联交易控制委员会。关联交易控制委员会负责制定本行有关关联交易的政策、规则及管理制度,负责审批关联交易,并对关联交易行为负责。关联交易控制委员会的负责人应由独立董事担任。

(三)关联交易必须按照合法、公允的原则进行,不得违反有关法律、法规,不得损害存款人和其他股东的利益。城市商业银行对关联交易要严格按照有关程序进行审批,其条件不得优于其他客户。

(四)城市商业银行要加强对关联交易的风险控制。关联交易的风险控制不仅指贷款,还应包括担保、承兑、贴现、开出信用证等各类业务的风险控制。城市商业银行在统一授信的额度内,对同一股东及其关联方提供的总授信额度及余额(含贷款、承兑、贴现等业务)不得超过本行资本净额的10%。

(五)自2003年度起,城市商业银行必须在年报、股东大会和内、外审计报告中对重大关联交易及关联方交易的总量、股东授信余额及不良贷款状况进行信息披露。对于非技术性违约的关联交易以及经营管理层对违约关联交易的处置方案也必须披露。

(六)城市商业银行董事会、监事会应切实履行职责,加强对关联交易的控制。对违法违规从事关联交易的直接责任人,应依法严厉追究其责任,其行为触犯刑律的,应提交司法机关追究刑事责任。对违法违规从事关联交易的其他责任人,也应按照有关规定分别予以处罚。

银监会及其派出机构有权依法认定关联关系、关联交易以及关联关系和关联交易是否违规和有害,依法维护金融秩序的稳定和股东及存款人的利益不受损害。

请各银监局将本通知转发辖内各相关银监分局和各城市商业银行,并遵照执行。

附录9 《中国银行业监督管理委员会办公厅关于加强中小商业银行主要股东资格审核的通知》（银监办发〔2010〕115号）

各银监局：

对中小商业银行主要股东的规范管理，是保证中小商业银行安全稳健运行和构建良好公司治理结构的重要前提。为进一步加强对中小商业银行主要股东的资格审核，现将有关事项通知如下：

一、中小商业银行主要股东，是指持有或控制中小商业银行5%以上（含5%）股份或表决权且是银行前三大股东，或非前三大股东但经监管部门认定对中小商业银行具有重大影响的股东。

二、除《中国银行业监督管理委员会中资商业银行行政许可事项实施办法》规定的股东条件外，在实际审核过程中，应坚持以下审慎性条件：

（一）同一股东入股同质银行业金融机构不超过2家，如取得控股权只能投（或保留）一家。并应出具与其关联企业情况、与其他股东的关联关系及其参股其他金融机构情况的说明。

（二）主要股东包括战略投资者持股比例一般不超过20%。对于部分高风险城市商业银行，可以适当放宽比例。

（三）要求主要股东出具资金来源说明。

（四）要求主要股东董事会出具正式的书面承诺：

一是承诺不谋求优于其他股东的关联交易，并应出具银行贷款情况及贷款质量情况说明（经银行确认）。

二是承诺不干预银行的日常经营事务。

三是承诺自股份交割之日起 5 年内不转让所持该银行股份，并在银行章程或协议中载明；到期转让股份及受让方的股东资格应取得监管部门的同意。

四是作为持股银行的主要资本来源，应承诺持续补充资本。

五是承诺不向银行施加不当的指标压力。

三、根据目前的国家政策和监管实际需要，合理设限，尽量避免限制性行业或企业的投资者入股。

四、各银监局要严格按照规定的审核权限和审核程序，审慎审核股东资格，防止关联交易，确保操作程序公开、透明、合法。对在股东资格审核过程中，因违规操作、把关不严造成严重影响和不良后果的，将按照有关规定严肃追究责任。

五、各银监局应建立中小商业银行主要股东资格审核档案，对中小商业银行主要股东情况进行持续跟踪评估，并加强动态管理，发现问题后，应在职责范围内及时报告并予以纠正。

二〇一〇年四月十六日

编后记

在本书编写过程中,首批试点的5家民营银行自开业已经超过一年时间。近期,随着重庆富民银行、四川希望银行先后获批筹建,中国银行业正在迎来第二批民营银行的成立。成立民营银行是"十三五"时期我国金融体制改革发展的产物,其承载了探索银行业转型发展、动员社会资金进入实体经济、促进金融机构股权结构多元化、激发金融机构市场活力的重要使命,是构建多层次、广覆盖、有差异的银行机构体系,扩大民间资本进入银行业的关键环节。因此,民营银行得到了金融监管部门和民营资本的大力支持,其获批过程和经营状况也受到社会各界的格外关注。

目前看来,5家在2014年首批获批并于次年开业的民营银行总体经营稳健,且各有不同的经营特色和进展,为传统市场带来了一些新的活力。资料显示,2015年年末,5家民营银行资产总额达794亿元,负债总额达651亿元,各项监管指标基本达标,其中温州民商银行、上海华瑞银行、天津金城银行3家民营银行不良率为0。首批5家民营银行也基本形成了各自的业务定位,其中,浙江网商银行和深圳前海微众银行致力于打造互联网银行,天津金城银行重点专注于六大细分市场公存公贷,温州民商银行围绕温州商人的需求设计产品,上海华瑞银行则把专注资产管理作为业务核心。民营银行的实践经验为银行业的发展注入了活水,也给金融监管层扩大试点增强了信心,为后续民营资本进入银行业增加了动力。

2016年3月,银监会主席尚福林表示,民营银行数量比较少,规模比较小，影响还不太明显，但已经取得了很好的社会反响。民营资本和金融市场参与者对下一批民营银行获批的期待，从金融监管部门的关注中得到体现。为扩大民营银行的试点工作，银监会按照审慎积极的原则推进常态化的审批程序，对于民营银行的发起设立不再设限，成熟一家审批一家。具体的申请受理权限也已经下放至地方银监局，使得接受申请更加广泛。有的地方政府还通过颁布有关意见等方式规范民营银行的设立，如安徽省金融办联合安徽银监局颁布《关于促进民营银行发展的实施意见》。如上所述，监管部门开始在民营银行设立审批方式和制定规范引导方面做出有力尝试。

当然，关注民营银行，不应该仅仅聚焦于批准设立，还应该关注其可持续发展及其对银行业转型发展的意义。毕竟我国银行业机构数量已够庞大，如果民营银行的产生只是增加法人机构数量，则意义十分有限。深耕细作特色业务，走差异化竞争的路子，是民营银行自身的合理定位。从规模上讲，民营银行属于中小型金融机构，应该针对特定客户，在细分市场上特色化、差异化地提供服务，与其他金融机构彼此配合、相互补充，才能形成立体、全面的银行业生态，进而满足千差万别的客户需求。政策层面也应该对民营银行进行特色监管、政策支持、设置配套机构设施。近期开展科创企业投贷联动试点的 10 家银行中就包含了一家民营银行，凸显了监管机构对促进民营银行发展的重视和信心。同时，包括上海市在内，还通过筹建政策性融资担保基金，为科技类贷款进行担保，能够极大地控制特色经营民营银行的贷款和投资风险。

民营银行的诞生得益于我国金融体制改革的大背景。长期以来，我国传统金融机构无法解决中小企业融资难的问题，而近年来逐渐壮大的民营资本找不到有效定价的投资出路，民营银行的实践很可能为以上问题提出有效的解决方案。而利率市场化、互联网应用普及、大数据技术，更为民营银行的特色发展插上了翅膀。另外，民营银行设立之初就遭遇中国经济下行周期，银行业利润普遍下滑，行业竞争日趋激烈，面临严峻的挑战。从实践经验来看，民营银行发展规划依然保持稳健，在定位上深耕细作特色业务。在初期，更需要总结和积累风险管理和业务发展的经验，关注人才培养，这正是本书编写的初衷。

图 1-1 社会融资规模存量与增长率

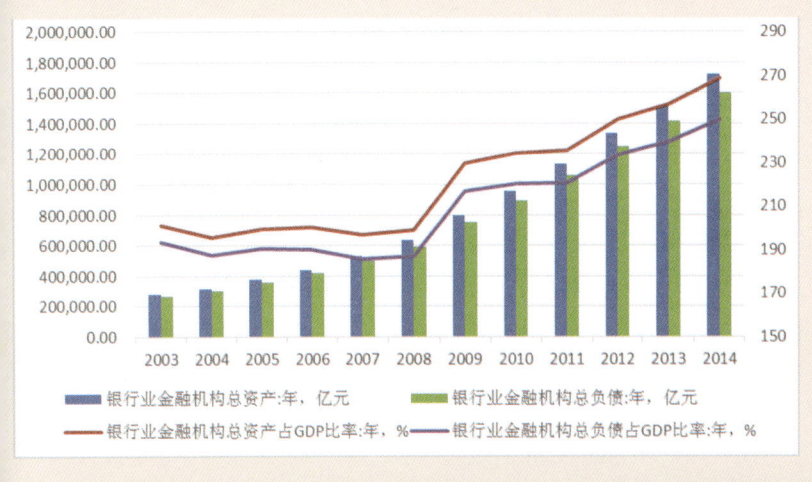

图 1-2 社会融资规模的结构分布

图 1-3 银行业金融机构资产负债状况

彩图总汇

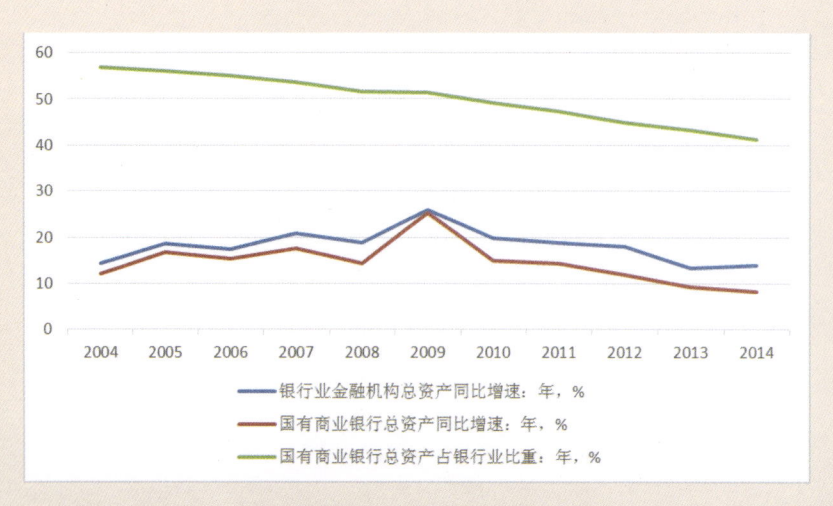

◇ 图1-4 国有银行总资产在银行业金融机构中的占比

◇ 图1-5 各类银行总资产占比